刘健群 著

银河忆往

中国社会科学院近代史研究所
民国文献丛刊

中華書局

图书在版编目(CIP)数据

银河忆往/刘健群著. —北京:中华书局,2016.3
(中国社会科学院近代史研究所民国文献丛刊)
ISBN 978-7-101-10907-8

Ⅰ.银… Ⅱ.刘… Ⅲ.刘健群(1902~1972)-回忆录
Ⅳ.K827=7

中国版本图书馆 CIP 数据核字(2016)第 040105 号

书　　名	银河忆往
著　　者	刘健群
丛 书 名	中国社会科学院近代史研究所民国文献丛刊
责任编辑	潘　鸣
出版发行	中华书局 (北京市丰台区太平桥西里 38 号　100073) http://www.zhbc.com.cn E-mail:zhbc@ zhbc.com.cn
印　　刷	北京市白帆印务有限公司
版　　次	2016 年 3 月北京第 1 版 2016 年 3 月北京第 1 次印刷
规　　格	开本/920×1250 毫米　1/32 印张 11¾　插页 2　字数 240 千字
印　　数	1-4000 册
国际书号	ISBN 978-7-101-10907-8
定　　价	48.00 元

出版说明

文献史料是认识和研究历史的基础，民国史研究自不例外。为了给民国史研究者和爱好者提供史料利用上的便利，我局与中国社会科学院近代史研究所等学术机构合作，推出“民国文献丛刊”。

“民国文献丛刊”首批图书中，经台北传记文学出版社授权，列入了原属“传记文学丛书”和“传记文学丛刊”的一些作品，包括《刘汝明回忆录》、《银河忆往》、《逝者如斯集》、《颜惠庆自传》等十九种。

由于作品产生的时代背景和作者个人的政治立场的影响，一些作品中存在着比较明显的时代局限和政治色彩，一些个人视角的描述与评论，难免有不符合事实之处，反映了特定历史时期各派政治势力和社会组织之间错综复杂的关系。我们除了作必要的技术处理外，基本保留了作品原貌。希望各位读者在阅读和研究的过程中，着眼于其文献价值，辨析真伪，而获得本真的历史事实。

中华书局编辑部

二〇一四年七月

目录

自　序

贫寒出身，初识之无，文字在似通非通之间，从不曾有志于写作。年轻时颇思学工，以参加生产换取衣食养自己为最佳理想，人生不是一切可以自主的。管你愿不愿，终于学习法政，介入仕途。几十年来，也曾在政海当中摇旗呐喊跑龙套。自一度入山养病静居，粗知“为学日益为道日损”之义，于文学一道，更觉相背而驰相去日远。非无可奈何，不愿提笔，也不敢提笔。知耻藏拙，人贵有自知之明，理当如此也。

文字也是业，一切为情牵。民国二十二年三月我统率华北宣传总队北上工作，旨在协调北方各军，一致团结御侮。当时宋哲元将军系二十九军的军长。二十九军在长城各口抗日战争中，表现得最优异，不愧为北方的中坚部队。最初他对于我们由中央派出的宣传队，忌惧颇深，干脆是相应不理。我一再登门相访，求一见而不可得。以后我们处得水乳交融，如兄似弟。《何梅协定》之后，日本人不容许中央宣传人员在北方立脚，我们不能不撤退南返。临行的时候，宋明轩将军很亲切诚恳地对我表示，他说："健群老弟，你回去请报告委员长。二十九军一定为国家，跟着中央走。将来不管任何变化，就算有朝一日，我宋哲元要造反，只要你老弟来，我总可以缓兵三日。假如我今天对你所说的话不算数，你派一个十二三岁的小孩子来打我宋哲元几记耳光，我绝对无话可说。"这些话，一直在我的脑海中留下不可磨灭的印象。以后确实他是相当的兑了现。此外我走之后，留下了一个政训分处长宣介溪、秘书黄伯英在北平，都被日本宪兵队捉了去，非刑拷打，要他们供出蓝衣社的内幕。

当时宋哲元将军毫不考虑，派萧仙阁去向日本军方强硬交涉，他说："不管宣介溪是甚么样的人，但他是我的朋友，你们不放人，不给我宋哲元留体面，干脆就是破脸，也在所不计。"宣介溪、黄伯英因此才算是留得了活命。为公为私，这都是他在道义上的最高表现。"七七"事变之前，二十九军在北方的处境艰困异常，很不容易为人所谅解，宋哲元和张自忠将军更是受人误解指责最多的对象。以后张自忠在抗战中为国捐躯，成了民族英雄。自是天下共知，光昭史册，了无遗憾。宋哲元则在川病故，似乎含含混混，默默无闻。我来台之后，每逢"七七"纪念，对宋哲元将军心理上总觉得还欠了他一点债务似的。到一九六二年，我才完全出于自动地写了一篇《我与宋哲元将军的几次交往》的文字，以求心之所安。

至于有何价值？通与不通？皆属在所不计。以此因缘，《传记文学》的发行人刘绍唐先生，对于我这文界老粗的作品，竟欣赏在牝牡骊黄之外。他一再亲来乡下，要我再为《传记文学》多写几篇。清闲本是事实，论情势不可却。有时也是偶尔兴之所至，从此每隔三月两月，也就一篇一篇又一篇，居然写了二十余万言。最近他说还要替我出一本小书，成为将来该刊《传记文学丛刊》的一部，乖乖，了不得！事到如今，有何话说！大丈夫不能流芳百世，让几篇不通的文字多遗臭二三年，无伤于大雅，又有何不可？出版就出版，要害羞也来不及了。

太拉杂，想不出这一本小书，究竟应该叫甚么名字，才算恰当。想来想去，因为我住在台北近郊的银河新村，就叫他《银河忆往》罢。这些文字中，大之谈到内圣外王的修养，"世界民主反共的前途"。小之谈到医巫帮会，土匪流氓。总之：大事也好，小事也好，在天之下，有此一事，真实不虚而已。衡诸文以载道之义，离题甚远。但我有一自律的规范，即隐恶扬善未尽所怀则有之；若夫凭空虚构，以伪作真，则绝对无有。佛不打诳语。众生有佛性，我是众生之一，我也有佛性，所以也不打诳语。知我罪我，读者高明，如此这般，是为序。

刘健群

一九六六年十月于银河新村

苦难民初忆故乡——遵义

贵州遵义，是我出生的故乡。——民国初年，我不过是一个未满十岁的幼童，但回想当年地方上的一切苦难，历历如在目前。至今思之，犹有余悸！

武昌起义成功，各地风起云涌。遵义并没有满洲人，只有知府是清朝的官吏，也没有甚么人杀害官府。在孩童心目中，不知道革命是甚么一回事。更不知道遵义有甚么人是革命党。总而言之：只晓得是贵州反正，不要皇帝而已。但幼小的心灵中，最不能忘怀的，便是遵义的先锋队。先锋队是甚么人所派遣？担当的任务是甚么？当然不明白。照现在回想起来，先锋队应该是由革命党所策动，以“驱除鞑虏，建立民国”为宗旨。但事实上满不是那么一回事。

先锋队不是外来人，都是遵义本地一些流氓光棍一类的人物。没有枪，没有手榴弹，更谈不到其他的武器。他们头上捆着一个将近一尺过心的蓝布大套头，短衣短裤，腰挎一把明晃晃的大刀，刀把上是用红布做成的缨子，脚下穿草鞋，或者干脆是赤脚。雄赳赳，气昂昂，俨然是英雄好汉的模样。满街之上，三五成群，横冲直闯，当然不是甚么整齐的队伍。

先锋队横行，光棍袍哥大行其道。遵义本来是川东道所辖的地方，清政府因为协饷的关系，将他划归贵州。所以遵义的川风很盛。而且是地当川黔的孔道，为贵州重要的商业都市。平素早有袍哥的组织。但遵义人有一句话："大爷二爷，见不得太爷。"太爷指的是官府。证明当时官府有权，光棍袍哥，对衙门犹存敬畏的心理。可能因为革命反正的缘故，官府失所凭依，流氓自组先锋队，表面上是响应革命，实际是混水摸鱼。遵义人在当时，生命安全既不能仰仗官府，惟有乞灵于袍哥。据说当时遵义人包括秀才、举人若干绅士在内，不参加袍哥组织的，只有十人八人而已。许多人自愿出了一笔相当可观的钱，好像捐官一样，捐一个仁字号的大爷。本来义字号礼字号的大爷，才是袍哥内行真正的大爷。仁字号的大爷，在袍哥口中常说之为"圈上的大爷"。意思就是猪圈内的"猪大爷"，等于上海的猪头三，但尽管是出钱当猪，到底比不参加袍哥的"空子"稍胜一筹。在生命财产上多少总有一点保障。万一受人欺负，有帮内人出头，大不了再出一点钱，也就了事。空子吗？可就惨了！先锋队每天都在攒人，攒的人多半是"空子"。所谓攒者，便是捉而杀之的代名词。被攒的有的是因为平素的恩怨，有的干脆是匹夫无罪有钱为罪。忽然大刀队十七八人呼啸而来，将被攒的对象由房内拖将出来，就在他自已住宅的天井中乱刀斫死，从容呼啸而去。没有理由，没有罪状。邻居张口结舌！家属忍痛吞声！无冤可诉！呼天不灵！此一年半载之间，这真是人间的地狱！我的父亲是一个顽固的商人，死也不肯加入袍哥。幸而因为遵义第一名响当当的张鼎三大爷，与我们外公有交谊。处处加以维护。流氓知道内情的也就高抬贵手，否则早已成为被攒的对象，不知死所了。

时间记不清楚了。滇军过境，入驻遵义。霹雳一声，告示指名捉拿遵义有名的光棍大爷，依稀记得是二十七名。拿到的即当地正法。先锋队不再出现了。流氓们鸡飞狗跳墙。地方上才算是恢复了正常的秩序。

殊不知滇军来了不久之后，大部分向四川进发。在遵义留守的，只是一部分。统兵的有两位，一是梅若愚，一是甘小楼。好像梅是正，甘是副。究竟叫甚么名称？甚么司令？我们当小孩子的，不明白也记不起来了。甘是一位年轻漂亮的小伙子。天天骑着高头大马，带着几名马弁威风十足地在大街上飞驰而过。梅比较少外出。遵义人背地里都喊他是“梅屠户”。好像他很喜欢随便杀人似的。留在遵义的滇军，听说有一部是滇中有名巨匪吴学显所部改编而成。秩序渐渐地不好起来。在街上估买估卖。出售假鸦片烟，敲诈老百姓，几乎无时无地不在发生。遵义老百姓对滇军已是普遍的厌恶，敢怒而不敢言。

最刺激人心的一幕，是丁字口有一家卖布的布客，姓贺，湖南人，很本分。妻有美色。不知何故开罪于滇军，白昼下午来了一队滇军约十七八人，将贺妻赤裸绑在长凳之上，轮流奸淫，当场致死。贺布客被捆在一旁，连气苦带挨打，昏死过去，奄奄一息。遵义人是很讲礼教而且很守旧的。对此事人人议论纷纷，咬牙切齿，大有灭此朝食及与汝偕亡的悲愤。至于滇军借名清乡剿匪，在四乡奸淫掳掠，无所不为，自更不在话下的了。

此时遵义的西乡（是东乡或西乡记不太清楚了），好像有一位团首（地位相当于台湾省的乡镇长），名唤鲁平洲的，他平素为人正直，本乡团练办到很好。在他区域内，根本没有匪患。他看见滇军的横行霸道，义愤填膺。在他老谋胜算之下，大约是旧历年初灯节之前，用尽心机，分别包围梅、甘两部，加以痛剿。

我们天亮刚起床，听见枪声。老百姓争相传说："鲁平洲打滇军来了，大家不要惊惶。"我们一家人，用冬天盖的丝棉被打湿起来，包裹着身体匍伏在床下面躲避枪弹。据说快枪子弹，也打不穿丝棉被，可以保命。有胆大的人替鲁平洲的团队弟兄煮饭吃。不到半天工夫，战事就算是结束了。听说一开始，鲁即将梅、甘二人诱杀。滇军将士无主，完全崩溃。有一个滇军军官，跳墙逃到我家来，他说他是兴义人，在滇军当参谋，名叫蔡伟功。我看见他品貌端正，还写得一手好字，居然发生了可怜的同情心，将他藏在家中，保全了他的一条性命。过了一月，由我一位乡下的邹姓表兄带他穿山越岭逃到四川去。民国十年前后，我到重庆还会见了他。他又在黔军任团长。我看他每天只晓得坐拱竿四人凉轿，上大梁子去嫖姑娘和赌钱，一点没有思想，也就和他疏远了。本来吗，小孩子救一个落难的人，根本就没有任何感恩图报的观念。这只是动乱时代中一点滴些小的泡沫。

鲁平洲以几百条火枪土炮毛瑟居然把装备精良的滇军一举歼灭。真是奇迹。鲁平洲在遵义人心目中，不仅是英雄，而是救星和万家生佛了。滇黔军是联合的，地方上出了这样大事，贵州督军刘如周不得不派他的兄长刘如渊司令率军来遵义平乱。遵义人谣言蜂起，说刘来之后缘遵义城周围三十里之内，都将被斩杀得鸡犬不留。我的父亲母亲将十岁不到的我送往北乡离城六十里的老伯伯家中，以保全后代香烟。他们自己准备等死认命。左邻右舍，都是同一的办法。人心皇皇，如世界末日之将至。幸而不久刘司令来了，大出告示安民。好像对鲁平洲，也只有一点形式上的谴责。详情实在忘了。总之：鲁平洲大义凛然，人民爱戴，有兵有枪，要剿他可不是那么容易。而且省方军队，于心也不安，事情就是这样的完结。以后滇军唐继虞（唐继尧的兄弟）入驻遵义，也没有听说提出为梅、甘复仇的说法。遵义人称此一役为“糜干菜下卤缸”。遵义人平素称用来蒸肉的盐菜为糜干菜，糜干与梅甘、卤与鲁同音。意即梅、甘两部一锅煮熟，完全落网，好不痛快人也。

反正以后，民国初年，遵义人遭遇便是如此。我幼小的心灵，经过如此苦痛的浸润，所以长大起来对于巩固领导中心，维护国家统一，安定地方秩序，从内心里是百分之百的赞成。身在福中不知福，平安过日的地方，哪里想得到乱离之区，人命真是狗彘草芥之不如呢？！这种痛苦，不是过来人，不会体念得到的。《贵州文献》希望我有一篇文章，关于赞美乡贤，追怀盛绩，别的乡长自有不少的宝贵资料。我只是陈述我儿童时期天真苦痛的经验。别无可取之处，尚系一片实情。不知当时各县同乡所感觉的甚么？比遵义好，还是更坏哩？但愿早回大陆，重见故乡的安定和繁荣，否则真是毕生的大憾了。

（原载《贵州文献》）

三个难忘的父母官

——三个不同的典型，三种不同的舆论

我的家乡是贵州遵义县，也是古播州，原属川东道。幼时读《古文观止》，唐朝的大文豪柳宗元先生在一封信中曾提到："播州非人所居"，大约在唐代当时，对于播州认为是峦烟瘴雨，边远苦寂，不是中原士大夫所愿乐居的地方。但唐代已经是名见经传的播州——遵义，就贵州而论，自然不是开化很迟的地区了。

人生最难忘的，是幼年时的观感和经验。从我七八岁到十三四岁，这些年头，正是民国元二年到七八年的时候。我们遵义地方先后来了三位父母官。这三位父母官，是三个截然不同的典型。所以在我的脑筋中，始终没有能够把他们忘记。

第一位名叫袁季九，可能不是贵州人，那时候遵义还是府，大家都叫他是袁遵义府，而不呼其名。他个儿不算小，有满清时同田一类一品大员的面型。我记得慈禧过寿，遵义城办皇会，他还坐了八人大轿，反穿貂皮马褂游街庆祝。可能他是满清时所派的官，到反正改民国后，他还是被留任也说不定，原谅我记得不太清楚了。这位父母官，是属于热心教育和经济建设的一类。民国元二三年，遵义的读书人，虽然是因为癸卯停科，但大家还是在希望恢复考试。我们这些毛头小伙子，都专专心心在私塾里大读其古文，大做其八股。因为遵义在前清出了一位探花——杨次典，也有一个解元——余沅芬。这些都是青年人心目中羡慕的典型。有野心大志的孩子们，可能还想着入学、中举、会进士、中状元，以及中状元后打马游街招驸马扬名天下那一套从小说中从戏剧里得来的大欲望。很少有人了解要进新学堂，读洋书。落后的遵义情形，的确是如此。

开办新学堂，成立高等小学和中学，是袁遵义府来了以后的创举。

他对于创办学校真是热心。筹款督工修建，还在其次；记得他有时夜半三更天在下雨的时候，常常一个人穿起钉鞋，打着雨伞，到中学和高小去查勤，看老师和学生的晚课，以及学校的房子漏不漏。至于毕业典礼，亲来参加，考第一二三名的，亲自发给证书、银牌、笔、墨，外加大洋二元至六元，那更是当然的鼓励。

府衙门离中学很近，离杨柳街的女子师范和高等小学至少有一二公里，一个人提着洋油风雨灯，打起雨伞步行，也应该算是一桩苦事。堂堂府尹之尊，在当时是可以摆架子做官，用不着管这些闲事的。但袁遵义府却乐此不疲，常常三天五天，一个在课堂里温课的学生，会看见那个大大圆圆的面孔，站在课堂门口，或者是来到你的面前，问问你饭吃得饱不饱？书读得好不好？是那么的亲切！那么的温暖！就是在这些年来号称民主时代，也有不少热心教育事业的地方官，我还不曾见过像袁遵义府那样的热情，几乎有点近于痴迷的程度。除了他不曾为兴学而讨饭之外，只有武训那样的精神，才可以比拟。

遵义人在当时，是恋旧制而畏新学。当时进中学进高等小学，根本就不热心，相率观望而裹脚不前。多半是靠校长教员以亲戚朋友关系多方的解说开导和保证才勉强得到家长的同意，当时有一个笑话，是中学和高小，根本没有分别。当父兄的根本称高小为高等学堂。进高小的学生有时比进中学的岁数还大，程度还高。他们只晓得某校长好、某教员好，孩子到那里跟他学，可以放心。所以高小学生常常为了排队游行强争先后，比较吹洋号，打洋鼓，和中学生大打其架。

袁遵义府对学生是偏爱的，学生犯了一点小过失，总受到保护和宽恕。使得当父母的送儿子入新学堂，也有一点近乎作了秀才的味道。遵义的学校，是的确在他这样提倡鼓励之下而兴盛的。学生们渐渐的骄纵，直到有一次中学生和高小学生联合起来和伤兵打架，被伤兵打得鸡飞狗跳墙，才算是销声而敛迹。遵义那个时候，不曾有太保之名，但结队成群打架，倒也是家常便饭。可是遵义人对这位父母官，只知道他爱办学堂，喜欢学生，并不曾对他有如何的感激和崇敬。相反的却因为他由办学而附带引起另外一件事，发生了普遍的反感。

遵义不是大地方，在短短的期间创办中学、女师、高小还有竹林寺等等的小学校，哪里来的现存的大建筑物呢？地方小，经费支绌，更谈不上为学堂而大兴土木。唯一可以利用的，不是城隍庙，便是关帝庙。据我记得起的，除了杨柳街高等小学而外，似乎都和庙宇有关。除了赶走庙祝之外，还要打毁菩萨神像。去庙祝不是大事，打菩萨成了大事，犯了众怒。遵义的斋婆婆斋公公，占了民众的相当多数，他们那个时候，还不懂得请愿这一套，他们集合起来，背上黄钱纸，头上顶香盆，沿街哀祝咒骂。他们不叫袁遵义府，也不叫袁季九，因为季字近乎秃，他们从此以后，干脆喊这位父母官为袁秃秃。这就是咒骂他要绝子灭孙的意义。恰逢天有点干旱，求雨不灵，于是一窝蜂，都说是袁秃秃乱打菩萨，上干天怒，让遵义老百姓受罪遭报。袁季九要不是知府官，一个人走在街上，不被人打死才怪。你说冤不冤？！

袁在遵义的第二件大事，是创办百艺工厂。

贵州是出了名的穷省。大家都知道“贵州天无三日晴，地无三尺平，人无三分银”。虽然事实上是过甚其词，但比较江、浙、川、湘等省当然是贫瘠得多。遵义原属川东道，我们当孩童时，还看见府衙门二堂旁面有旧匾为证，据说是因为填补贵州田粮，在清朝时才划归贵州的。所以从遵义城向四川方面一直走到板桥，向贵阳方面一直走到刀靶水，这一百多里的狭长地带，都是平坦而且是水旱无忧的田坝。遵义应该是贵州省产米最多的地方。不单如此，而且产银耳产竹笙。银耳很好，可惜交通不便，不能成庄立号，都送到四川去卖。一般人只知有四川银耳，好像人人都只知道云南宣威火腿，而不知宣威火腿中有很大部分，是邻境贵州威宁小县的出产。这也是无名英雄之一类。遵义产杨梅，其中有一种，色泽黑红大而肥，大如胡桃，称为火炭梅。即在以产杨梅著名的苏州和浙江萧山，都很少赶得上。还有一种白杨梅，纯白色，味极浓而甜，在苏州、萧山简直无此名种。可惜生在山区，产量亦不多。好像西施不遇范蠡，只好贫贱江头自浣纱了。

遵义有一种青缸树，有点类似台湾的相思树，它可以放养山蚕，缫出丝来，织成上好的云庄府绸。不毛不皱，比山东绸好得多。据说可以做夏季西装。曾经在民国初年，由上海出口销美国，听说每年有两三百万美元的收入。可惜地方人无近代商业知识，省政府也从不过问。织出去的府绸，好坏不一，相差太大。外国人只认商标，出过了几回岔子，干脆一概不要，从此财路断绝。抗战期间，好像还有人在遵义设厂，用府绸做空军用的降落伞。详情如何，不得而知了。

遵义还出产桐油漆、五倍子，年年经湖南向上海出口，所以遵义在贵州，并不是贫瘠的县分，如果奖励工商，发展生产，确是一个大有出息的地方。袁遵义府，有见及此，他创办一所百艺工厂。规模相当大，收容孤儿乞丐以及贫苦失学的青年，将及两三千人。就我记忆所及，内分木科、竹科、藤科、漆科、陶器、造纸等科（其余大都忘记了）。我有一个远房的族兄，他的父母希望他读书做文章，将来考取一名秀才，以便光宗耀祖。可是我这位族兄，对读书做文章，感觉到苦不堪言。一年三百六十日，几乎天天都在逃学。父母捉他回来，总是打得他哭声惊四邻，这也是父母望子成龙由爱而悲愤至于无可如何的惩戒。但打者只管打，逃仍自我逃。总而言之：就是不肯读书。后来实在没有办法，才听亲友之劝，把他送入百艺工厂。殊不知他倒是工艺天才。他学漆科，学得很好。能把家具桌面漆得如同明镜一般，光泽可以照人，而且用开水泼在漆上，保证不脱落，不起皱纹，真了不起！以后他成了遵义新漆科的开山祖师。这种天才，让他挨屁股，做八股，真是误尽苍生。要说也是遵义人没有福气，百艺工厂，建筑在河边沙洲香山寺的脚下，平素沙洲与山脚相连，殊不知有一年，忽然山洪暴发，先将沙洲与山脚的通道冲断，工厂本身陷入洪流当中。大洪水万马奔腾，遵义人群集在离工场一公里左右的狮子桥上，爱莫能助地眼看着一般教师、工匠、学徒，不是自己的子弟，便是自己的亲友，房子是一间一间地的坍！人们是呼天抢地，喊爷喊娘，一群一群地随房子的崩溃，而随波逐流以去！这一幕惨剧，在我幼小的心灵中，始终有如昨日，没有忘记。

乖乖不得了！遵义人一股怨气，完全集中在袁遵义府的身上。从打菩萨致天干，以致工厂大水，完全是袁遵义府得罪于天，无可饶恕。于是乎斋婆婆们还是背背黄钱，头顶香烛，成群在大街上咒骂袁秃秃。因为当时既不可告官，又不知请愿，只好是向天咒骂，让袁秃秃早早遭到报应而已。

平心而论，遵义的大水，也是几十年才有一次，袁遵义府又不是水利专家，他居心确是好的，谁知道会演出这样的惨剧呢？事固可哀！情实可恕！到台湾来，每在报纸上看见沟子口的水，中和乡的堤，总觉得比旁人多一分的耽心。天保佑，但愿当局之人以及专家们，虚怀若谷，慈悲在念，是大禹而不是大禹的爸爸才好。

袁遵义府大约是迁调了，不是降黜。但遵义有许多人，准备每人提一罐大粪，临行时大泼他的八人大轿。衙门里知道了这个消息，觉得无法处理。随后袁遵义府是半夜天明之前，在一般人睡梦中悄然而去，才算是没有发生事故。谁是谁非，连我也无法百分之百的作一评判。

第二个父母官姓戴名镜湖。大约也是外省人。这个时期，遵义已经改县，大家都喊他戴县长。他的面貌，很有点像山西的阎百川先生，回忆起来颇有点慈祥敦厚的感觉。此公大概对黄老之学，略窥门径，很少为地方兴办事业。但一般人私下议论，都说他是好官，不要钱，甚至于喊他戴青天。当时的县太爷大约是兼理司法的，是不是因为他善理民刑案件，不需素，不枉纵，有若干人，受了他公正的好处，而为他作了义务宣扬，也说不定。我年纪太小，不能深入去研究，根本就还不知“研究”二字是何用意呢？而且我们家里，从来不敢打官司。有一年我父亲把别人亏欠我们的账簿，通通烧掉，就是因为好好的催讨绝对要不到，进衙门吗？是自找罪受，倒不如干脆烧掉了，还落得有一份人情。

我父亲不识字，又有几个钱，这正是敲诈的好对象。每年有事无事，总要被传到差房里，去坐三天两天。桌面上要多少（指官吏要），桌底下要多少（指差役要）。总而言之：匹夫无罪，有钱为罪。缴了款百事大吉。可能县太爷根本不知有此一类事，但是谁敢去追问呢？我一家三口，除父母外，只有我这一个应门之童，当年连五尺之高都不到，有起事来，甚么用处都没有。但我们有一家好朋友，是遵义鼎鼎大名的第一号光棍头领，名张鼎三大爷。据说他在满清末年，为了代弟兄们顶破锅，甘愿为人受罪，曾经三次被押解朝省。在臬台衙门三次背红背兜，甚么是红背兜呢？据说用火油筒烧红，在犯人背上一烙，问你有招无招？若果你受得了苦刑，昏死活来之后，依然口称青天大老爷冤枉，你便可以无罪发回。满清的律条，是无供不能定罪的。鼎三大爷，能够为弟兄在臬台衙门三次背过红背兜，这样的义气与英雄，在光杆圈内是顶尖尖儿的了。他说一句话，从衙役到流氓，都得卖他几分账，给他一个面子。正因为他是我已死老外公——母亲的亲爸爸——的拜弟，有此一点渊源，凡是我家有一点横逆之来，母亲去求他，他一定尽力帮忙。民国初年，遵义是流氓光棍横行的世界。不参加袍哥（即光棍帮会）的等于只有死路一条。据说遵义当时连举人秀才全都参加了，不做袍哥不入流的，全遵义城内不过三五个人而已，我父亲便是其中的一个。这真是人人得而敲之的冤大头，光棍们呼之为空子。但不管如何的遭遇，只要鼎三大爷有一句话，钱虽出而不多，罪虽受而不大。我父亲就靠这一点关系，在民国元年至五六年间，没有家破人亡，否则真就不堪言说的了。

正因为有了这一点依靠，我们在打官司方面所感受的痛苦，不算太深。哪个是青天？哪个是昏天？我们没有直接深刻的感觉。但小小的知县官，绝不可能会有计划的自我宣传。而民间的交相评论，又绝对不是盲目的起哄。所以戴县长之所以为青天，大体是无可置疑的。好像还有戴县长太太自己洗衣服，乃至他临调任时连十两纹银的旅费都成问题之类常在人们感叹中提起来。总之，戴县长是居于清廉自守，不喜生事的好官。

说起张鼎三又使我联想起了张少奎。少奎就是鼎三大爷的长子。民国初年，即随他父亲闯荡江湖，有声有色。到了抗战胜利，鼎三大爷早已逝世。张少奎是他的继承人，也就是遵义码头上最有名的第一名袍哥舵把子。从民国十年以后一般人心目中的张大爷，便是张少奎，而不是张鼎三了。政府行宪，我被中央提名参加贵州籍立法委员的竞选。有人问我是不是要亲自回遵义去。我说非亲去不可。因为我离家日久，许多年青时的小同学，有的做校长，做议员，做乡绅，甚至有的专做老太爷，百事不管，但开口一句话，可以管一乡。若果我回去看看他们，以表亲切之情，不谈选举而自得；若果我不回去，大家误会我没有情感，看不起人，连自己竞选都不回来。遵义有三十几万票，可能会失去一大半，若果有竞争的人，再一挑拨，那就可能要闹大笑话。

当时有两位很关切我的人说，在遵义和你有竞争的是吴剑平，他虽是邻县绥阳人，但在遵义住了二三十年，已经落籍在遵义。他做过当地的军官总队长，又系在乡军人会的主席，尤其他也是袍哥大爷，张少奎必然徧袒他，恐怕你的票子，很难符合理想。我心里在想，袍哥中的正人，最重历史义气和然诺。张少奎对我家和过去鼎三大爷的一切关系，他是清清楚楚的，我想他一定会赞助我，但我没有把握，我只好说等回家乡去看看再说。我回到遵义之后，张少奎完全赞助我。光棍一句话，说一是一，说二是二。小老么四乡一跑，替张大爷转达意见。袍哥弟兄，绝无问题。吴剑平虽然也号称大爷，那个大爷等于捐班出身，张少奎之类则等于科第出身的三鼎甲，甚至是状元，怎能相比呢？在此次选举中，我感觉他们的情意，倒是真挚不虚，比官场中口是心非面从心违好得多。我在遵义得到的几乎是全票。原因虽然不是一端，但张少奎不助吴而助我，也是一件大事。……

话说回来，戴县长调任了。临去的时候，单就我们棉线街到丁字口一带的老百姓而论，家家都自动地摆了香案。我记得案上，多半摆的是清水一盂，镜子一面，大约是取官清如水明镜高悬的意思。的确是民间自动，并不是衙门派人出来的关照。人民的心意，只能在这不化钱的仪式中，表示一点去思的敬意。戴县长比袁遵义府是大有风光的了。

最后的一位，第三个父母官。这位父母官我把他的姓名忘记了。假如我还记得起，我也不想把他写出来。总之：遵义县有过这样一位父母官，天地间也有过不少这一类的事就是了。何必一定要有名有姓，才算是真实呢。这位父母官，大约只有四五十岁，高高的个儿，生得相当的风度翩翩。看上去是大少爷一类典型的佳公子。他有一点和戴县长轻微相类似的地方，便是有关教育建设一类的事，能不问就不问，能不管便不管。但戴县长的清廉俭朴，与这位父母官却绝对无缘。他第一件大事便是要表示阔绰。这个时候，清朝时代的蓝呢大轿，早已废置，但我们县太爷，却专门去重庆定做一顶拱竿竿藤轿，装饰得非常漂亮，专门去四川自流井定雇了四名轿夫，据说自流井的轿夫，是四川有名的，他们能够用双手撑着轿杆，奔走如飞，无论上坡下坎，能将轿子本身保持平衡，使坐轿的老爷们，在上面随时四平八稳，既安逸，又威风。假如轿夫一行，容许有专家的话，四川自流井的轿夫，应该有人会得到诺贝尔的奖金才是。我们这位县太爷，每天都由老城县衙门出来，到新城凤朝门的总商会去。坐在四人抬着拱竿竿的凉轿之上，外加五六名身背薄壳小手枪的卫兵。本来县长不能用马弁的，但他把保安队兵调上几名，穿上黄咔叽军服，比军队里的马弁还要漂亮。我们住在新城，每天下午去老城上学，几乎天天都和这位父母官对面相遇。当然我们这群小学生，只好让在道旁屋檐之下，看他们前呼后拥，风驰电掣而去。据说他去商会，表面是去看戏，实际是去打牌，吃酒，最重要的是去玩小旦。

我们这位父母官不单是喜欢摆阔，尤其是风流成性。四川戏班的小旦，照例和北京相公堂子的相公一样，兼营副业。陪酒侍寝无所不为。这是一种污浊不堪的坏习惯；但我们的父母官，却正是喜欢这个调调儿。来遵义唱戏的，是四川有名的班子。唱小生的是魏香廷，善演《活捉王魁》（后改名《情探》）。唱花脸的叫吴晓雷，他的《醉打山门》、《五台会兄》，演得入情入理，声泪俱下，令人神往，至今不忘。这个小花旦，姓甚么记不得了，戏名好像叫素兰，以风骚著。据说县太爷玩的，就是这个素兰。最妙的是县长的大少爷，大约有二十多岁，是保安护商大队长。就像《坐楼杀惜》一戏中的宋三和张三一样，父子二人，竟然共走一条道路，共同欣爱素兰。到底男妓和女妓不同，父子之间，倒不曾听见有燃酸吃醋互不相容的事件。我们县太爷，又不曾私通梁山草寇，所以更没有像宋江那种必需杀惜的悲剧发生。我们有一些大一点的同学，看见县太爷坐轿去商会，便说："靴兄去了。"看见大少爷骑马去商会，便笑着又说："靴弟也去了。"像我们这一类的小孩，根本不知"靴兄靴弟"是何意义。这是长大成人以后，才慢慢的明白他的含义，是那么的可耻和肮脏。至于大少爷的所行所为，县太爷是否明白？是明白了私自教导而不予公开呢？还是明知而故纵之，不以为是甚么了不起呢？更不在我们思考范围之内了。

县太爷好像不是外省人，当然不是大富翁。但他的确是生财有道。他们说他："有土始有财，有财始有用。"土就是指鸦片烟土而言。这些时候，遵义唯一最大的出产，便是烟土。最大的商家，便是土商。能够把遵义出产的烟土，运到重庆，或者是汉口去出售，获利总是十倍以上。这种商人，立刻便是家财万贯气概不凡的人物。但是遵义去重庆，当时没有马路。要步行十余日，沿途丛山峻岭，土匪纵横，轻易行不得也。所以县太爷到任之后派他的大少爷去当保安护商大队长。每月分批保护烟土，去重庆出售。遇小匪闯关而过，遇劲匪送礼而行。至于县长和大少爷是否有本钱在内，或者专吃干股任利不任害呢？局外人则不得而知。总而言之，这一份的来源收入，还不够他父子吃喝玩乐浪荡逍遥吗？

我幼小的心灵中，连贪污二字，都不曾听过。凭良心说，这位父母官，在地方上是否有过敲诈勒索的行为，好像倒是不曾听到有十分过不去的地方。也许敲诈勒索，是低级呆瓜的县太爷之所为，而非风流聪明生财有道者所肯做的。我写文章的时候，一定是说一是一，不能另外加盐加醋，这是我自以为做人应有的道德。灶神菩萨上天，要好话多说坏话少说。

遵义中学地址，是一所大庙。是甚么庙？我记不起来了。袁遵义府为了兴学育才，将所有菩萨打碎，搬运倒入河中，顺流而去。女子师范，原来是城隍庙，所有十殿阎罗，判官小鬼，一概扫荡无存。惟有一间竹林寺小学刚刚开办，袁便迁调。戴县长来，与斋公斋婆妥协，命庙祝将四大天王，一切神像，用纸封糊，使学童读书之声，可入菩萨之耳，而菩萨的神威却不介入学童的视线，也就算相安无事。

到了第三任这位聪明大方的县太爷，他一心在经商，在玩乐，所有其他问题，概可从宽商议。于是竹林寺的四大天王，照旧出笼，学童与神像，互相观摩互不侵犯。到了礼拜放假，还听一般斋公斋婆照常顶礼上香，祈求护佑。于是斋公斋婆大悦。县太爷除了得到士商巨贾心悦诚服之外，又得到斋公斋婆的拥戴，是之谓政通人和。

不久县太爷病了。有人在背后窃窃私议，说是风流病。据说花了大价钱，去远方接来一位大医师，打了一针。针还未取出，县太爷便跨鹤西归了。因为儿子是大队长，丧事办得很风光，万民伞都是几百把。接着便由商会筹款，在遵义的川黔通道上，一边是集义桥头，一边是较场坝口，大大的修建两座青石牌坊，以歌功颂德，永垂不朽，表示遗爱在民之至意，可能至今犹存。因为贵州的青石，不比台湾的风化石，质坚而重，经得起风吹雨打。虽然不一定永垂千古，但三几百年是不会损坏剥蚀的。

这三位父母官，任何一位，都和我非亲非故，也无怨无仇。但他们这一些绝不相同的风格和行为，先后有一异常显明的对比，在这幼小的心灵中种下了不拔的深根，六十岁的我，至今还不会把他们忘记。每一想起，正好像是昨日的事情一样。

平心而论，这三位父母官，在我心目中，当然最赞成的还是袁遵义府。假如我做县长，百分之八十是走他的工作路线。也许打菩萨的事，不如他的坚决和果断。难免不有些妥协或缓进的地方；至于选择工厂地址，也许比他更谨慎，但也不是确有百分之百的把握。戴县长的清廉俭朴该学，而其无为是我们所不能学，也许还不一定愿意学。话说回来，假如在今日的民主时代，如果这三位父母官同时在遵义地方竞选。我敢相信：论财，论势，论民情，一定是第三任这位风流县长一马当先票多当选，而袁戴二位，必然是落选无疑。应该挺起胸膛，下定决心，不怕斋公斋婆咒骂和轿前泼粪呢？还是临别去思，看几碗清水和几张明镜呢？还是要名利双收，大修其青石大牌坊呢？是非义利之际，确令人有何去何从的迷惘！

希望有权力地位的人，不问高低大小，先做到忠恕二字。一切要尽了自己的力量，也平心静气，为了大众易地而处的设想，不有虚矫之情，不为乡愿之事，说是父母也好，说是公仆也好。说公仆，对人民是尊重得多；说父母，对子女则痛爱更切。生今之世，能得好父母官，岂非天大的幸事欤。

（原载《传记文学》第四卷第二期）

贵州怪军人周西成

黔北有二怪，且说周西成

就我所知，黔北有二怪：

大怪周西成，以其为总司令，为省主席，故大之。

小怪李群仙（人称为李神仙），以其为类似祝由科之走方郎中，故小之。

大小虽略有悬殊，其不失为怪则一。先从其大者，其小者留待后补，暂不论焉。

周西成同我毫无关系，不相识也无恩怨。说起了他的好处，根本于我不相干；说到了他的坏处，骂的人也牵连不到我。但他是以前贵州省主席，对贵州老百姓的生活，是有影响的。我也是贵州老百姓之一，不能说我们没有关系。凭这一点关系，我才有兴趣替他写一写。在台湾的贵州老乡不算少，也许有人吃过周西成性命交关的大亏，想把周西成贬得个痛快；也许有他的亲朋好友子弟，受过他的惠，想把周西成褒得个了不起。这都不是我的见解。我写周西成，既不是褒，也不是贬。我只想告诉人们，天地间有这样的一个人，也做了这许多的事，该褒？该贬？该痛恨？该鼓掌？通通不关我的事。让人们自己去理解，如是而已。所以我既不称之为怪杰，又不斥之为怪物。只说他是一个怪军人。军人是他的本行身份，怪是指他的事有些特别。只算是还他一个本来面目。不想加一点，也不想减一点。

一逃始惊人，知非池中物

书归正传。周西成，贵州桐梓县人也。清朝时桐梓县属于遵义府。若果正当周西成在贵州红的发紫的时候，我们遵义人可以去认他为同乡，比起冒认祖籍某省的识时务的俊杰来说，一点不牵强，也一点用不着害羞。他系军人出身，但不是士官保定，也不是陆军小学或贵州讲武堂。可也不是“马桑大学”〔注〕毕业。大约是参加某一种的训练大队，受过训。是一年是半载，我可不知道。但他在军队里当连长营长出身，不能不说他是一个正规军人。这是冒充不来的。此事不关重要，我们也根本不必去调查。

说起军队，令人感慨万千！在黄埔开办之前，国父一切救国救民的主张，都苦于以没有革命武力，不能实现。在广东时，他设法去劝导范石生，想滇军能随他参加北伐。结果是范率滇军回滇，使国父完全失望。其次我们贵州有一旅精兵，住在桂林，旅长是谷正伦。当时的部队，能够有几杆毛瑟枪，已经不错。据说这一旅，是全部七九花梨枪（甚么是花梨枪？我至今还是不明白），真是了不起！为了他们，国父曾亲自到了桂林。不单是对部队集体讲话，而且对连排长都亲自握手送毛巾。为的是甚么？当然也是希望这一支精锐部队，能够参加北伐。假如谷能率队北伐，纵然不一定是北伐总司令，至少不会推板到哪里去。可惜贵州人无福，他们还是来了一个黔军回黔。

谷正伦回黔任了主席。这个时候的周西成，仅仅是在驻扎黔湘边境靠近洪江的一个游击司令王小山的部下，充当一名营长。游击司令照例是“兵不成兵，枪不成枪，打仗不足，扰民有余”的队伍。可能谷正伦当时便有解决王小山的意思，下命令要他的部队向贵阳开拔，听候点编。王小山是服从了。第一个奉派先遣的便是周西成所率的一营。周西成平素并不愿意听命王小山，而且知道回到贵阳去，并没有好出处，所以他便决心逃亡。他若无其事地先向贵州境内开进二三十里，表示奉命。到了夜半他率了全营突然向湘境逃窜。一夜便逃了一百余里，让其他部队，根本无从预料，也无法截堵。又有人说，他因为怨恨王小山的缘故，还带了几个人冲进司令部，杀了王小山，然后离去。这个我弄不清楚了。

总之，这一逃便是周西成一生的转捩点。他脱离了贵州军队，单独自由行动，凭他个人的本事去闯天下。贵州军队，最是注重服从的，像周西成这样的逃亡，在当时要算得是惊心动魄的表现。我当时很年轻，也听人说得有声有色。周逃入湘西，据说当时士兵，虽有四五百人，而可以勉强打得响的枪，不过一百余支；其余的枪，根本连枪柄都无有，只算是废物。周下命令士兵用洗面毛巾将枪托包裹起来，扛在肩上，看去跟好枪一样，用以装门面，壮声威，并防止湘西团防见财起意来缴他们的枪。湘西也是地瘠民贫的区域，不可以久留。大约是通过四川边区酉、秀、黔、彭一带，到达了四川涪州附近。投靠在汤子模下面，当了旅长。另一位旅长，听说就是现在共党中的贺龙。汤的关系，倒是属于国民党的。他并没有基本队伍，就全靠收纳这一些游杂队伍和土匪来撑持门面。周也不过是利用汤的名义，先就食川境谋得一个暂时安身之所。甚么思想抱负，一切还谈不到。

抢了两批枪，自封总司令

一百多条枪的周西成，当然说不上生存与发展。因此周西成心目中的第一件大事，便是如何夺取枪支，壮大自己的力量。

据说他利用机会，抢了两批枪：

第一，他的同事贺龙，有枪数百支。他用尽心机，和贺龙交好。有一次汤子模和敌军作战，派贺龙的部队作先锋。周西成认为机会难得，把他的部队换了衣服，埋伏在贺龙的后面，等到贺龙与敌人一接触，周西成的队伍，就在后面放起枪来，把贺龙的队伍完全缴了械。贺知道一点消息，向周质问，周指天誓日，否认其事。并表示第二次自己愿作前锋，请贺龙老大哥押阵。贺不知其诈，到了第二次，周派一连人作先锋。却暗中吩咐连长，见敌即溃败散开，仍然让押阵的贺龙部队与敌人正面接触，再把自己的主力，依然埋伏在贺龙的后面照样如法抢枪。贺龙虽系“土匪”出身，但万万想不到周西成是如此的狡诈和无赖。据说只此两次，贺龙的几百条枪，都归了周西成，贺成了光杆。

第二，四川军阀，年年都在打仗。有一次一个驻在重庆的将领失败了（姓名忘记了），把他的军火，由轮船上运退到夔万。这一个消息，不知如何传到了周西成的耳朵里。周妙想天开，把涪州县大堂上的几尊老将军炮（满清时用的，早已生锈，成为废物。）运到江边，用绿油布包裹起来做成炮衣；把他的军队，布在沿江岸边用洋铁筒高喊停船，否则立刻开炮。轮船上的押运部队，本来是败军，而且数目有限，看见周西成沿江都是军队，又有新式大炮几尊，早已亡魂皆冒，乖乖地将轮船靠岸，听候处置。周缴枪之后，将人船一齐放水东下。据说这一次周得到的枪是好几千条，而且都是新式快枪。周西成变成了暴发户（也真亏他化腐朽为神奇想出了将军大炮的用途）。

有了这两批的枪械，周西成已非复吴下阿蒙。他发信到黔北一带，凡是遵义桐梓各县愿当兵的来当兵；有资格可以当官的，都可以到他那里去立即任用。当时贵州军队，以西路为骨干。黔北的讲武学生，大部分都闲散在家，听到这个消息，一个约一个，都去周西成那里参加训练新军的工作。

周西成凭此基础，自称靖黔军总司令回贵州戡乱剿匪，登上主席的宝座。有人估计，从周营长逃亡起算，到靖黔军总司令回来，为时不超过一年有半。你说这是时来运转吗？还是周西成真有点本事呢？

练兵重军纪，赢得好名声

军阀时代，谁都是靠军队起家，文人不值半文钱，周西成当然也不例外。民国元年，正规军以云南的边防军为最标准，士兵穿黄咔叽制服，背上背包，再加水壶、刺刀、干粮袋，神气活现，威武庄严；川黔的正规军，大都尽力之所能及，尤而效之，装而备之，这是一类。另一类是游杂部队，既说不上穿，也说不上吃。薪饷之说，根本谈不到。当时流行的笑话：（一）是三多式的兵——即官多于兵、兵多于枪、枪多于子弹。（二）是两盏灯的兵，甚么是两盏灯呢？即前面一根太子登（基）——“基”与“鸡”谐音，其意极不雅；后面两个屁股瞪，换言之，即士兵裤子破了，前后赤露的表示。你想这种军队，还成何体统？

周西成之整军也：

第一，是财政公开。让士兵吃得饱，官长有待遇，虽不太多，但勉强过得。士兵与官长均穿灰色土布军衣，但都干净整齐。他也不学正规军，可能也是无力学。他只让士兵背一条毯，一把雨伞，一只洋瓷碗，吃饭漱口，都包括在内。他不注意威仪，只注重实用。

第二，他特别练习强行军。据说周西成的军队练到登山涉水，一日一夜能行二三百里。他最精彩的表演，是三抢铜元局。铜元局位于重庆南岸，是四川铸铜元银元的厂地。隔岸的重庆江北，都驻有袁祖铭的大军，周西成驻在南川附近，相隔听说很远。周西成第一是要枪，第二是要钱。所以他连夜行军，来抢铜元局。隔岸的大军，骤不及防，等到大军调好，周西成早已走得很远了。抢一次不足奇，一年之内，连抢三次。弄得风声鹤唳，大众惊心。来得快，走得快，近乎神话，这不是偶然的。

第三，他特别注重军纪。他当时有句口号叫“惩军不罪民”，他的执法队，经常在各地巡查。遇见军人和老百姓冲突争吵，他们干脆的办法，是把军人当街打军棍，老百姓无条件自行走路。也不问谁是谁非？谁曲谁直？因此弄得周西成的军官士兵，上街买东西时，根本不敢同商人还价，以免争论。我曾经亲眼看见一个乡下挑柴的农民，在大街之上，一个不小心，把扁担将周部一位下级军官的军帽撞落在地上，那位军官捡起帽子，对乡农看都不再看一眼就走了。这种办法照说，是有一点矫枉过正。对于军人，也算是不公平的待遇。但在当时人民畏军人如虎狼，哪一个善良老百姓真敢欺负军人呢？周的办法，似乎恰恰是尽乎人情，合乎中道。尤其是自从民国元年以来，滇军也好，黔军也好，都免不了驻民房。军队一驻民房问题太多，锅瓢碗盏，门窗铺壁，损害尚属余事；家里媳妇、大姑娘，受调戏，受侮辱！实在令人不安与难堪之至！周西成的军队，绝不驻民房。有时万不得已驻庙宇，整连整连的军队，站在风雨之中，让副官去庙上先行交涉好了，才敢进入。第二天早上打扫干净，当面问过和尚，有无损失，礼貌周到，然后离去，这都是事实。因此老百姓对周西成的军队，真是敬之而又爱之。这是从民国元年以后，贵州一般老百姓梦想不到的事情。亏他想得到，做得到，而且命令贯澈到下层。这是令人由衷佩服的。

总结说一句，周整军的要点，是经济公开，注重部属的生活，爱民为主，命令贯澈，不折不扣，这才是他起家的资本。若以枪为资本，比他枪多的军人还多着呢，要第三第四才数得到他。

治匪有妙策，安良先除暴

周西成的治匪，固然得力于他的军队训练有素，纪律优良。但他在策略和手段上，真可以说得上有值得大书而特书的地方。首先我们要明白贵州当时的社会情况，自从民国元年以后，军阀割据，战乱不息，贵州本来就穷，既然民不聊生，自然就土匪蜂起。三五十支乃至一两百支杂枪的小土匪，就遍扰乡村；裹胁到了一千或八百支枪以上的大匪，政府既无力靖剿，便给以名义，招安为某某司令。他们干脆以一部分枪支住在城内做官，以一部分留在乡下照常做匪。用得着匪的时候，由当匪的出马抢劫；用得着官的时候，由司令官而兼匪首的以官的身份出面办理。官匪不分，城乡两面吃，害得老百姓走投无路，呼吁无门！习之既久，适者生存，当时贵州社会最流行的一句话叫做“顺贼保家”。此中辛酸苦辣，自然是非言可尽。纪律不佳的军队，在老百姓心目中，比同土匪办交涉一样的可怕，甚或过之！因此社会的秩序与正气早已破坏无遗。

这一幅血泪图，我从小便感受最深，长大成人活了几十岁之后，思之犹有余悸！所以我在政治上，最喜欢赞助统一。主要的原因，就是因为国家统一，天下太平，老百姓所获得的幸福，不是言语和数目字可以形容得出来的。

谷正伦由桂回黔任主席之后，他手下的大将，一个是王天培，一个是彭汉章。以后这两个人，脱离了谷的统率，去归顺了袁祖铭。谷变成了光杆，而且离开贵州时，也非常狼狈。此中详细情形，我也记不十分清楚了。贵州的正规大军，好像都在袁祖铭统率之下，霸占重庆以及川东川南一带，大吃大喝过日子。贵州境内，成了真空。周西成利用此一空隙，自称靖黔军，由川回黔。因为他的军队，秋毫无犯，大约是毫无阻难地，便到达了遵义。

遵义城内，住的便是那位“马桑大学”毕业的招安匪司令罗成三，据说是贵州境内第一大匪首，有好几千条枪。遵义有两个城：一是老城，县府各机关均在其内，为政治中心；一为新城，系通商要道，乃由四川入贵阳必经之路。

周军初来，申明只是短期过路，住在新城外较场坝，离罗成三所住的老城，相去五六里，中间还隔了一条河，一道桥。周本人和罗成三，大拜其把兄弟，往来非常亲密。罗成三最初还有一些疑惧，不到一月，你来我往，早就坦然相处，不十分戒备了。有一天晚上，周西成宣布命他的军队开拔上省，据说到了丁字口，一声右转弯，才知道是去老城解决罗成三，真可以说是保持了高度的机密。自大的匪首罗成三，一无防备，不到天亮，几个钟头的工夫，便把罗住在老城的部队解决得干干净净。罗本人从梦中惊醒，到底是土匪出身，公然翻墙出来，逃到杨柳街进入天主堂，请求庇护。那位高鼻子洋神父，大约和罗平素有一点交情。天主堂在遵义，其尊严超过于有治外法权的外交使领馆，任何军队，从来不敢进入一步的。那天清晨起来，洋神父站在大门之外，周的军队，搜索到了天主堂附近，洋神父一口否认罗在他的天主堂内，相持之下，周西成本人到了，明知罗匪除天主堂外，别无可逃匿之处。周理直气壮，向洋神父说道："今天我一定要搜查。搜不出来，一切损失我都照赔；搜出来了，老子非揍你不可！"他打破了从来未有的惯例闯入天主堂。当然罗在天主堂内，一索便得。周出门之时，痛痛快快地给了那位洋神父两记大耳光。以后那位洋神父无颜见人，干脆悄悄地回国去了。罗成三当地枪决。周西成以遵义为中心，先统制了黔北各地，老百姓大大地舒了一口气，有重见天日的感觉！

周宣布了一项办法：即任何乡区，有匪必报；如果不报，周军一到，先杀区保甲长，然后办匪。本来平常的情况，区保甲长决不敢开罪于匪，兵来是短期，匪是长年在。开始实行之时，确有一部分保甲长唯唯否否，在周言出必行之下，遭了牺牲。但周有一特别保障，即只要地方人肯报匪，周立刻先派一连来；一连不够，加派一营；一营不够，再派一团；一团不够，周本人亲来。总之，请你千万放心，他一定负责将地方之匪，扫荡得干干净净，使老百姓有了安全保障，然后才离去。而且周军在地方，绝无丝毫摊派苛索滋扰，所谓匪来如梳，兵来如篦之说，已是历史上的陈迹。照此办法，匿匪不报，区保甲长立刻被杀；有匪即报，马上清剿平安，生死两条路！从此地方正气伸张，宵小敛迹，不过数月之间，匪患渐平。周不久即进军贵阳，自称主席，可能也受了北方政府的命令。好在当时各省，谁有力量，谁就自立为王，加封晋爵，不过是一件例行公事而已。贵州小儿游戏时，要抢东西，有两句口号："鸡公鸡母叫，各人检到各人要。"周西成对于贵州算是检到了。

还有几股大匪，如王木匠，曹天全等，所部亦有数千，仅次于罗成三。此时对于周西成的军队，已经十分畏惧，纷纷向周请求归顺招安。周西成的条件很简单：

一、部队必须交出点名改编，彻底整顿，不容有明投暗不投的行为。

二、匪首的生活条件，匪首本人可以自己提出。如果周西成一经答应，绝对保证兑现，并不轻诺寡信，中途变卦。

听说曹天全当时向周要求的条件，就是：

一、要六万元作遣散部下与安家之用。

二、保证社会上今后不再因为他曾经是匪而受人歧视。

周西成答应之后，立刻派曹去瓮洞作六个月的厘金官。据说瓮洞厘金官公开每月有一万元的好处。曹做完半年税官，辞职回贵阳。直至抗战当中，我去贵阳的时候，听说曹本人还在贵阳安居乐业，而且还表示抗日爱国。

周西成一面对老百姓，一面对土匪头目，都到威信崇隆的地步。时间不久，贵州全省匪患绝迹。由遵义到重庆这条路，当时马路不通，步行十余日，沿途崇山峻岭，土匪纵横，几乎寸步难行。到了此时，面目一新。一个人可以拿着两碗鸦片烟土（最受土匪欢迎的），由遵义公开走到重庆，绝没有一点意外。这是甚么道理呢？土匪，土匪，离“土”便不成匪！此时贵州乡下，稍有行为不端的人，不是改邪归正，便被父老亲戚，劝其远走高飞。谁都知道，任何地方只要出了事，周西成是绝不容情的。土匪绝迹，真是贵州从来不曾有过的升平现象。

说起来。也真令人感慨！我记得还在贵阳读书的时候，有一年回到遵义，当时遵义的驻军，便是王天培。好像王天培还是保定学生。但他在遵义，正是一个不吃鼠的猫。军队的枪支装备，都是好的，可是遵义四乡到处是匪。他的军队，只敢驻在城内，随时闭上城门，有时开上一尺宽，让人通过。还藉检查为名，向乡下入城的善良百姓摸东摸西。有时忽然一阵谣言，说东乡西乡有匪要来攻城了；赶快闭上城门，堆起沙包，如临大敌。老百姓吗？吓得如惊伤之兔，赶快收拾细软首饰，躲进夹墙或是地窖之内。他们不知道军队是不是靠得住？会不会乘机掳掠？也不知道军队能不能打得过土匪？慌慌乱乱，如末日之将临！过了一天半天，才证明原来是谣言，根本并无其事，然后勉强回家，好似渡过一场大劫。一个月当中，如此情形，一次两次不等，你说老百姓过的还是人的生活吗？周西成来了，四城门大大打开，老百姓大摇大摆，进出自在，从不受刁难搜索。军队自有调查引线，暗中守捕，一捉便是匪，也不冤枉好人。我家有三四十担谷的田在北乡，离城六十里，祖坟也在那边。我父亲曾经因为下乡上坟收租，被土匪捉去四十日，拷打得遍体鳞伤，濒于死亡，还是在城里向招安部队内寻出一条线索，打通关窍，才算是勉强救得活命。收租吗？早已若干年不敢再下乡去了！周西成来了，四乡清平，租谷照收，按时祭扫。你想在老百姓心目中，是何等感想？！说句老实话，就是我现在是遵义的老百姓，而周西成还在当主席，只要他不是叛党卖国，纵然他吃几口鸦片烟，我一定还是要投他的票，是丝毫不勉强的。练兵剿匪，周西成应该称为奇才。孟夫子所谓“犹解倒悬也”，不是当时的老百姓，不会了解到这句话譬喻的真切。这也许便是今天我能够有兴趣来写周西成的一点真情之所寄托。

妙法惩贪污，就职先赌咒

周西成常常对他的几个亲信左右说，我周西成一生一世，别无他求。只希望我死之后，贵州老百姓都供我的长生禄位牌。这便是周西成活力产生的元素。所以他对于贪污，非常痛恨。他可能在下意识里，颇轻视文人。只在桐梓有一个名叫熊兆的，算是他的军师。能出点主意，也能说几句话。其余根本谈不上。

现在我们官吏就职例行宣誓，所谓愿受严重处罚，压根从心里便很少有那么一回事。比《七侠五义》上黑妖狐智化一面起誓一面在脚下写“不”字还要不如。周西成当时不晓得从哪里学来了一套。他要每个官吏在上任之前，先去城隍庙赌咒。一定要说明本人贪污，将来是挨刀吗？还是挨枪毙呢？由自己选择填写。赌完了咒，以一张焚奏城隍老爷，一张存省府备案。将来你犯了罪，即查案照你所赌的咒如法执行。是人罚也就是天罚。而且周西成的脾气，谁都知道的，执行起来，一点不折不扣。这个办法，可谓别开生面，比普通宣誓有效得多。你说他可笑吗？真也可笑！说他这个怪主意，有点道理，也未尝不可。治乱省，用重典，只要能医病，土单方也可以的。我真还不敢随便下批评。

有一位日本留学生，还做过我的老师，承周的选拔做了一任县长。据说也涉及贪污。周西成更别开生面，要他戴起大枷，周游贵州八十一县。乖乖！这比死都难受！后来听说游了一半，还得人讲情，才算是缓刑。以后听说周又在贵阳大十字附近，做上两排房子，一排涂黑色，一排涂红色，把犯罪较轻的官吏，文官入红房，武官入黑房。标明所犯罪由，任人观览。这件事，我已经不在贵州，只听人说起。亏他想得出这比任何有期徒刑更令人难堪受不了的惩罚。

周对税收官吏，监督更严。闻赤水河道，设有一税卡，其通行税单，例须由省府盖印。大约因为交通不便，请领税票未到，船只货运待行，税收人员认为一时权宜之计，用未盖印的税单，加本所关防，暂时收税放行。是有意舞弊吗？局外人无从知悉。周来电将税所主任立即枪决。可能有一点冤屈。但全省税收人员闻风知警，的确是再没有人敢于随便越轨作弊了。

贵州是穷省。清朝末年尚须靠四川协饷度日。民国以后，军队驻地，自委税收人员，就地收款，截留不解。所以省府更穷，厅处员司以及各学校教职员，常常发不出薪。自周主政后，虽不能说弊绝风清，涓滴归公。但政令统一，款项解省，财源充裕有余。周以此购枪械，谋建设，乃至对外交际（闻周自奉虽不丰，但对外交际联络的用费，则手面并不寒酸。）均不患无法应付。话说回来，听说周主政时期，官兵公教人员，待遇虽非过分优厚，但尚能相当合理，可以勉强过得去。加以周之威猛慑人，有罪必罚，所以在整饬政风上，尚能收效。反过来说，假如待遇不合理，一般生活均不正常，纵然周西成天天杀人，恐怕也不见得就会有令人满意的成绩了。当然周西成不在循法务实、信赏必罚、大中至正方面去用功夫，而纯粹以个人意旨，任兴之所至而为之，纵然稍有所成，亦不能不说是应该受人訾议。这比他练兵治匪两大伟绩，自不可以同日而语了。

机诈兼厚黑，水漩称高手

四川流行一句话，叫做搲（读如瓦切）水漩，就字义表面解释，即顺水之性，搲成团团转，不着边际，中无一物。而在人事上的应用，即其人油滑到了极点。平素四面八方随顺应付，玲珑周到，只求自利，决不吃亏。也全无真实感情。四川有一将领名唤刘自乾，闻长于此道，人称刘水漩。当面有人称之为“水公”，刘亦笑受而不辞。据闻刘水公对于周西成亦感然叹曰：“周西成这鬼东西，真正难缠！”周西成之于此道，亦属高手，不问可知。

贵州人长于苦干硬干，随处皆是。若周西成之长于揉水漩，确是例外。举两件事来说：

一、周在川的关系，隶于汤子模。汤与熊克武是一派，与贵州驻在川东的袁祖铭是对敌的。有一次熊被袁打垮了，逃回成都去。论理周西成是要吃亏的，但周却不然。他命他的部下毛光翔先率他的部队退到贵州赤水边界。在桐梓家乡寻出一个老军人和袁祖铭也有一点关系的名叫黄丕谟，这是一位好好先生，由他出来掩护，向袁祖铭请求改编，发出拥护袁祖铭的通电，并请求补充械弹。周本人则紧随熊克武去成都。表示患难相从，矢忠矢信，如丧考妣。熊在失败之余，人情势利，感慨甚深，更特别倚重周西成，为他筹了五千支枪，要他重新练兵，以图恢复。周西成表面感激零涕，誓图报答。一面密电毛光翔派五千人去成都领枪。枪械领好后，他再也不管熊克武今后如何，干脆率领人枪，就像孔明借箭一般地回转贵州去也。照理而论，一个失败的局面，周多三少二总要吃点小亏。但他不但不吃亏，反而他一面骗熊克武的枪，一面拿黄丕谟作幌子，去骗袁祖铭的钱，左右逢源，枪款俱得。然后不管你牛打死马，马打死牛，他一声不响，回贵州去做他的土皇帝。你说他这个水漩，揉得好不好？说句老实话，熊克武也不是很简单的人。周西成能骗得他贴贴伏伏，窝心乐意，周的承欢侍色，必已使尽了浑身解数，得“厚”字之妙诀。及枪支既得，说走就走，毫不留恋。“黑”之一字，亦属上乘。四川自称厚黑祖师的李宗吾，若果有知，应该让周西成升堂入室，配享东庑才是。可是这一幕戏，平心而论：周能离开部队，指挥照常，其对部下的控制力，也不是一件容易的事情呀。

二、这个时期的周西成，在贵州已属无敌。但其心目中，有一极为忌惮而朝夕不敢或忘的敌人，就是统率黔省正规军的袁祖铭。自从黔军总司令王文华在上海一品香被人刺死之后，黔军主力几乎全部归入了袁祖铭的掌握。袁无意于贵州，周西成乃得乘隙而归，主持黔局。若果袁以一部兵力回黔，周亦将难于应付。好在黔军数万之众，贵州实无力可以养活。因此袁凭此武力，雄踞川东重庆、江津、夔、万一带等处，有时听说还打到成都，几乎囊括全川，亦断无厌肥甘而回师贵州与人争鸡肋瘦骨之理。

四川在贵州人心目中，比诸葛武侯还看得更重，真是天府之国。我那时年轻，我知道北路许多亲戚朋友，都是随军到川。统兵的自不待言。文人随军，先作军需编修，有机会去关卡上收收护商捐，办办鸦片烟税，因此不久即回家作小富翁的，不知有多少。古人说：“窃钩者诛，窃国者侯。”在家乡抢人是土匪，是窃钩者诛；以大军占领，公然掠夺，虽然只是半边省，也就是英雄一流人物。明明是抢人，即不得与土匪同论。更无怪窃天下者，可以坐在联合国内大发其议论，行使否决权。让弱小民族的小子们，侧目而视，侧耳而听，莫敢如何了。人类这个不成材的世界，真是说穿了不值一个大？

话又说回来。袁祖铭固然乐蜀而不思黔。但周西成心中，却真如芒刺在背，日夕不安。他为了应付此事，由和袁作对，转而向袁讨好。也真亏他做得出。袁有一父亲，住在兴义县乡下，大约总有七十岁，听说平素为人，尚属正派，老太爷的声光不错。周西成特别派人到乡下去把袁老太爷接到贵阳省城来。这还不打紧，他不晓得用甚么方法，说动了老太爷的春心。他替他纳了一个十几二十岁花不溜纠的小老婆。他以省主席之尊，亲自去新房替老太爷布置家具。好像他比袁祖铭还孝顺得多。他这些作为，一方面是向袁祖铭表示他对袁的父亲如同对自己父亲一样的孝道；一方面可是把袁老太爷这块正直的招牌毁掉了。在贵州当时，风气未开，这样的老夫少妻，在社会的批评訾议，是不胫而走的。以周西成用心之深，这当然不是无意的举措。直接毁了袁老太爷，间接也是袁祖铭在一般人心目中声光上的最大打击。

花不常好，月不常圆。袁祖铭像是吃了败仗，在四川立不住脚了。周西成心中的着急，并不下于袁祖铭。黔军全部回来，周能抗吗？能养活吗？能继续做主席吗？都不可能。好在此时周已自以为系袁的亲信部下，赶快请袁回来，替袁设计。要贵州军队由川黔边入湘，以图发展。没有现款，周西成代筹鸦片烟若干万两，以壮行色。这一切的表现，既亲切又漂亮。事实上袁之大军，除移湘就食以图发展外，实别无他路可寻，袁祖铭入了湘，周西成算是捏着一把汗，恢复了宁静。周不单是对袁巴结，特别是对袁的部下，从营长以上，能往还的就设法往还。袁入湘后，凡是重要的营团旅长其亲属在贵州居住的，周都是随时派人嘘寒问暖，送钱安家。袁是一员战将，对部属生活不够体贴，因此袁的部下，身在袁营心存周惠者颇不乏人。我有一友人，在袁处司笔札。据他说自袁入湘，周一直经常来电要袁对革命军与吴佩孚之间，多作观望，不要轻于表示态度。实际上袁军到了常德，周西成就革命军二十五师师长军职的通电油印品都到了常德。袁还在鼓中，以为周是体己人，最关心他的前途呢？平心而论，贵州这一股军队能征惯战。若得其正用，北伐革命不知要省却多少气力。唐生智的力量，不可与此比拟的。可惜袁在私人的恩怨上多所顾忌，又对于吴佩孚的力量，估计甚高。虽然国民党方面，如安顺的陈纯斋，也曾到袁祖铭、何厚光处去游说，希望他们为革命政府作前驱。袁自恃力大，迟疑不决，终于唐生智、周斓诱至常德而杀之，其亲信得力将领何厚光一同遇害。全军无主，溃退回黔。所有袁部的重要将领，如刘仁权、雷鸣九、陈汉清等，均不愿在外漂流，愿以所部贵州子弟兵交还周主席，自己归田终老。贵州军队，至此全部归周。只有一位资历较深次于袁祖铭的李晓炎，驻在鄂西，不愿受周节制，自寻出路。周的水漩揉到此处，可算大功告成，别无破绽矣。平心而论，周西成天分甚高，而良心上的出发点亦不劣。可惜学养不足。若得受主义的熏陶，党国的培育，使其坐镇西南，独当一面。能够和他交手对抗的人，倒不会很多，这是我超脱一切成败恩怨的看法。

爱国吸鸦片，怪事悖人情

朋友告诉我：周的行为，有几个思想路线，是他的主动力。

一、远交近攻。凡是离周很远的力量，不管是云南？是四川？是北平？是广州？他只要能交，一律去交。卑辞厚币，在所不惜。但凡是接近他的力量，尽管他向你叫老祖宗，你千万不要相信他，他一有机会，便会毫不留情，把你吃光为止。

二、无毒不丈夫，先下手为强。一部《三国》，影响中国政治最深。上焉者学《三国志》的曹操，次焉者学《三国演义》的曹操，下焉者学舞台上的曹操。真是缺德！周西成在涪州劫得几千条枪之后，要充实旅部。听说贵州有一军人名宋伯群，颇有才识。他去电约他来旅部当上校参谋长。因为宋迟到若干日，周已先命一姓江的做参谋长，仍以宋为同级上校参谋。可能宋辞色不对。周第一日请了他吃了一顿饭，第二日即在旅部用刺刀将宋伯群乱刀刺死。他的意思，大约是宋若不为他用，必将反他。他不如先下手将宋杀死。这是甚么话？！

三、疑心特大。据说在周左右做事，千万言行谨慎，莫惹他疑心，否则性命交关。周在省主席任内，用了一位有文名的贵州人姓王（是否王仲肃记不得了）的为秘书长。有一天，周下手令，委一人去做县长。这位秘书长，无意之间，在旁多了一句口，说："这人很不错。"周当时无话，等王秘书长转身之后，他便将县长委条撕毁，还骂了一句"狗×的"。他怕有人会利用关系，真正岂有此理！

四、不欢喜有见解的人。不晓得是不是他因为有点自卑的关系，周对高级知识分子，怀有成见。他大概只喜听命埋头办事的人。凡是有见解有意见的，他认为多半是捣乱分子，危险分子。北京回来的，外国留学回来的，都应归入此一类。他在省城公园内，设有招待所。每月每人津贴八元到十二元的伙食零用。你乖乖地住着，最好不要乱走动。若果有得力的亲朋替你保证，也许还有官可做。否则招待你到何年何月，根本不晓得。听说他把贵州唯一的最高学府——法政专门学校，改为大学。在其中设军需科，编修科，只要一毕业，便可到他的部队，任军需官，编修官，每月可以得五六十元，比留洋学生实惠。他说：他这才是学以致用。他这种做法，可以气死教育家。有人说，周西成到底认不认得字。我说他不单认得，而且他自己亲笔出布告："新年已过。禁止赌博。倘敢故违。懔遵其务。”有一批北京回省的学生，经人介绍，他下手令“派该员等到地方自治研究所加以研究”。尽管“参加研究”与“加以研究”意味完全不同，但比之张敬尧的抓到执法处，到底高明多矣。又说他做主席后，还学会做诗写大字。

五、吸鸦片百无禁忌。当时贵州最流行的纸烟，是海盗牌。他认为是外国货，必须加以取缔。军队里有人吃外国纸烟的，查出来用令箭插在耳朵上，血流满面，游街示众。但鸦片烟是省产，人人可吸不在禁止之列。因为周西成是哮喘病，不吸不行。不过他提倡坐起抽，不能卧床而吸。否则有失军人体统与办事精神。但是他也并没有规定特别的处罚。在贵阳的绅士中，哪个人每月该送多少烟土？周西成都派人按月照送。颇有人情味，也有点像慈禧太后赏吃一品锅的气概。

六、打麻将游街示众。周西成不会打麻将，也讨厌别人打麻将。有一位曾在讲武堂做过老教官的先生，因为约三个老友在家庭娱乐，被周捉去要他举起牌桌在省垣游街。此公回家之后，不出数月，便郁郁而死。抽大烟是省产；打麻将犯大忌，这是哪里说起？

以上这一类的怪动作，据说不算少。我知道的不多，而且也不愿说。这算是过时代的、落伍的、不登大雅的小动作。不值得去研究，也不希望有人去仿效他。

用人不用才，不当死而死

这些年来，民主独裁吵得一塌糊涂。当年在贵州还根本谈不到这一套。老子打来的天下，便是老子的。一切以老子的意旨为意旨。周西成当然不会是例外。他既不能有思想去寻同志，更无法在道义上去寻师友。成功之后，唯一的要旨，是选用靠得住的人，好继续掌握权力。甚么人可靠呢？似乎只有在亲戚与同乡的范围内去用功夫。

本来一个人的行为，绝对受他自己思想的控制。若论可靠，上焉者当然是志同道合，次焉者感情维系。即以《三国演义》来说：桃园结义，关云长千里走单骑，情也；诸葛亮与刘备，同志也。其志为何？“东结孙权，北拒曹操，先谋三分鼎足，徐图收复中原，重光汉室。”此生不二。备死之后，亮仍鞠躬尽瘁，为此死而后已。同志是理智的抉择，结义是情感的系念。除此之外，若全在权力利害上着眼，一部春秋战国，兄弟叔侄，谋夺斫杀，不知凡几！何况同乡？但当年周之环境与教育，均尚不足以语此。因此周在用文人方面，以其亲朋故旧的推荐保证为主。其品虽杂，尚有限度。但当中已经闹了不少笑话：

一、听说当时桐梓县内，连一个教《三字经》、《百家姓》的教书先生，都找不到。因此一人得道九祖升天。能认得字的桐梓人都做官去了。

二、贵州奖励蚕桑，省府命令各县举办苗圃，以资提倡。当时的油印不好，苗圃的圃字，可能模糊。命令到了正安县，这位县大老爷，知识也极为有限，他看了半天，看不懂。他想贵州各县，有许多地方，是有苗人的，周西成又是喜欢练兵的，一定是要各县举办苗团。因此命他的书记，正式回复省长一文，意："属县奉命举办苗团，理应遵办。惟我县近百年以来，苗人早已绝迹。只东乡尚有一家，亦久已汉化。故苗团之办，实无从着手。"等语。周西成一怒之下，立刻将他撤差。好在没有要他带枷去周游八十一县。即此一端，可以深思。至于军队，乃周之命脉，更当然非清一色桐梓人不可，连我们遵义人，都不够胞同乡的资格。我们遵义有好几位讲武学生，曾经去涪州、南川替周西成出力练兵的，都不安于位，陆续被排挤回家闲居了。

周西成的大将有三位：（一）毛光翔（桐梓），（二）王家烈（桐梓），（三）犹国材（桐梓），三个当中，毛、王是行伍出身，毛好像还是亲戚。只有犹国材是桐梓人中唯一的讲武学生。可是犹在学校中，大家呼之为犹骙宝。"骙宝"二字，与其说是忠厚的别名，不如说是蠢材的意思。顾名思义，思过半矣。周西成控制军队极密。据说营长以上，都由他直接指派指挥，就是毛、王等，亦不能单独负责做主领导，因此到紧要关头，处处非周西成亲自处理不可。上文说过的有一位不甘于服从周西成的将领——李晓炎，这个时候，忽然与滇军联结，由西路向贵州进攻来夺取周西成的政权。论周的实力，对李可以应付裕如，但非得御驾亲征不可，而且主席周公非常人也，必须用两面一丈见方的大杏黄旗，上书斗大的周字，使敌人望而生畏。殊不知滇军方面，依此大旗指示，发现目标。集中炮火而攻之，于是乎周公负伤，周公遐举，完矣！周并不是必须失败，而是自己无独当一面可用之将，又要死摆架子之所致。周死后，听说滇军内部有事回滇，毛光翔领周的军队，仍然打败了李晓炎，可见周军力量不可轻视。周死后，一代传一代，毛光翔仍然做了主席，继之者为王家烈，天上地下根本甚么都说不上了。所以说周西成一生最大的成功是练兵与剿匪。而最大的失败，是只用同乡不用人才。就贵州来说权力中心继起负责无人才，这一个损失，就根本无法估计了。

是功抑是过，人民有定评

周西成死了，的确他没有钱存在外国，存在外省，而且他的家庭生活，还是和普通人一样的简朴，并没有成为大富。这倒是一般有权力的人，所万万赶不上的。周西成这一任主席，除了练兵治匪而外，也替贵州建设了马路、电灯。他这一生，听说不讲穿，不讲吃；除嗜好掌有权力而外，大概只多抽了几年的大烟土。是云南老土吗？还只是省产贵州土呢？不得而考矣。若果是贵州省土，那是次等货，未免替周西成有些不值得！

贵州各县人民心中，是感念周西成的。虽然没有家家户户，为他供上长生禄位牌，但各地有周公祠，贵州省城有铜像。尽管时移势易，周军的人，早已失势，但遵义的周公祠，一直到抗战胜利前后，才有人勉强同意改为中山堂。而贵阳省垣铜像台上的周西成像，却还是一直巍然存在。大约省垣的绅民都不愿意将它改建，这不是用力量勉强可以做得到的。周西成死而有知，亦可以瞑目矣。

最后一点必须说明的，就是周西成固然不知道有个刘健群，刘健群也没有见过周西成。不单不曾见过其人，连他的像片我都没有看过。刘健群和周西成的思想，完全不相类。但刘健群在周西成死了若干年后，居然愿意提笔来写周西成。周西成固然是个怪军人，刘健群也不能不说是一个怪书呆子了。

愿天下有心有力的人，取其所长，而弃其所短，其斯文之微意欤？！

〔注〕匪首罗成三，在马桑窝乡下抢劫起家。当了司令以后，最怕人问他学历，有一年一位外省路过遵义的书呆子，问罗司令是哪个军校毕业？罗满脸铁青大声说道："老子马桑大学毕业。"弄得那位先生莫名其妙，下不了台！

（原载《传记文学》第二卷第四、五期）

小怪李群仙

孑然一身　独来独往

趋炎附势，捧红踏黑，人情之常。最不为人们所重视的，便是没有名位的小人物。至于他为人如何好，应不在考虑之列。谁叫他不是达官显宦，不成其为大人物呢？因此古来有一位过分看不破“名”这一关的混小子，居然喊出“大丈夫不能留芳百世，亦当遗臭万年”的口号。

上次我写《贵州怪军人周西成》那篇文章的时候，内中说道：“黔北有二怪，大怪周西成，小怪李群仙。”对于李群仙其人，不过随便提一提，作一陪衬而已。初无必写之意。固然是由于懒，同时在下意识中，似乎也有一点不十分重视小人物的劣根性。

最近有一位老乡看我。他说：“你的周西成，写得还公道，可是为甚么不见你续写李群仙呢？你要晓得，李群仙虽然只是一个小人物，若论其为人与其对社会的贡献，他倒是一个有百善而无一过的人。你最讨厌他人有势利眼，难道你对李群仙也有一点势利眼吗？！”

我不禁赧然！确有点内愧，拍案而起！我说：“这应当写。我最近一定写。不写是吾之过也。”

李群仙大约是贵州遵义附近仁怀县的人。我虽然记不太清楚，但绝不是桐梓和绥阳县。在民国七八年的时候，看他的面貌，大约是三十岁左右的人。瘦长的个儿，一个十分相像的马脸。平常穿一件粗布长衫，虽不是鹑衣百结，可能是旧到无可再旧。经常是赤脚，也不戴帽。在我的记忆中，他倒不是蓬头，但是光头吗？还是有一点短发呢？我怎么都想不起来了。凡是民国十年前后，遵义一带二三十岁的壮男，尤其是和军队多少有一点关系的人，无人不知有个李神仙。但不一定知道李神仙的真名叫做李群仙。李群仙根本为李神仙之名所掩盖无遗。

据说此人也是一个独子。家里有几十担谷米的田地。在以贫苦见称的贵州，他在他的乡下，也要算是一个小小的富户，很可以过得去。他在十几岁的时候，忽然失了踪。一去十年无消息。等到他回来，便是这样破破烂烂的打扮。手里多了一个破旧的皮包，里面装一些平平常常的中西药，有的是草药。他开始替人治病，非常神效。也不索报酬。钱用完了，开始卖田。几年之间，他把几十担谷子的田卖得一干二净。好在他家里没有甚么人，一切由他做主。田地既经卖完，他在乡下更是无牵无挂，后来便来到了遵义。

不晓得以何因缘，寄住在遵义乡下的一个有名望的胡献之先生家。胡献之我们都喊他胡老伯。他已六十多岁，是一个体格魁梧，声若洪钟，心地坦率，做事正直的老军人。贵州的正规军，以第一团为基本，逐渐开展。据说他曾经做过第一团的团长。他的资望，比袁祖铭低不了许多；对周西成则是不折不扣的老长官。周得志以后，对胡献之还是十分的恭顺。把胡的儿子胡泉生约去当军需处长。在军人横行的时代，只有军需官才是非常可靠的体己人，即此可以想见。胡老伯不知是因何缘故，离了军队不做官，而回乡去做绅士。他身体很壮健，欢喜喝点酒。自己是大地主，衣食丰富有余。有时来城，有时居乡。和朋友摆摆龙门阵，替老百姓说说公道话，有正直之誉。土虽豪而绅不劣。可能因为他的正直有德，李神仙才寄住在他的家，绝不是因为他有钱的关系。

李神仙虽住在他家，实际是城里乡下到处乱跑。有时住在病人家，有时露宿道旁屋檐下，有时去桃源洞，和大群乞丐们同起居若干日。他随时在大街之上，看见倒在道旁贫苦的病人，就上前去问："喂！你的病想不想好？"病人当然说："我想好。"他会立刻用药或用针，能够叫病人在几分钟之内起来走路回家去。诸如此类之事太多了，李神仙的名字因而流传在民间。人们随时可以在街上看见李神仙，若果真要找他，却不一定找得着。真是要看病人自己的缘份了。

父病垂危　前往求救

我为甚么会和李神仙发生一度的关系呢？

我在贵阳读书，有一天忽然接到家里来信说：父亲去乡间扫墓，被土匪王木匠捉去。打信回来索大洋十万元去赎，否则就要撕票，要我赶快回家想法子。这真是晴天的霹雳！虽然我不曾立刻昏死过去，我的身心似乎都已瘫痪了！一家总共三口人，我是一个独生子。父亲受了难，只有母亲一人在家。不管有无办法，我只好向学校告假，收拾行李回到遵义家中去。

民国初年，我还是十岁左右的孩子。记得我父亲开的是土布庄，他真正做到有了货真价实言不二价的信誉。四乡来买布的人，都喊我父亲为刘二公。平常的生意，也就很好。到了腊底年节，真有“门框都挤爆了”的踊跃。我家房内，有两个大木柜，都装了五十两一锭的大银宝，和用小篾篓装好一篓一篓的银元。父亲当时还在抽大烟，常常在烟盘子边，取出若干大宝来看底面小孔内发光的银色。尤其是吹一吹银元放在耳边听，就好像是听音乐一样。其中以墨西哥的鹰洋为最好听。我家是不是有十万银元，我也说不上来，有钱倒不是假的。因为我父亲不认识字，常常被流氓与衙役联合敲诈。诸如前面来一差人，说："刘二公我有事，这支枪暂时存放在你这里。"随后就来人说："刘二公你收藏枪支。"总而言之，贵州人说的"老子打儿钱不是"。只因为要你出钱，甚么办法，他们都使得出来。有钱必需有势。有钱无势的老实人，比没有钱的人，似乎更痛苦。

民国四五年后，我的家中落了。最大的原因：一个是洋布店兴起，花洋布价廉物美，人人爱穿。土布店自然倒下去。当时只晓得生意一天不如一天，非亏本停业不可。一直到了我读专门学校，看过了若干杂志书报，才明白这叫做"帝国主义的经济侵略"。一个是我父亲因立志戒烟，改而吃酒。心里又有牢骚，遂终日沉浸在醉乡。被一个很阴险的经纪人欺骗，做了好几次大亏其本的买卖，大批的银宝银元化为乌有。到了后来，只剩下坐房铺面一所。乡下虽然还有几十担谷子的田，但四乡多匪，颗粒无收。所以只好强撑门面，实际受苦。连我去贵阳上学的旅费，不过二十元大洋，还是我母亲向她的好友一同吃斋信佛的彭二娘借了她孀居多年做工的积蓄。平素有钱的亲友，反而开不得口。所以我这幼小的心灵，早就深深印下了亲故势利寡情、官府欺压善良的恶现象。我本来是只想学工的。因为没有旅费去参加勤工俭学，只好违背心愿无可奈何地考进了法政学校。

我的家在短短几年中，由相当的富有转而为等于赤贫的生活。纵然不要假充门面，也不能登报声明，昭告全县城乡一带等处。所以王木匠等土匪，捉了我父亲，一开口便是十万大洋，当然是他们的情报不确，可是却弄成了我家门中无法解决的祸事。我回到家中，母亲终日以泪洗面。我急得像热锅里的蚂蚁一样，有过之而无不及。苦哉！苦哉！

遵义接近四川，也是一个袍哥帮会横行的码头。总算天不绝无路之人。有一个在帮会里有历史的朋友，他告诉我说："健群老弟，你父亲的事，一个办法是备款取赎。纵然有点还价，也差不了很多，和你家现在的情形，简直是天上地下，无从说起。另一个办法，是你可以去找一个人。这个人外号'李二老乱'。现在他表面招安在罗成三部下，充当一名连长。实际他有五六百条枪，拖在北乡做匪。他与王木匠有交情，而且王木匠对他的实力，也畏忌三分。若果你能和他往来，得其同情。别人说情不行，李二老乱确有几分把握。"天呀！这真是九幽十八层地狱中，忽然来了一线的光明和希望。我只好去走这条路，这是一条生路。

李连长（二老乱）并不魁梧。也全无匪相。他的年岁，不过二十左右，比我大三四岁。人生得很漂亮，不高也不短小，却属于精干一流。当然不曾读书识字，从表面看，几乎是一位浊世佳公子。通过一个朋友有计划的介绍，我用尽了我的心力，揣摸他的兴趣和他交往。他能饮，我也不差。我和他每天在遵义新城几家羊肉粉馆内，吃两碗羊肉粉，喝上两三斤茅台（遵义人吃茅台，是土酒不是珍品）。天南地北，无所不谈。

我这时年岁虽小，但已是专门学校学生，而且还是《少年贵州日报》的编辑。当然凭我所有的知识来周旋，足以使他满怀高兴。我们不到一礼拜，便点上一炷香，磕头结为异姓兄弟。说明今后有福同享，有祸同当。

结义之后，他到我家去登堂拜母。母亲一个月来，终日以泪洗面，两眼红肿如胡桃。人也憔悴不堪。李大哥细问之下，母亲才将一切经过和家庭状况同他细说无遗，但并没有说要拜托他。他听完之后很感动。他问我母亲说："伯母，你们今天能不能筹得出四十块大洋？"我说："可以。"他说："我立刻买一些毛巾和香烟，派弟兄下乡去，限他连夜转来回话。"他拿了四十元大洋便去了。到了夜半三更，他亲来告诉我。他说："老弟，你明晨天一亮，便去北门外城墙边接你的父亲。"意外的发展，我真有一点不敢相信。但是天一亮，我去北门外时，我的父亲，已被人安放在城墙脚的小路上。我们父子抱头痛哭。我请人把我的父亲抬回家。事后听人说，这真是我家意外的幸运，除了李二老乱，就是有三千条枪的匪司令罗成三，也办不到要王木匠不索款而送回我的父亲。可能李二老乱不单有实力，而且有王木匠最得爱契重的兄弟。他也可能替王木匠作了一半的主宰。江湖上讲的是义气。吃一口，吐一盆，说话算话。李二老乱既同我结义，我的父亲，便是他的父亲。他明白了一切情形之后，当然送回我的父亲。香烟毛巾，只是一些小弟兄的情义表示而已。不久我回贵阳去读书，以后与李二老乱即天各一方不通消息。不知他的生死存亡。但愿他是改邪归正，做了善良的百姓，好好地过日子。

父亲回来了。在匪窝里四十天，被拷打需索，坐“软板凳”，吊“半边猪”，一切非刑，都已受尽。遍体鳞伤，奄奄一息，离死亡只一间而已。遵义当时没有医院，也没有好的伤科。仅仅有几位自称儒医的先生，能治一点通常的伤风咳嗽，对于我父亲的伤病，一看便摇头，表示无从下手，爱莫能助。大家都说：“你要救活你父亲，除非去求李神仙。”

铁钉烙伤　骇人听闻

胡献之先生，有一个小幺儿名叫雍生。和我是高等小学的同学。年龄差不多，而且很相好。他的长子泉生比我们大二十岁，泉生的儿子，虽然比我后两期，也算是高小同学，年龄根本和我们还是不相上下。我打听到，李神仙一个月总有几天在胡家。我便找胡雍生兄去追寻李神仙的下落。两三天的工夫，便打听到李神仙当晚睡在我们同一条街上的何家大花园。何家可能做过大官，花园内有几十间房子，有大荷花池，有水角凉亭，但都已荒废。里面住了一些破落户。常常听说在闹鬼。雍生在我家过夜。他说不等天亮，便要去寻李神仙。若果他一起来动身，可能又三天五天一月半月寻他不着，岂不误了大事。

因此不等天亮，我们便去何家花园内四处寻找。原来李神仙睡在大荷花池当中一个凉亭之内。亭上门窗玻璃早已破碎，四面通风。当中有一很大很重的木床，可能当年系达官贵显煮茗下棋，会聚特别来宾的地方。此刻只有此一空床，笨重破旧，为何氏不肖子孙所不曾卖掉。李神仙便硬碰硬地长卧其上。倒是无拘无束。不问主人，也不要租金，比路旁屋檐下，真算是神仙之居了。

亭原有门，早已不知去向，空空大开。我和雍生坐在门槛上，看着荷花池。一面等天亮，一面伫视李神仙的动静。因为天也快亮，而且心中有急事，所以我们都没有想到会怕何家花园的鬼。天刚亮，李神仙在床上翻了身，问是甚么人？我和胡雍生走到床边，雍生和神仙是熟人，他先打招呼。我们带有温水瓶，我将热水倒在面盆内。李神仙公然还有一张洗面巾，当然比普通人家的搽桌布还要旧。我打了一张手巾，请他洗脸。李神仙洗脸，大有可观。他将我给的手巾，接过去先摊在右手上。用右手从他的顶门顺两眼鼻口之间垂直而下，只一抹为止。既不反覆，更不左右纵横。只能说他是用手巾和面部当中打了一次轻微的招呼。谓之曰“抹”，已属过分。谓之曰洗脸，似乎太不够格了。李神仙面部微青，眼神很足。连脸都不洗，更谈不到周身有任何清洁之处。胡雍生替我说明一切。我只恭敬地站在一旁。因为谁都知道李神仙脾气怪，他一无所求，只要一个不乐意，表示一声“我不去”，便一切都完了。雍生兄说完之后，神仙面对着我，他说：“照此说来，你还有孝心，你父亲又是老实人，我去看。”我好像是奉到了纶音。他从床上一翻而起，根本没有被盖行李。衣服穿在身上，和衣而睡。站起来说一声“我们走”，我赶快自动地去提着他那一只装有药物的破皮包。就是这样地一同走到我的家。这便是我认识李神仙的一段人事因缘。

关于李神仙的奇迹，有些是我亲眼见到的，有些是听人转述的。实在是有点超出常情思议之外。

一、他来我家，看了我父亲的伤病，他说：“他可以救，但要经过二十天。”最重要的，是关起房门，任凭他每天来家设法施治，生死由之。即至亲妻子，亦不许偷看。否则他即不管。”要我们先行答应。我们母子，当然一百个认可，因为这是我父亲唯一的生机。有人对我们说，李神仙是用长约四五寸，厚有一分许的大铁钉，放在炭火中，烧得通红，然后连连插入病人体中，以去污血积伤。若果有人偷看，必定骇极失声，妨害他的施法，并可立致病人于死亡。不管是何原因，我们一切听命于他，绝不敢违背他的吩咐。五六天过后，我父亲已能起床了。到了两个星期，果然完全痊愈，如同平常健康之人一样。问我父亲，李神仙来时是如何治疗的？我父亲一概不知道。现在想起来，可能他是在被催眠状态中。在治疗期中也从没有听见我父亲喊痛，或者是有轻微的呻吟。我父亲那时，不过五十余岁，病好之后，一直活到八十岁才逝世。这三十年的生命，可以说是李神仙赠给的。这是我亲身经历，但是一点都没有看到甚么的一件事情。

一吼止血　医学奇迹

二、我有一个同学好友，眼角上起了一个肉瘤，痒得不止。以手揉之，结果是越痒越揉，越揉越大。不出三五日，由一小点变成了胡桃大小。我同他一道去看李神仙，李说这是小事，一割便好。他顺手在桌上他的酒杯内取水一滴，点在肉瘤上，取出刀来将瘤割开，内有许多粉质之物，概行取出，再将手指取杯中之水，向上一敷，即说："好了！你回去之后，两个星期之内，不可以做皮子〔注一〕，否则不能完好如初。"我那朋友对我说，李开刀之时，他只觉得好似浆糊干在面部，由彼撕去一样。事前事后，全无少许痛苦的感觉。要说是他把麻药放在水内也不会有如此的功效呀！只是我那朋友燕尔新婚，甜情蜜意，熬不过两个星期，他偷偷地做了皮子。结果是肉瘤之处，有一凹入的小黑点，不再能复元如初。

三、我有一个伯父家的姊姊，住在我家。颈后对口之处，忽然生了一个大疮，红肿将溃，痛不可忍。李神仙替我父亲看病的时候，姊姊替他倒茶。被他看见了。他即要姊姊将头伏在桌上。他说："我替你看看。"姊姊怕痛。一面将头伏在桌上，一面拼命以哀求的语气说："我不要开刀！"李神仙将符水向姊姊颈上一敷，顺手在衣袖内取出刀来，立刻划入大疮之内。浓血四溢流出，顺颈而下，臭不可闻。李却连声向姊姊回答道：“不开刀！不开刀！”其实正在开刀。姊姊根本无所感。等到姊姊疮内浓血流尽，李又取符水一敷，即说：“好了！好了！”我姊姊但觉痛苦若失。是否开刀，她根本莫名其妙。这连看带割，只不过一两分钟的事。我和母亲站在一旁，看得并不耽心，只觉好笑。听人说，这对口大疮，是可以致人于死的。然而姊姊即从此好了，并没有任何异样，能说不怪吗？

四、最令人张目结舌感觉到不可思议的，是有一次他替一个十岁左右的小孩割治“九子痒”。遵义老城杨柳街，有一刘家，和胡献之家是亲戚。胡来城即住该处。我去看望胡老伯，适逢其会。大约也是一个亲戚人家的孩子，右颈上生满瘰疬（俗称九子痒），也正请李神仙割治。在一个书房内，有十四五个塔塔米之大，上有纸裱的顶棚，离地约六七尺。女小孩至多不过十一二岁，坐在当中一个木板凳上。李神仙似乎比平常慎重。先是口念真言，在一旁持碗化水。水化好后，仍以水涂小孩颈上。李神仙取出刀来。在这里我特别介绍，他的刀有点像刻字匠用的刀，也许稍大一点。油污铁锈，兼而有之。若论近代科学消毒的道理，包括李神仙本人身体及衣服在内，应该放在药水池内痛泡三日三夜，还得一齐用火焚化，才可能免于传染。但当时的李神仙，除了他便无法救命。所以大众必需信奉他若神明，岂敢说出一个脏字。他举起这污秽的小刀，向女孩颈上一划，骇人的事迹出现了！大约系大血管被划断的原故，只见鲜血一股，有小指粗细，突的一声，一直上冲顶棚。当时屋内连我共有六七人，皆大惊，但哑然不敢出声。只见李神仙面部严肃，举起右手，由女孩流血颈部的上空，从右向左一抓，口中大吼一声“不流！”其血即断然停止。此时忽又听见女孩微微哼了一声。李神仙即时反手由左向右再一抓，又大喝一声“不痛！”女孩即照常宁静。李神仙微声对旁观的胡老伯说：“这女孩有冤孽，我已替她招呼了。”于是李神仙开始割去她颈中的废物。割完后，从伤口还可以看见两个断了的管口，大约即系大动脉管了。李神仙取出线来，此线系一般缝鞋底的底线，正像猪肉铺卖肉提肉所用一般的粗细，其油污正复相同。李即以此线拴牢女孩颈内的两个管头。再将颈皮合拢，喷上一口水。即命此女孩自己起来回家去。女孩起身的时候，好像若无其事的一般。李才对胡老伯和我们说：“刚才那女孩哼了一声，系她的冤孽。有鬼在一旁纠缠她，我替她化解了，才能医治。”

真是天晓得！这一件事我至今想不通。一、大血管的血，可以一吼而止流。二、如此大手术，不要人扶。女孩太小，并未痛哭失声，岂可忍耐?！虽然微哼了一声，居然说不痛就不痛。三、用粗绳扎了血管，以后血如何流通？四、照李神仙的办法，此病已除，手续已了，并不取线，亦未缝口，如何得了？处处都是问题。我不久即去贵阳，当然不晓得女孩的后果。但李神仙绝不曾在遵义以手术害死过人，否则遵义地方太小，一定会闹得天翻地覆。那么，李神仙便不是李神仙，而是李该杀了。看女孩动身的情形，简直是和平常好人一样，随后七八天中，也没有听见一点坏消息，当然是好的成分居多。这一件事我始终亲目所睹，百思不得其解，虽欲不谓之怪，不可得也。

奇人奇事　耳闻目见

五、我和李神仙处得很熟了，天天去替他洗脸巾，提皮包。有一天胡泉生的大公子（名字记不清了）来和我一同去。他和我年龄相同，都是十五六岁精强力壮的小伙子。我问李神仙："听说你能把已破了的竹，用水力合拢起来，是不是真的？"李神仙笑笑，他大概也有一点动了童心。他说："你们两个想不想试试。"我们说："当然很好。"何家花园内，满地是斑竹。我们砍了小碗大小的一根，劈成两半。李神仙要我们两人分东西对立，以左右手持两片破竹，向外分开。他在当中，用水一喷，以手绕竹，喊"拢来！拢来！"竹之中部，居然向中靠拢。我们两人用力向外撑拒，始终抵抗不住，最后竹片夹着我们的身体，感觉痛了，我们两人只好认输，放手跳出圈外，让竹片自行在地下合拢。这是甚么力量？！竹子会听他的话吗？我们两个人精神，非常清明壮旺，也不曾受一点催眠的影响。李神仙心目中，我们是可爱的小孩，他把这个游戏证明他画符水力量的强大。不是自己亲身经验，我也绝对不相信。

以上都是我亲眼所见和亲身经历的事。至于我亲耳听见关于他的奇闻也很多，兹略举数件：

一、胡老伯的长孙，有一天来城里，到处找李神仙下乡。我问他有甚么事，他说奶奶（奶奶就是祖母）病了，要他去治。问甚么病？他也不肯说。两天过后他来了，李神仙也回来了。他才说出经过。他说奶奶生了一个疮，在下部，痛不可忍。民国初年在遵义，我们是非常的守旧，有身份的人家，不止于男女授受不亲，除至亲外，男女根本不可以见面。虽然是女老人，但在私处的疮患，纵然是死，也不会令医生去看的。像现在的妇产科，干脆由男子担任，在当时实在是不可想象。时代的思潮，便是这样一个怪东西。在小脚时代，以三寸金莲为光荣，反讥笑大足的女子，为大板子婆娘，为大脚仙。若果梁山伯祝英台生在现代，干脆造成既成事实，再请父母追认，用不着演出悲剧了。胡家对于这位女老人家的痛苦，实在想不出办法。最后还是决定找李神仙。听说李神仙去了之后并不看病，只画符水一杯，由女老人自己淋在患处，水向腿下流至于脚胫。李神仙即在水流终结之处开刀。流了许多黄水，病患即完全好了。事虽不是亲见，但可能绝不是假话。

二、在杨柳街刘家看女孩割九子痒的时候，大家摆龙门阵。有人告诉我，昨晚李神仙医了一个怪病。某家（记不得）有一小孩玩豌豆，放在耳朵内，结果是取不出来了。越弄越深入。据说耳门是不可以开刀的。李神仙去了，用菜油一滴，滴在孩子耳朵内，李神仙用手在桌子上边拍边叫“出来！出来！”结果是豌豆自己跳出来，只算是一场虚惊。当时说话的人，是说得好玩，李神仙一点也不动容，他经常的一个铁青的脸，很少有激动的表情。这个情形，当然并不是虚构的传闻。可惜我当时未予注意，更谈不到记述姓名了。

三、胡老伯的长孙向我说过好几次，要我同他去乡下看鬼。他说他们背着祖父在书楼上，李神仙用水在他们几弟兄眼睛上一点，大家就可以看见许多鬼。他说鬼多的地方，多半是不当阳而有微温的处所。他说李神仙告诉他们，真正有德行的人，有一种光，为鬼所不敢近。只有鬼心鬼肠阳气衰竭的人，才可以自觉见到鬼。这种说法，与古人笔记大体相同。可惜当时，我对鬼神之道根本不曾注意，也没有兴趣去乡下。因为离城几十里，来去要两天，说不一定会遇上土匪。主要还是不曾动念。如果在今天，我也许一定要去看。也许会要求李神仙就在何家花园内，替我们试一试。若果可能，我们还可以敦请研究灵魂学的专家前去参加试验。这件事我没有问过李群仙，也不曾听他谈过鬼。我一心一意在父亲伤病上，伤病一好，我就要赶回贵阳去读书做事了。但胡同学说话的神情，绝不是拿看鬼来引我去他们乡下玩一玩，根本这是用不着的。

专医贫病　不理权贵

李神仙在我家，进出了半个多月，我们在感激之余，当然处处设法问他之所喜好而为之设备。他一进门，先要一片京堂叶子烟〔注二〕。他将烟叶去了尾部的硬骨，不是横卷而是顺其所长地卷了起来。起码八九寸长。他即将此烟卷含在口中点燃吸食，如同吸外国纸烟一样。其次到了吃饭的时候，问他喜欢吃甚么，他总是说要蛋炒饭，再加拌皮蛋，此外一切不要。半个多月，天天如此，只加上我们的泡菜咸菜而已。我们心里颇不安。但不得他的同意，不敢加好菜。主要是怕他一怒而去不再来。我到三十多岁的时候，也遇见一位能为人治病的异人。病家问他喜欢吃甚么，他总是说：最欢喜红烧大蹄膀，最恨鸡鸭鱼。后来我才知道他是不愿意病家因他而杀生，还不是止于俭省而已。可能李神仙也是这一类的见解。当时在遵义，一般老百姓要初二和十六打牙祭才吃肉，只有鸡蛋还是家常用品。他的用意可能不单是戒杀，而且体谅我们的家寒，连吃肉的浪费都避免了。

李神仙治病的对象，多半是些贫苦无告的人。至于富有之家，除非他心目中认为有可取之处，否则你根本休想他会答应看一看。所以他治病的收入，完全谈不到。金钱不收，衣服不要，我唯一得到他的许可，就是在他皮包内补充一点药。但他那些药，都是一些极寻常极不值钱的药品。所以我们在心里，实在是永久的抱歉。

后来有一时期，我在四川黔军里，一个偶然的场合，遇见了一个当营长的云南人。谈到李神仙，他眉飞色舞，口角流涎。他说：他在滇军当连长时，驻扎过遵义，认识李神仙。那个时候，连上的医药费真正微乎其微，但他的士兵，有病就去请求李神仙，总是很快就好，因此根本没有病兵。剩的医药费，每个月都只是替士兵加菜打牙祭。所以他由衷的对李神仙感激不忘。

遵义驻扎的招安匪军总司令罗成三总算是权威当局了。有病找他去医，他根本不去。你在城找他，他下乡去了。你派人下乡，他又是到了城里。纵然有时碰上了，两个转弯，他又溜之大吉。如此者将一年，始终请他不到。医病的事情，罗成三也不好派兵去捉他。

省城刘督军有一侄儿，据说也是一个司令。派人来遵义请他去治病。他也是溜之大吉，干脆来一个老将不会面。我问他，你为甚么不去替他们治病呢？他说："匪腥臭！"罗固然是匪，刘则是大官。但在李神仙的心目中，可能是把身居高位仗势食民而于民无益无德的人，都与匪视同一律，而以匪腥臭目之。其见解之严正如此，大约纵然因此得祸，他也是不会计较的了。这倒是可怪而不怪的卓识。

靖黔军总司令周西成入驻遵义，他自封中将，当时地方军人，还很少人好意思自封上将的。不晓得以何因缘，聘请李神仙去当他的特别军医长。有人说李神仙取伤兵子弹，不用开刀。只要用斧头在门上连敲带喊“出来！出来！”子弹即自动跳出。这个我倒不曾看见。但李神仙若果没有表现，周西成岂肯容他！周之个性乖强，在省长任内，曾因为一个有名的物理教授，不会装电灯，他居然赏了他一记耳光。如果李神仙是不舞之鹤，浪得虚名，周西成会先赏他几记耳光，再照老规矩大骂一句“狗×的”，然后叫他滚蛋。但事实并非如此。周送了他一套质料甚好的黄军服。他军裤不用——还是灰布中装长裤方便得多，军帽不戴。赤脚照常，光头照常。只脱下旧长衫，换上一件新军服。上面公然有金线绣好的两块少将肩章。他每天就是这样半截破中裤，上面光着头，下面赤着脚，手提破皮包，我曾经看见他如此昂然进入周总司令的大营。他到大营的时候，卫兵班长高呼立正敬礼，非常严肃恭敬。李神仙经过时，右手向上高举，五指伸开，掌向正面，完全和希特勒的敬礼一模一样。李神仙心中大概只是向卫兵们打招呼，根本不是敬礼还礼的表示。李神仙的事，在民国十年前，当然不是他学希特勒。希特勒又不曾来中国留过学，当然也不是他学李神仙。大约东西怪物，此心同，此礼亦同欤？希特勒为祸人间，但李神仙在所知的人们心目中，却是可爱得多了。李经过营门之后，卫兵们照例是相率大笑。这笑声中充满了快乐，也不失敬意，却可以看得出绝没有丝毫的轻视。这个特别军医长真特别得够瞧了。与其说是周西成看得起李神仙，倒不如说李神仙总算不认为周西成有点匪腥臭。可怪哉，李神仙？可爱哉，李神仙！

苦行苦练　惜无传人

我天天替李神仙提皮包，来往半个多月。我们已经熟得是无话不说了。我曾经向他发问：

（一）我说：“李神仙——（当面喊他李神仙，他没有得意之色，也不以为忤。）你为甚么不讨老婆呢？”

他说：“做臭皮子，有甚么好处？”可能他秉承师训，根本绝欲戒色。

（二）我说：“你不单会画符咒水，又会开刀，又会用西药，比普通医师不同，是甚么道理？”

他说：“我离开师父之后，曾经去过重庆。重庆一个有名的‘阿洋人’在大医院中，专门为人开刀。我去看过，他开刀时，病人还是痛（可能民国初年，麻药并不高明）。我说：我替你画水，包你病人不痛。他试了不错。留我跟他做助手，我替他画水，我也跟他学开刀。所以我懂得一些西药。我跟他有三四年之久。”好像是阿洋人死了，他才离开重庆的。

（三）我问：“你为甚么将田地卖光？一定要破衣破服的过下去？”

他说：“拜师的时候，向师父立誓，要不留私产，不贪钱财。要过最苦的生活。一生一世，只是做好事，积善行。”当然他不曾学过“助人为快乐之本”这一类的新名词，但他却誓遵师训，在世间积善立德。

（四）最后要分别的时候，我本来也是满脑子为人服务的思想，我说：“人生百年，终归一死。以你这样的本领，为甚么不趁早多传几个好徒弟，为世间好人服务呢？”他叹了一口气说：“不是我不肯传人，而是人家不肯向我学。我当初追随师父，先在乞丐苦人群中混了三四年，不悔，不退，对师父一片诚敬，然后准我学法。到了有一日夜半之时，忽然精神集中，发觉一个说不出来的境界。就在那一刹那，师父传了我的法。现在你们看见我画水开始，口念吾奉太上老君急急如令，实际只是一个开场白。真正得力的时候，便是我一念回复到了师父当年传法的景象，那时我的法水，便无所不灵。我想不只是小小的开刀，便是将人头割下再接上，也照常可以无害，你相信吗？”又说：“现在的人，口头想学，根本心里没有信心，没有诚意，胡思乱想，欲念横流，你叫我从哪里传起？”李神仙不会是说假话的。这是我想不到也做不到的行为和见解。最后他还说：“也不一定要学我。譬如你们读书人，将来得志的时候，多做好事，还不是一样吗？”

虽属小道　必有可观

民国三十六年行宪开始，我奉命回家乡参加立法委员的竞选。问起李神仙，据说他前几年已经死在胡家，由胡家安葬。好在他根本赤条条，来去无牵挂。又听说胡家子孙中，有一个现在贵阳作公务员，居然能画符水以解人吃鱼刺卡喉之扼，百试百效。这当然是李神仙千万分之余绪，不是甚么了不得的大事了。

我这些年来，历尽人世艰辛变幻，也居然体会到佛家讲“明心见性”以及孔子讲“君子学道则爱人，以毋意毋必毋固毋我，而至于从心所欲不逾矩”的道理。乃至耶稣在十字架上并不高呼冤枉和报仇，而只是要饶恕他的敌人。《金刚经》说佛成道之前，任歌利国王时已经是任人支解，而不生丝毫憎恨之心。

总之，“大悲”“爱人”“忘我”是天地间由迷转觉的大道。忘我之极，圣也。心正而爱人，王也。事业属诸因缘，修持在乎自已。禹稷颜子，易地皆然，便是这一个内圣外王的大学问。至于蠢蠢众生，糊涂而生，糊涂而死。终日为己，己于何有？纵然富可敌国，威加天下，正如寒山大士之诗“秤棰落东海，到底始知休”，沉沦苦海，浮生浪死。释迦牟尼谓此为大可悲悯者。

李神仙为人治疾固属难能。其“绝欲”“忘我”，修苦行，积善德，尤为可贵。道固不是德，然非立德则不足以入道。李神仙之所行所为，似尚不可以其为小道而轻视之。论私恩，于我有救父之德；论公义，此足为立德入道之典型。以其怪而讳言，以其小而不记，乌乎可？！

〔注一〕李群仙口不言男女敦伦之事，只言是做皮子，乃轻鄙不屑之意也。

〔注二〕当时遵义，纸烟最贵。只有原始烟叶便宜。但以四川京唐县所产者为上品。

（原载《传记文学》第三卷第一、二期）

北伐前后故人群

北伐前后，民国十五六七年间，到如今将近四十年。许许多多的同事和朋友都已经早作古人了。你能没有感慨吗？！现在我就记忆所及，来写写对这些故人的印象，不能说是无病呻吟吧！

曹万顺难得糊涂

第一位我想写的，是当时的第十七军军长曹万顺。曹本系北方军阀周荫人部下的旅长，国民革命军进攻福建，曹事前与革命军联络，暗通声气，敌前起义。福建底定之后，改为革命军的军长，我们和他并无交谊，也非僚属。当时我在东路总指挥部任机要秘书，总指挥系何应钦将军。曹每次来晋谒总指挥，多半要在我们秘书室坐上一会儿，和我们聊天。曹系北方人，书读得不多，但平面方额，表面上看去非常和气，绝无粗野或横暴的军阀气派。我们秘书室内同仁，流传着他一段可笑的故事，他自己并不知道。据说：他的军部有参议数十人，我们总指挥部反而只有两个参议，一个是陶因，一个是史维焕。曹的军部有此众多的参议，当然和军部的编制无关。听说凡是他的故旧部属，只要和他勉强说得上有一点关系的人，前来找他，他就叫他搬进军部去，委他做参议，开上一份伙食。对于这些参议，何时来？何时去？曹军长根本不问。至于何人做了甚么事，是好是不好，更是谈不到了。似这等自来自去，自生自灭，于是他们恭送曹军长四句口号叫做“来者不拒，去者不留，有功不赏，有罪不罚”。曹军长到了我们秘书室，我们各位同事，照例相视而笑，来一句“来者不拒，请坐”。曹莫名其妙，看见我们笑，他也跟着笑。等到他要走了，我们又是一句“去者不留，慢走，不送”。曹出了房门之后，我们更笑不可止，有的扑在床上，笑出眼泪来。曹当然更不知道我们是在笑甚么。我们对于曹的了解，就止于这小小的一件事。但因此我们悟出了一件很大的道理，那就是福建之战，革命军何以会大获全胜？

松口之役，是革命军北伐开始后很重要的战役。在此以前，因为蒋总司令誓师北伐，出武汉后，进攻南昌，革命军的主力，当然在此一线。留在潮梅后方的，仅有第三师、第十四师、第二十四师的第五十八团以及独立第四师的两个团。对于福建原只在监视防卫，以巩固粤东后方为其主要的任务。

当时合计周荫人驻闽的兵力，在六万以上，经孙传芳的催促，已有攻粤的企图。何应钦将军以兵弱固守，其难甚多。经过慎重考虑，知冒险进攻，较守势更为有利。因此以十一项条陈蒋总司令，得许可后，向闽进攻，遂造成松口有名的大捷。附条陈十一项如次：

（一）我北伐军所到势如破竹，敌军将士久震我威，此次作战为敌之初次试验，即闽军之观望者亦视第一次接触之胜败为转，闽境民军亦想乘机而起。故第一次与敌接触，我官兵务须奋勇于短少时间击破之，则此后敌必望风惊溃，民军乘之解决，闽局必收事半功倍之效。

（二）我北伐军在鄂赣节节胜利，周部所部士气已馁，我军则士气旺盛，万众一心。以士气论，可操胜算。

（三）周荫人所部多北方人，不善行山路，多以草鞋套布鞋，行动困难，每日行二十余公里即极疲劳，纪律废弛。遇敌时，则乘其喘息未定，猛烈击之，敌必被歼。

（四）南方地形复杂，山地太多，周敌多北方兵，山地战乃其所短。

（五）敌人在闽竭力搜括，闽民恨之入骨。此次敌人挑夫皆用绳牵行，亦可见敌输送之困难。我如击破其一部，其余士兵、挑夫必自相惊溃，再猛击之，必收全效。

（六）敌之部队既无诚意之联络，必无互相救助之决心，同床异梦各有所图。我若击破其主力之第三军（即周荫人、刘俊两部所组成），敌必全线溃败。

（七）周荫人此次图粤缺乏现金，其所带福建银行不兑现之纸币强迫行使，商民怨恨已极。若永定一路为我击破，则龙岩等处商民必完全惊逃，周即无处筹款，军食不济，军心自乱，其溃败可立见矣。

（八）我军与敌接战时，与我连络之闽军第三师即入上杭，上杭不守，敌人前线必定动摇。该师更取连城，截其归路，我军即可一举而歼灭之。

（九）我赖世璜军既已由赣境向武平移动，如是周荫人在汀杭部队即受侧面威胁，且可截断其后路，则敌前后皆有顾虑，军心不固，溃败可期。

（十）福建内地民军蜂起，到处扰乱敌之后方，破坏敌之交通，袭击敌之辎重，使其首尾不能兼顾，其败必矣。

（十一）周敌所部深入闽南，运转不便，又有民军在后方扰乱，必需多数兵力，可能参加第一线作战之兵即形减少，且补充不易，非如我军使用火车、轮船之灵活也。

进攻福建的军事战斗，完全证明了上述十一项条陈的正确，造成了北伐史上有名的“松口之役”。革命军苦守松口攻克永定，一举而击溃周荫人的主力，短期内即底定全闽。东路军势如破竹，直下浙沪，入驻南京。蒋总司令遂得以南京为首都，与武汉的赤色政权相抗，开始清共，奠定国民政府的基础，这当然不是小事。桂永清同志系当时五十八团的团长，每逢来到总指挥部，谈不到三五分钟，他总情不自禁，必然提到松口，描述当时处境的危险，作战的艰苦，成功的奇特与痛快。我们对于军事，虽系外行，也听得如亲历其境，为之眉飞色舞。世间事成功之后，觉得也很寻常。但假如失败，粤东后方动摇，影响北伐大计，其后果还堪设想吗？

以我所知，如此伟大战役的胜利，当然指挥官的卓越，士气的高昂，都是主要的条件。而另外一个重要的条件，还是敌人的糊涂。

单以我所接触的军官而论，当年黄埔的同学们，根本就是有不怕死和必胜的信心。普通人以为革命军因为定有连坐法，所以一往直前。其实更主要的，还是一般青年将领，根本有为主义光荣而死可以无憾的观念。如果不是有此观念，充实内心，虽有连坐法，其效果一定不高。反过来说，如像曹万顺这一类的军人，能够和革命军疏通声气，在军阀部队中已经可算是高人一等。而其糊涂可笑的事实，有如前述，等而下之，更可想而知了。

一方有充满主义精神的活力，另一方多半是荒唐无用的行尸，朽木不可雕，安得不败。我们对于曹万顺个人，毋宁说还多少有一些好感。但见微知著，确可以看出军阀必然失败的原因。

五加皮与老母鸡

第二位我要写的，是某一部队长。他官居少将，名字我似乎记不清楚了。纵然记得，我也不想写出来。并非我隐恶扬善，想高攀自侪于君子之林。而是我对于此公，没有十分恶劣的观感。此公每当驻军息营，喜欢杀一只鸡，喝一斤以上的五加皮酒。天天如此，喝得脸红红的，又喜欢吹吹他过去的能干。于是讨厌他的人，依照《打倒列强歌》的音调，替他编了一首歌：

本来是：

打倒列强！打倒列强！

除军阀！除军阀！

国民革命成功！国民革命成功！

齐欢唱！

齐欢唱！

他们把他编为：

拍拍马屁！拍拍马屁！

吹牛皮！吹牛皮！

升官发财要紧！升官发财要紧！

五加皮，老母鸡。

打倒列强一歌，太容易唱了。后来上海有人开玩笑，编了一首：

大饼油条，大饼油条，

脆麻花，脆麻花。

两只铜板一枚，两只铜板一枚，

刮刮叫，刮刮叫。

后者只是开玩笑，前者则过于刻毒。平心而论，此公五加皮老母鸡是百分之百。吹牛皮只不过百分之三十，并不太过，普通人亦所难免。升官发财更不突出，大约只是为了配句。至于拍马屁，倒是看不出他有如何卑鄙得令人作呕的行为。所以我以为这首歌，对于他有些过火。但在革命初期青年人们，总是高谈主义，豪气充沛。对于此公的平庸，已有厌恶卑视的观感。若果他们知道后来革命艰苦的时期已经过去，官僚入侵，吹牛拍马奴颜婢膝之人，满坑满谷，当位立朝，则此公似乎亦应在可贵之列。以此歌讥之，实在是有些过不去，我真有点替他抱不平。所以不提他的名姓，知道天地间有此一事也就够了。

三怪王漱芳

第三位要写的是我的同事王漱芳兄。我们一同在总指挥部当机要秘书，他还在我之先，有许多事，我请教他，也得到他不少的指教。

王漱芳字艺圃，贵州同乡，好像是西路盘县人。在上海商科大学毕业。参加国民党及孙文主义学会甚早，对党务工作很热心。记得蔡光举和我通信，他在厦门大学因学费缺乏，无法继续求学，友人劝他考黄埔，其中主张最力的一位，便是王艺圃兄。

我们总部的同事，都知道艺圃兄另外有一个混名，叫做王三怪。

何谓三怪？

（一）他像貌很特别，两眉相对的前额正中有一颗黑痣，大如黄豆。有人说这是二龙戏珠之相。但他的鼻头却微微有一点钩。贵州人有句俗谚：“钩鼻鹰嘴，吃尽人的脑髓。”总而言之：钩鼻的人，大都心机很深，不容易相与。但艺圃兄为人行端品正，心地最善良。对朋友的事，尤其热心帮忙，不计毁誉。鼻子钩而不坏，其怪一也。

（二）他名字，不知道何以取名王漱芳。完全像个女人的名字。据说他有一位朋友，在北大读书，其人以无女朋友见称，在侪辈中有圣人君子的令誉。有一天他去上课了，朋友们在他的床中，发现一张名片，既小巧又系红字。大家以为是发现了他的大秘密。等他回来，大家以神秘得意的姿态，敲他竹杠。要他请吃馆子，大吃一顿，然后才宣布他的秘密，否则必需如何如何。他丈二和尚摸不着头脑，以为一定是甚么把柄落在别人手中了。只好乖乖地先请吃一顿。等到发现了他们掌握的，只是一张王漱芳的红色名片，真是哑子吃黄连，有苦说不出。他只好说："我这女朋友漂亮得很，现在南京工作，非常活跃。你们哪位有意思，我替你们介绍吧！"还有人莫名其妙，公然发生兴趣，要求先看照片。等回到斋房，一看照片，才知道是这样一位相貌奇特的男士，相与哄堂大笑不止。以一点都不窈窕的男人，而有一个近乎香艳的女人名字，其怪二也。

（三）最妙的是我们这位艺圃仁兄，据云是胎里素，生下地来就不吃荤。可是他的素，吃得很特别。吃猪油而不吃猪肉，吃牛油而不吃牛肉。他曾经在南京市政府当过秘书长，应酬相当多。到了酒席筵前，吩咐要素菜。素菜来了，问明不是猪油炒的，他还要生气。弄得一干茶房莫名其妙，不知道如何是好。民国十六年，东路军渡江打到清江浦——即从前的韩信老家淮阴。有一天七八位男女同事一同到郊外一家菜馆去吃豆花。好像何总指挥也在座。吃得一半，艺圃兄有事离席数分钟。有人说王艺圃吃猪油不吃猪肉，是故意的装疯作怪，根本不相干。于是有人建议将肉末加一点放在他调和里，试验他一下，看有些甚么反应？他回来入席，当然不知其中有怪。吃了几口之后，忽然站了起来，摇头大呼："不对！不对！"就在屋角边大呕大吐，连眼泪鼻涕都吐了出来。大家才知道他吃荤油而不吃荤肉，名之曰吃素，是真正不能吃，不是矫揉造作。吃猪油而不吃猪肉，这种吃素的方法，虽曰不谓之怪，其可得乎？其怪三也。

有人当着他的面，喊他"三怪"，他并不以为忤。但若叫他吃肉上当，要不是有高人在座，他可能甚么刻毒的话都说得出来。本来这是他最痛苦的事情呀！我有一位亲戚更怪，不吃圆形的东西。吃回锅肉不吃肉丸，吃豌豆泥不吃豌豆，吃豆腐不吃黄豆，一切照此类推，更使人莫名其妙。但这是的的确确丝毫不能勉强的事实。世间的怪事，并不是完全都可以用科学方法来解释的。

艺圃兄的夫人名姚颖，江苏奔牛人。原是由东路军政治部招考而来。写得一笔很清秀的小楷赵书。后来派在我们秘书室来服务，抄写一些比较重要的文件。每隔一周，她回奔牛去省母，回来时总是炒一盒酱花生豆干肉丁。秘书室只我们三个人，艺圃兄对外应酬较多，年轻时我是大饭桶，每餐要吃七碗饭，这美味合口的酱丁大半是我享受了。总指挥部在南京侯府。有一天我外出返部，见秘书室内无人，勤务兵说姚小姐在后面花园。我因有文件交姚缮录，赶去花园。见艺圃兄和她正谈得津津有味，我抽身而回，然后恍然大悟，这几个月的酱肉丁，是沾了别人的光，我原来是一只大灯泡。

后来艺圃兄常常去奔牛。姚颖只有一个母亲，当年江苏女孩子嫁与贵州土包子，可能是委曲不算是高攀。若不能获得姚颖母亲的欢心，干脆免谈。听说艺圃兄对老丈母娘的侍候不错，谈得很投契，婚事有希望了。我们老是笑问他，你奔了几趟？奔成了没有？我们把艺圃兄讥为一条牛。

婚事成后若干年，我和艺圃兄工作分开了也很久。听人说姚颖脾气很特别，而且抽大烟。贵州人抽大烟，在民国初年还是很普遍。每家多多少少总有几条枪，嫁女儿的先问女婿家能有几条枪，然后考虑是否答应受聘。因为烟枪，是代表财富。枪越多便是绅良，没有枪便是穷小子。但在江浙一带的人士，我们心目中认为一定都是开明进步分子，绝对没有抽大烟落伍的。何况像姚颖这样参加革命阵营的青年女士，我们又同在办公室共事数年，所以任何人说，我都代为否认，压根儿心里不相信。但后来她在贵阳孀居，公开抽烟，证明当初不是谣言，这真是意想不到的事实。世道变了，一个人也变得真快。艺圃兄去甘肃任民政厅长，有一天见报载他出外县视察，因骑马倾倒，头碰路旁石尖不治而死。可惜之至！以他的人品学识和在党内的历史，应该对国家尚有更多的贡献，如此意外早逝，命也何言！

革命军当年的光辉

东路军攻下了京沪，我们总指挥部住在东南大学（即以后的中央大学）。革命军在一般人民心目中的声光和钦仰，简直不可以形容，尤其是第一军。当时所谓五皮主义——大约是皮包、皮带、皮靴、皮鞭、皮绑腿。青年军人更是一般美丽女孩子们追求的对象。据说当时有一对相识多年的男女教师，女的遇上了革命军中的一位连长，很快的就结了婚，害得那位男教师，饱尝失恋的苦果。固然革命军的光荣，令人欣羡；在实际生活方面，一个上尉有八十多元毫洋一个月的薪水，八折下来，也要合六七十元大洋的收入。再加上一些办公杂费，比较一般每月收入不到二十元的教师，为名？为利？为虚荣？为实惠？都有优胜占先的条件。单以我们总部秘书室来说，每天来找王秘书（我们的这位艺圃仁兄）的大专女生，至少有三五起。不是来请一张禁驻民房的告示，就是来找秘书室做一些不关痛痒的证明。来了之后，又多闲坐半点钟以上，根本就是闲磕牙。我们秘书室只有两个秘书，我根本是土包子，在南京无友好的往还，一天到晚函电、演说稿，忙得不可开交。艺圃兄原在上海读书，所以他的关系特别多。他只好拜托我多坐办公桌了。另外有一个电务员姓林名智启，广东人，倒是一个标准小生型的小靓仔。可惜他当时不到二十岁，只算是一个小孩子，而且他译电的工作从朝到晚忙个不停，更没有务外的机会。还有位副官陶锐，湖南人，潮州分校黄埔四期生，他也常在秘书室。虽然还是青春年少，可惜他必须替总指挥照料客人，又随时同进同出，很少有和人闲聊的机会，而且好像当时大家都还没有成家的观念。即以艺圃仁兄而论，虽然有若干女学生前来看他，大概都不成其为朋友。所以他追求结婚的对象，还是以后由招考而来的姚颖女同志。人的婚姻，正如大海中的浮萍，谁沾着了谁？飘流到哪里？自己并不是主人。在中国靠月下老人的那一根红线，在西方只有上帝才知道。

学两句上海话不作瘟生

艺圃兄对人最热心，举一个例子来说：我们东路总指挥部在闸北有一办事处，总指挥在法租界内萨坡赛路有一个小住宅。我们到上海去办公，他就以老兄长的身份，先告诉我一些门槛。并教我几句很重要的话。他说：上海人力车夫最欺生，他若果把你当作阿木林——瘟生，不单是加几倍的价钱来敲你的竹杠，若果是夜深人静，紧防再出意外。轻则失财，重则丧生。因此开口叫车，必须以老上海的口吻叫"黄包车！"再问："○○路几钿？"说好价钱之后，坐上去就走，包你没事。若以国语官话高喊"车来！"那土包子阿木林的标志，也就很十分显明，大亏小亏，包你有得吃的。这两句似是而非的上海话，倒是交关灵。我在上海就因此在叫车行路方面，从来没有吃过亏。我们的同事梁希之——电务主任，有一天由法租界萨坡赛路何公馆动身回到闸北办事处。当时初到上海，谁也不知道如何搭乘电车，唯一的办法是叫人力车。我们吃过中饭，分别动身。我去先施公司买了一点东西，回到办事处再睡了一大觉。我们这位比我现在还要肥大的梁主任，才很疲劳的从外面回来。问他去哪里？他说："甚么地方都没有去，这条路太远了。车夫太辛苦，我给了他两块大洋，不晓得对不对？"当时上海人力车，路不太远多半只是几只铜板。由法租界到闸北，有两只毫洋，也就绰绰有余了。时间大约只要半小时。不料梁主任从下午一时开始，到五时有余才回到办事处，他自己认为给了两块大洋，还免不了有相当的歉意。这位车夫不晓得拖了他在一些甚么马路上绕圈儿，这就是车夫心目中的标准大瘟生。

在武汉两毛钱大上其当

孔夫子说："临事而惧，好谋而成。"这是天地间、古今中外一件不磨不移的大道理。很耽心吃亏上当丢面子，结果是一点都没有吃亏。随后几年，我去总司令武汉行营任办公厅主任。这时的我，已经去过了几个大码头。不能算是土包子了，但因为大意不在乎，反而在汉口上了一次黄包车夫的大当。事情是这样的：我有一位朋友住在大董家巷，我在行营晚饭之后，已经是黄昏上灯时分了，想去拜访他。一出行营不远，问问车夫："去大董家巷要多少钱？"他大概看出压根儿我不明白大董家巷是在甚么地方。他向我表示索价两毛。我没有和他讲价还价。因为我真的不知大董家巷在哪一个方向？离我现在的地方有多远？我只好坐上车听他去拉。殊不知他拉我在大街上转了两个弯，在一个黑暗的巷子面前停下。他说："大董家巷到了。"我下车照给两毛钱。自己进巷子里面去寻找门牌号数。巷子里根本无灯光，在第四家门首拼命敲门，开门出来的人对我显然不满意，手里拿着灯，一付难看的面孔，他说：

“这里根本不是大董家巷。”随手关门，不再理我。我自知没趣，再由黑暗中摸索出巷。向左侧一家小店询问。小店的人也说：“这里没有董家巷。”至于董家巷在哪里，他们也是不晓得。可见董家巷离这一条街根本很远。再看黄包车夫，早已杳如黄鹤，不知去向了。只好自认倒霉，到了电灯之下，再朝自己脚下一看，乖乖！不得了！两只皮鞋都沾了一大半边的大粪，真是臭而不可闻也。赌气之下，到皮鞋店买了一双皮鞋，干脆将旧皮鞋丢掉。再去澡堂子洗了一个大澡，才回办公室去睡觉。梁希之花了两块钱，等于在上海马路上兜了四小时的风。我花了两毛钱外加一双皮鞋，还饱藏着一肚子的腌臜气，几个月之内想起来都很难过。这位车夫真是恶作剧到了极点。车的号码和车夫的面孔，因为天色已黑，根本都没有印象，要想追寻报复，全无可能。在上海不闹笑话，在汉口反而吃了大亏。一则是戒慎恐惧，一则是大而化之。不兢兢业业常常体念到戒慎恐惧之旨，既不能临事而惧，自然会谋之不臧，而遭受意外的失败了。

且谈谈各地的人力车夫

对于人力车夫，我们在南京时常和艺圃兄及一些朋友谈论到。中国地大物博，人情风俗各殊。北平的车夫，满面和气，一派恭敬，口称“您老。”若果车钱给得太少，再来一个

“您老高升”。不管你是不是做官或者是对官方有无兴趣的人，说到高升总是欢喜的。纵然再加几个钱，也就满心乐意，所以北平的车夫是“要钱不骂人”。

广东的车夫是“骂人不要钱”。广东的一毫子与二毫子在外江佬听来都不大有显明的分别。所以坐车的外江佬，常和广东的车夫在讲价时发生误会。车夫说的二毫子，外江佬听的是一毫子，车到地头，发生争议，彼此言语又不尽通。最后广东车夫一赌气将车子往地下一摆，一句口头语：“丢那妈！”干脆对那一毫子放弃不要。这是广东人硬碰硬的个性，既骂人就不要钱了。

至于南京首都的车夫，是又会骂人又非要钱不可。在首都南京坐车，千万先讲得清清白白。若果稍有差错，他一面追着要钱，一文不能少，一面口里是不干不净：“儿你妈妈！儿你妈妈！”可以一直追到你的大门，不得钱不走。

只有我在山东青岛避暑的时候，遇见了一个很少见的车夫，他是既不要钱又不骂人。青岛有两条马路，大约记得一是荣成路一是郧城路。我是到郧城路的，讲好两毛钱。荣成、郧城口音不易分明。我根本也不知另有一条同音的荣成路。结果他把我拖到荣成路底，他问我到了没有？我写了郧城两字给他看，他满头大汗，吐了一口气，说：“哦！错了！”将车放下歇了一会，又回头把我拖到郧城路。到了之后，我自动地增加了两毛，他却一定不要。他说：“是我自己听错，不能加钱。”我一再强迫他，他才一谢再谢地收下。这是我在车夫中遇见最好的一位。是不是山东车夫老乡，多数有此良好的德性，不得而知。若果如此，直是令人可佩了！至于在汉口我所遇到这位车夫，大约也只是绝对极少数当中的一位。同时我的大意和呆气，给了他开我大玩笑的一种鼓励，也说不定。

除以上各种典型之外，最令人不轻易忘记的，倒是湖南长沙的人力车夫。他们虽不华贵，却是极端的雍容。虽不潇洒，却具备非常悠闲的态度。古人安步当车，他们是安步以拖车。生意讲好之后，他们将长袍往腰间一提，扣在腰带上，然后按车徐行。纵然走的不是满清官吏的八字方步，最低限度，保证比自己散步前行还要慢得多。若果天下雨，他们一只手撑着雨伞，一只手拉着车，走将起来，更是安详而稳重。如果你有急事，要赶时间，最好不要去请教他们。假如因为你不曾入境问俗，不了解行情，已经坐上了车，干脆要学张公的家法，以忍为贵。万一你既不能忍又不识相，还要催他快走一点，他可以轻轻将车停下，向你问一句："你下来拉好不好！"到了此时，你算是自讨没趣，弄得个啼笑皆非。这种拉车不忘镇定，行路务求安详的车夫，在长沙倒是几乎普遍一致的典型，走得稍快的是意外的少数。在长沙坐车，车夫与乘车者都有最高的修养。根本不是钱的问题。他们并不随便骂人，但令你着急的程度，也许比挨骂还要难受，比起以上北平、广州、南京、青岛、汉口的各种典型，这算是非常别致的另外一大派。到过长沙的朋友们，对于他们，大约总是不会轻易忘记的吧！关于坐人力车，艺圃兄教了我两句：“黄包车！”“几钿？”使我得以冒充老上海，免于叫车吃亏，真是受用不尽。

有一句妙诀对付“野鸡”

同时他还教了我另外一句：“侬格面孔交关难看！”来对付四马路的“野鸡”。当时五马路有一云记小饭庄，几样四川菜，无论回锅肉、麻婆豆腐、鱼香肉丝等等，都非常道地而可口。地方很小，更不是清洁而卫生，但座上客常满，懂得川味的老饕们，都趋之若鹜。吃完晚饭之后，顺便在四马路各家书店溜达溜达，买几本书回寓挑灯夜读，疲极而眠，可称一乐。但每晚八九点钟以后，四马路两旁站了不少的可怜女子，上海人呼之为“野鸡”。听说这些“野鸡”，在鸨母督率之下，每晚必需接上几个客人，否则便要挨打。所以她们只要遇见单身男士经过四马路。便不择手段，献媚也好，哀求也好，最后是生拉活扯，必须要你花费三元两元才肯放手。有的乡下人，晚间路过四马路，被拖得又叫又喊，根本无警察过问，让你出洋相。艺圃兄对我说：何朝宗兄——也是总指挥部的同事。当年初来上海读书，被“野鸡”拖了一条街，皮箱内的大洋，哗啷哗啷的响。他言语不通，既不知道骂又不能对“野鸡”大打出手。总算他年青力壮，挣脱了“野鸡”的掌握，以运动员赛跑的速度，飞奔而逃，才算是脱离了苦难。他要我记着这句话："侬格面孔交关难看"，任何"野鸡"一听之下，自然会对你大生反感，更谈不到拉你去作入幕之宾。后来我们在四马路多半是三五人同行，这句吾奉太上老君的灵符，到底没有试验过。想来一定是灵验不过的。艺圃兄对朋友的热情和好管闲事，于此可见一斑。

热心管闲事挨打

贵州人能吃苦冒险，对人对事，忠心实意，这是家常便饭。但性格执拗，言词态度欠缺柔和恭顺，似乎多数难免。艺圃兄说话时，两眉向当中一皱，语音重而急，很像是要和人吵架。因为如此，他曾经吃了一次很大的苦头。

他这时是不是任南京特别市政府的秘书长，我记不清楚了。最低限度，他可能是市党部的委员和国民政府的秘书。有一天他去游总理陵园，遇见一女子因为采了一朵花，被管理墓园的警卫，痛加斥责。他有点看不过，走过去说了一句："你们不要这样对付一个女孩子！"陵园警卫，很多是大元帅府当年的卫士，干脆不买账，言语冲突之下，竟将艺圃仁兄饱打一顿，而且伤及内部。艺圃兄被抬回来，养了两三个月，才算是复元。陵园管理处的人以后知道王艺圃的身份，也曾派人来致歉意，但歉虽是歉，挨打还是白挨了。他不好意思提出过分的要求，在养病当中，他是硬汉，他说："当天过去干涉别人，自己未表示身份，说话也稍欠委婉，事后想起来，自己还是有未尽之道，用不着完全去责怪别人。"

大年夜闭门挨骂

同时他说他一生当中被人辱骂不堪的一次，是在上海，那时他在商科大学读书，到了阴历年底三十夜，手边钱已用完，家里寄款没有收到。他在包饭作所欠的伙食费，约定年底三十夜无论如何必定照付。晚饭后，他取了一件衣服准备去当来过年。走到马路转弯处，遇见两个流氓，问他："去哪里？！"他生气不过的说："去当衣服！"好在他有这一句话，流氓说："识相点！回去！"他这时脑里忽然明白了，一定是流氓在剥猪猡。因为知道他是穷学生去当衣服，所以不把他也当猪猡看待。他只好乖乖地退回寓所内。衣服不能当，年底无钱，想了一个法子，将房门反锁起来，表示自己已经外出，其实就躲在房间内睡觉。包饭作的老板来了好几次，最后到了十二点钟，还不见开门，干脆站在门首破口大骂。当时他三番几次，想冲出房去和他大打一架，但无钱付债，总是自己理亏。最后索性将被单蒙在头上，来一个不闻不问，让他辱骂尽兴而去。艺圃兄说："别人骂我我还口，别人打我我还手，纵然吃亏，还有限度。惟有这一次，不单没有还口，连大气都不敢出，这是我有生以来最蹩扭难堪的一次。”只有苦学生才体会得到这其中的辛酸苦辣。我在贵阳初读法政学校，在煤巴市一位姓谢的老太婆家中包饭，每月大洋两元，吃得不错，因为老太婆喜欢我，把我当子侄看待，三月五月伙食钱拿不出来的时候，她从不催问，而且礼貌不衰，至今思之，令人可感。苦学相同，单就此一事而论，我比艺圃兄幸运得多了。

北伐到如今，四十多年了，同事少年多不见。艺圃兄和我在东路总部，处得亲近也最久，回忆起来，遂不觉其言之长矣。但愿这类的文字还只是王大妈未曾用过的裹脚布，虽长不臭，阿门！

徐希麟难医蔡顾问

我们东路军总指挥部有一位军医处长姓徐名希麟，福建人。为人忠诚耿介，是一位终身从事军医业务而且对三民主义有了解与信仰的同志。品行和操守，更是令人钦佩与怀念不忘！

北伐的初期，军中的医药简陋得很。若同现代的药品和设备来比较，简直不可以道里计。当时伤风、中暑、患疟疾，奎宁丸已是难得的珍品；平常准备得较为丰富的，多半是仁丹、济众水、阿斯匹灵之类。因此我们有时开徐希麟处长的玩笑。我们老远看见他，不称他希麟兄，干脆喊他一声“阿斯匹灵”。甚至他在前面走，我们在他后背，高喊一声“阿斯匹灵！”他也不自觉地回过头来向我们打招呼。这种谑而近虐的呼唤，可能弄得他啼笑皆非。但彼此是好朋友，他知道我们并无恶意，也从来不曾和我们生过气，变过脸。顶多向我们不轻不重的说一句：“岂有此理！”然而，“阿斯匹灵”在我们看来，似乎比“希麟兄”亲切得多。至于官样文章的徐处长，简直很少出诸朋辈之口。彼此心目中对这一声“阿斯匹灵”，从来都不曾感觉有任何丝毫轻蔑和不敬的意思。

希麟兄在东路总指挥部，颇得人缘。他对部中同事的疾病，小自伤风咳嗽，大至花柳病肺结核，虽不一定是手到病除，却是尽心尽力，令人有十分和霭亲切之感。可以说部中的同事们，都很喜欢他，一致说他好。但希麟兄却对我说，他在东路总部中，只讨厌一个人。我问他是谁？他说，就是那个俄国人“蔡顾问”。北伐当年是国共合作的局面。加伦将军派到第一军来担任顾问的，全名好像是“蔡里般诺夫”，简称蔡顾问。当时还不到有反共的意味存在。但这位俄国人可能是他的态度和性情，令人特别生厌恶之感。因此有人在他背后，不称他“蔡里般诺夫”，而不大不小的说一句“去你妈的夫”。根本这不是党派的意识，也并不是民族的偏见。总而言之，他令人看起来不顺眼，不顺眼就是不顺眼，这其中并没有任何科学的根据和理由。希麟兄说：“蔡顾问是军医处的常客，他一到宿营地，先找女人。只要是女人，不问精粗美丑，随便嫖，随便睡。梅毒花柳，永不离身。”在盘尼西林未发明问世之前，对梅毒似乎只要不是深重入脑，总还有一线治愈的可能。惟有淋病，有人说淋病能不能治愈，只有上帝才知道。这就是说当时根本没有治愈淋病特效的药品和办法。唯一的手术，便是用一种弯长的管子，向病人小便道通进去，用药水洗涤。据说：若果病人在三月两月之内，能继续洗涤，并停止再嫖，也许有百分之几的病人能够获得痊愈。至于边治边嫖，简直是毫无希望，不特害己，而且害人。

希麟兄说蔡顾问平素已经是言语无味，面目可憎。到他来治病的时候，上面醉醺醺满口酒臭，下面更是污秽奇臭，有令人几乎发呕的感觉。所以他一见蔡顾问来，总设法借故离开，让助手替他服务，万不得已，才勉强应付一次。助手的手术，当然重而拙。偶尔有人在医务室外经过，听见这位俄国人忽然大叫一声，便是助手们重拙过火的杰作。希麟兄说：高级职员的病，论情论理，都应该由他亲自服务。惟独对于这位蔡顾问，他真是充满了内心苦痛的矛盾，一直到“清共”之后，蔡顾问离开了，他才算脱离了苦海。希麟兄说“清共”事业，等于救了他。一个有品格的医务人员，对于如此情况，如此人物，真难得有情通理顺心安的善策。

希麟兄在革命军事阵营中，一直埋头苦干，为本身专门职务而尽力。

军医署长罹绝症

我由云南回到重庆的时候，他已经升任到军政部的军医署长了。论年资论劳绩，这算是军医界科班出身应得的最高成就。当时重庆的公教人员，一般的生活都很苦。偶尔有少数的主官和总务人员是例外。军医署不是没有旁门左道可行的机构。但希麟兄却真是一丝不苟，穷得汰汰滴。胜利还都了，不相干的人满天飞。接收！劫搜！造成了国家的胜而不利。但希麟兄之汰汰滴依然如故。如此清廉自持的同志，还是北伐以前革命的传统品格，令人肃敬，更令人感叹！天命乎？人事乎？！希麟兄忽然得了神经分裂的绝症。躺在床上，不死不活，不能言语，也认不清人。西医固然束手，我请几位有名的中医去替他诊治，一样是毫无办法。可能是他一二十年来的生活苦痛，闷在心头，造成了神经上的错乱和瘫痪。

我年轻的时候，看见家乡遵义有一位精神分裂的老太太，她便是牟贡三先生的母亲。据说她年青守节辅孤，家境苦寒，忽然精神失常了。在大街之上，无论是铺店或摊贩，只要看见她所需要的东西，就说“这是我的。”立刻拿起就走，当贡三先生未得志的时候，人人高喊：“牟疯子来了！打！打！打！”后来贡三先生入学中举，当选国会议员。母病已久不可治，贡三先生只好每天派一人随在她老人家后面，对于她所强取的东西照样付钱。从前喊打牟疯子的人们，后来看她来，老早就打招呼："老太太！这是你的！赶快拿回去罢！"这是一件不还价的好生意。牟疯子的病，虽然至死不变，但名称总算是变成了牟老太太。牟贡三先生在国会中属于孙伯兰的小孙派。大孙派指的是国父。政治上的行情，不必去研究，遵义人就事论事，总觉得牟贡三算得是孝子。

希麟兄瘫了几个月，终于逝世了。其实他的病，死和不死都是一样。这样勤劳诚恳清廉的好同志，会是这样的结局，叫人从何说起？！希麟兄若果久瘫不死，看见现在有若干非拿红包不治病的医生，也许他会在反常大刺激之下，霍然拍案而起，也说不一定。但是不知道拿红包的医生们，会不会对他的品格情操，相形之下，发生内愧，因而致疾。我想也许不会，因为久拿红包，已成习惯，恬然不知其可怪与可耻了。风气之于人大矣哉！

叶再鸣无妄之灾

还有值得一写的是叶再鸣兄。他是不是东路总指挥部经理处的副处长，我也记不清楚了。他是个平平正正心气和平的好人，大概是留美学生。因为他常常说起当年在美国如何替人做抹玻璃、摘苹果、剪橘子一类的苦工，用来维持生活学用的经过。我们都听得津津有味。他可能学的是经济，他绝不是学化学和电机以及太空物理是可以断言的。是不是学经济，是不是真懂得经济，也只有他自己才明白。他太太是一位家庭中典型的贤妻良母，夫妻关系很和谐。有人说再鸣兄对于太太是相当的敬畏。敬则确实不差，是否由敬而畏待考。但再鸣兄最喜欢在朋友面前，大吹其牛，表示自己是不折不扣的大丈夫，对于太太一切不需顾忌。他家住苏州，有一次何朝宗兄因为也去苏州看朋友，和叶再鸣一同到下关赶夜快车。后来在中途下车去镇江看几位朋友，恰逢朋友在旅馆打牌，他们坐在一旁，一面观战，一面聊天。时光容易过，夜快车赶不上了。只好坐到天明，搭晨车去苏州。此时何朝宗问他："再鸣，过一夜再回家，你怕不怕太太发脾气？"叶说："不怕！根本她管不了我的事。"何说："当真？"叶说："你不信试试看！"到了苏州叶宅，天刚亮，进客厅，叶太太在升壁炉的火。背向叶何二人，埋头做事。何故意以诙谐的口吻说道："再鸣兄，昨晚在旅馆的事要不要向大嫂解释解释？！"叶本来问心无愧，走到叶太太身后，轻拍其肩背说道："她有甚么问题？"这时的叶大嫂，通宵守候，丈夫到天明才回家，又在旅馆过夜，除嫖之外，连赌都不像，她心中怒火如焚，干脆举起手中铁火钳，反手敲向叶再鸣的头上，登时破皮出血，肿起一个大青包。叶再鸣的内心，本来要表示他在家庭内的德望和威风，并证明他的贤妻是贤慧而有大度，这一下受不住了。回转身来，出门搭车去上海，两夫妻闹了很久，不可开交。何朝宗更是没趣。最后是恳托叶大嫂可以相信的好友，确实说明当晚只是当背光，聊闲天，一点坏事都没有做。何朝宗赌咒发誓，证明自己的玩笑和过失，才使夫妻和好。以后何朝宗有很多日子，不好意思再去叶家。再鸣回部之后，大家送了他一首打油诗：“旅邸一夜巧留连，娇妻怒火腹中煎，为爱面子头皮破，忽然天上一火链，如再不急夺门走，包你又是一火链。”当年传说张献忠有诗咏雷电：“忽然天上一火链，好似玉皇要吃烟。如果玉皇不吃烟，如何又是一火链？”此诗内火链之所由来。骛虚名而受实祸，千古同悲。处小事如此，处天下国家大事又何尝不是如此？！

同姓局长阴错阳差

叶不久去杭州任公路局长，又闹过一次笑话。笑话不出于叶，而出于我们总部参谋处的一位王参谋。王参谋好像名准之（记不太清楚了），是保定军官学校前三数期内的毕业生。人爽直，但粗疏有傻气。他在南京住久了，带着他的太太去游杭州西湖。一到车站，想到先找好友叶再鸣兄，可惜又不知道他的住址。他在车站接一电话，说明请公路局叶局长讲话。哪知偏偏凑巧，有一位市政府的工务局长也姓叶。接线生把电话错接到了工务局叶局长的公馆。妙在无奇不有，叶局长也有一位多年不见的好友王参谋（大约系三元巷总司令部的王参谋）。一听见是南京的王参谋来了，立刻表示欢迎，并说明街巷门牌，请老兄老嫂赶快叫车前来一同进午餐，弟在家专门恭候，请多住几日，再商量游玩的计划。民国十六七年，电话很差劲，可能彼此都没有分出是谁的声音，王准之当然兴高采烈，照电话所说的地址动身前往。事情之巧，真是巧到极点了。叶局长接过电话之后，局内有要公，非他立刻前去处理不可。当时杭州这一类的官员，还只是人力包车的阶段。因此叶局长特别叮嘱他的太太，殷勤照料他的好友，先行吃饭，不必候他。他事情一毕，立刻赶回。王准之夫妇一到，见开门出来是一位二十多岁年轻美丽的少妇，与四十岁左右属于改组派一类的叶大嫂，完全不对，为之哑然！叶太太表示，老早知道王参谋系叶局长相知的好友，他本等着你们前来的，因为有要公，等他去办，请先入座餐叙，不久他就回来了，特别一再致歉。王准之灵机一动，这样年轻的太太，一定是叶再鸣在杭州新添的第二组织。他们问都不敢问，夫妇二人当然上座，叶太太下首敬陪。王准之吃饭，素不后人，此时下火车后刚好腹中饥饿，因此不问情由，狼吞虎咽的大吃一顿。趁叶太太去厨房添菜之际，对他太太说："我们赶快溜罢！将来见了叶大嫂，交代不过去。"因此饭一吃完，马上表示先行游湖，回头再来聚叙。那位叶太太，当然无法强留。送出大门，王准之夫妇刚坐上人力车，叶局长恰恰回来，当面对闯过，谁也不理谁。叶局长问了在大门边送行的叶太太，才知道来吃饭的王参谋，就是这两位。当然丈二和尚，摸不着头脑。好在他们止于吃了一顿饭，又不是骗子。也无从查问，只好不了了之。至于王准之夫妇，本来预备在叶再鸣家多住一二日，现在太太变年轻了，干脆去游湖半日，夜车即回南京，以免得开罪原配的叶大嫂。回到南京之后，一再说叶再鸣胆子好大，新太太也实在年轻漂亮，怪不得他要动情变心。大家听见王准之绘影绘形，亲目所睹，当然不会怀疑，以为确有其事。一直到两个礼拜之后，再鸣兄来南京才弄清楚是这么一件奇特的错误。好在一切人有名有姓，叶大嫂也没有发脾气动疑心。否则火链犹在，再鸣兄又不免无灾有害了。平常看京戏演《花田八错》，以为只是人为的穿插，实际不会如此。殊不知好朋友高级知识分子，也居然有此错误。何况老苍头呢？以后叶再鸣是否替王准之向那位叶局长介绍拉拢和道歉，我们也就不再过问了。

盖大印红包四百元

北伐军克复了扬州，叶再鸣奉派任扬邮关监督。有一天他的一位录事级的小职员，抱了一大包税捐票到总部监印室来请求加盖大印。因为军事时期总指挥部是当地最高机关。扬邮关的税票，必需盖上总部的关防，方可启用。大印盖完之后，那位小职员向监印人员留下一个红包而去。监印属于秘书室，不敢私启。一直呈缴到王秘书漱芳和我同阅。原来里面包的是四百元国币。下午叶再鸣到总部来了，王漱芳将红包向叶再鸣头上一轧，似玩笑非玩笑的骂道：“叶再鸣！你这贪官胆敢派人到总部来公然行贿。”叶再鸣莫名其妙！答应将红包带回查明再来解释。原来是扬邮关多少年传下来的一项陋规，凡持税票去上级请盖关防，对盖印人员，照例封四百元红包。目的只在票到即请盖印。因为河下商船成百上千，税票紧急待用，不能耽误。若果盖印人员，打起官腔，公事公办等上半天，也就难于应付。万一有意刁难，迁延到第二天第三天，那就糟糕透了！所以不知从何年何月开始，每次盖印，即照例封具四百元，使盖印人员对于该关税票，早到早盖，晚到晚盖，各得其所，皆大欢喜。革命的同志，当然不懂这一套。关上办事人，一切照例，也不用请示关监督。所以叶再鸣同样蒙在鼓里，一概不知。中国官场的陋规，真不知有多少。四川有一出戏，出来一个贪官，开场四句说白：“官大官小，有钱就好。钱多钱少？现钱才好！”真是形容得淋漓尽致，入木三分。台湾的公务人员平均每月只得一两千元的收入，论穿衣，吃饭，孩子上学，处处都得勉强对付。但常常上酒家去大吃大喝一掷千金不吝的，不一定是大官大员，而多半是一些位居实际有人合用的小职员。这些就是孔夫子所说的宁媚于灶的灶神爷，有人愿吃，也有人愿请。周瑜打黄盖，一个愿打，一个愿挨。这一股政治风气内的浊流，若果不有对症防腐的方法，其影响是不堪设想的。扬邮关的红包，真可以说恒河沙数中的一粒微尘而已，算得了甚么！

后来有一个时期，叶再鸣去青岛任电话局长。青岛电话局，有德国人遗留下来的习惯，市民到每月一号自动去电话局缴费。一家都不漏，根本不用催。当局长的，真是一件清闲好差事。再鸣兄有一次来南京，在一家朋友处打牌，输得一塌糊涂。我在场参观，忽然动了灵感，替他做了一付对联：

解款上南京，故旧喜相逢，坐下四圈八圈，才挨了三翻！又挨了满贯！

输钱回青岛，贤妻发娇怒，床前三跪九叩，左一个知罪！右一个不该！

我们很了解他的家庭情况，所以这付对联，入情入理神气活现。我一辈子不会做对联，和尚见丈母娘，这算是第一次。

后来王艺圃兄用他太太姚颖女士的名字，将此联投稿在当时林语堂所办的刊物《论语》上，公然得到一点稿费。我当然不过问，也不反对。这本来是笑话，但确是我兴之所至，偶然得来的作品。一九四九年后，叶再鸣兄可能在苏州，没有钱，也走不动。现在生死存亡，不可得而知。以他过去所做的差事，应该有点钱，可以过得活。但据我所知，他在八年抗战胜利之后，生活还是很窘。当年的同志，大都除正薪水外，不会在自己职权上去打一些腌臜污秽的主意。没有钱，活该！除非我佛如来，了知三生十世，否则世间是非因果，实在无从说起。

谷杏斋输死而不悔

平剧是国剧，练刀剑打拳是国术，打麻将是国赌。国赌的麻将，其引人入胜的趣味，颇不简单。很多人都为它入迷，甚至迷之终身而不衰。输死而不悔，伟哉！前几天在一位朋友的公馆中，遇见一位崇信国赌的先生，对拥护国赌，大发宏论。他说："在台湾打麻将的人，是标准的好人。一局既成，全神贯注，既不会发牢骚，更不会组反对党。而且一切活动，有四人互为证明，虽奇妒多疑的太太，尚可以信赖，警察局更可以保证绝对安全可靠，这不是好人是甚么？"这一套谬论固然是强词夺理，但据我所知，好几位前几年以打桥牌为时髦的，这几年遇桥牌之约，总是推三阻四，一听见打麻将，便热心准时，不肯缺席，西洋人爱吃中国菜，放弃洋玩意，转向麻雀牌。虽然并不是国菜国赌，有何光荣，但这种不涉勉强的乐从，其中一定也有许多不可忽视的道理。有人愿自己花钱去多看若干次凌波、乐蒂的梁祝影片，你不能单纯以凌波迷或者是疯狂二字来作解释，便算是完满正确的定论。谈到麻将，我想起了两个人：

一位是谷杏斋先生。此人系当时训练总监部的文书科长。据说他是北洋将弁学堂毕业，资格很老，品学俱优。当时的训练总监系何应钦将军，副监是周亚卫。周是全国驰名的军事学术专家。我随何将军任秘书，常常去各地——武汉、开封、郑州等行营工作。在训练总监部，等于挂名而已。我们当时才二十多岁，谷杏斋先生已在六十左右。我们都不直呼其名，更不可以向他称兄道弟，大家异口同声尊称他一声“谷公”。我每次一到训练总监部，就听得到关于谷公打麻将的笑话。谷公对于麻将，便是终身拳拳服膺输死而不悔的标准人物。当时的参谋长王绳祖将军，云南人，士官学校高材生。我没有听见他带兵打过仗，但谁都承认他的军事学术好，文学修养很深厚，年轻时寡人有疾，风流儒雅，毕生第一嗜好是女人。后来老病住院，仍因与女看护之乎也者而逝世。其次是公余下班之后，少不了四圈八圈。因为他天分高，所以雀战技术也高人一等。十之八九是胜利。他家住四条巷，每天有两桌牌。二桌是二十元一底，输赢可到三四十元，一桌较小只五元一底，输赢在十元以内。

大的一桌除王参谋长外，有一位日本驻华武官佐佐木，是每日必到的常务委员。听说佐佐木打牌，完全根据某一册日本麻将专书的规定。诸如若有人碰了红中，即不能再打出发财和白牌。又假如自己手中有中、发、白三单张，即一张都不可先行打出。必待有人打出，自己才可以跟出之类。如此刻板瘟呆，不输才怪。听说佐佐木百分之九十是每打必输。好在武官都有情报费，所以他输得起。也许他是借输钱来博取大家的欢心，乘机听取一点于情报方面有用的消息，那就难说。但就麻将而言，他是众人公认一只大呆鸟。他们称他是鸡派首领。

因为常赢的是属于鹰派，常输的属于鸡派。鸡见老鹰，前途可想。鸡派首领，是鹰派的头号食料，其用意不待解说了。

小的一桌以谷公为常务兼主席。他是最主要的一位。据说他在王宅，是每天必打，每打必输。少则三五元，多则七八元。很少有人听见过他有转败为胜的纪录。谷公到了牌完结帐的时候，照例将帽子往侧面书桌上一轧，说了一句："明天决定不再打牌了！"似乎是怒匆匆地离开了王宅。请注意！最重要的妙点，是抛下了帽子而去。到了第二天下午三四点钟的时候，办公室内，知道谷公个性的同事们，照例以似乎关切，实际是大家目逆而笑的态度，发问："谷公！今天去不去王家打牌？。"谷公一定是斩钉截铁的回答："不去！"再过十分钟，有人再问："谷公！今日打算作何消遣？"谷答："去夫子庙听戏罢！"又再过十分钟有人又说："谷公，时候不早了，无论去哪里，总得早支几个钱，否则会计走了，便没办法了。"谷公一定表示"好罢！支点钱也好！"于是乎谷公毫不迟疑去支取十元或二十元（当时一位上校科长，每月二百几十元的薪水，每天取十元八元，是无问题的）。下班了。训练总监部也就是当年有名的侯府，去夫子庙向左转，去四条巷向右转，这是一个绝然相反对的方向，谷公出门之后，似乎有一点轻微的迟疑，但是不要紧，老规矩。同事们会开口提醒他："谷公！不要忘记拿帽子呀！"谷公很快的反应："对！先去拿帽子。"于是外甥打灯笼，一切照旧。天天入局，天天输，天天轧帽子，天天说支钱上夫子庙，天天以拿帽子为唯一不得已而再去王宅的理由，打牌不是他所愿意的，而是帽子在唤他，不得不去，一两年中据说很少变化。有熟知谷公的老友说，他不只现在是如此，他家里虽非富裕，却是中产之家，不需他的兑款。他自将弁学校毕业出来以后，官运满不错，很快就办到每月有一二百元的收入，从不间断。谷公不好穿，不好吃，每月收入有余，一概到方城之内，全部恭送如仪。从二十多岁，到将近六十高龄，三十年来一直不悔，不怨，不停，不止。真是麻将场中诸葛亮，大约是必须鞠躬尽瘁死而后已。谷公是好人，对朋友，办公事，无一点足令人訾议。我们共事不久，我以后一天比一天忙，分别久了，连谷公的下落，我们早已忘却了。这一类的典型人物，在中国不知道是多还是少？当然不会只有他一个。

陈伯阳因小失大

谷公是输钱令人喜。另外的一位却是赢钱令人厌。此君姓陈名伯阳。个子高高的，长得很帅。他个性是否踏黑，我们没有经验。因为当时的我们，既不红也不黑，无从测验。有人说他对于捧红最热心，有孔必钻，不顾一切。民国十六年总司令蒋公下野去日本。当时南京各部门高中级人员多半自动不干，必需等蒋公回来再说，小机关也不例外。陈大约系一电务员出身，在众人都不想干的时候，检得了一个南京市的电信局长。等于缪斌检得了军事委员会的经理处长是同一的心情和道理。抛开一切大小事不谈，单讲打麻将，陈伯阳技术颇佳，赢的时候居多。但是他有一个最令人讨厌的毛病，他若输了一直清闲无事，继续打下去。只要赢了三元两元，他就去打电话，回来一定说明局里有要公，非立刻结账去办不可。最初没有人注意，日子久了，大家心里雪亮，把他恨透了。他因此遭遇到两次意想不到的惩戒。

第一次据说他赢了两三元，只有一两牌，他已经去打电话准备走了。有一姓王姓的朋友，素来诙谐百出，聪明过人。就在他去打电话的时候将陈伯阳面前所开的九索一暗杠改放进一张六索。陈回座了，王问他道："伯阳！是不是有公事？"陈说："没有办法！不得不去！"话犹未完，王将陈的暗杠一翻说："陈伯阳拿六条充九条，开暗杠，怪不得你会赢！你为甚么这样乱七八糟？好！你照赔吧！"据说他们约定，和诈和的要向每人罚二元。即共需罚出六元。除赢帐外，尚亏累三元。陈伯阳表示愿意再打下去，王说："你不要耽误公事，结了帐下次再打也好。"于是陈伯阳只好忍痛牺牲。以后陈伯阳是否了解此一内情，不得而知。可能大家让他始终不明白，让他破费小钞而心疼。

第二次更捉弄得陈伯阳相当的惨了。陈在一次礼拜清晨打牌中赢了约六七元，已经在结帐，何绍周兄闯了进去。一望而知陈要走了。何聪明绝顶，临时想出了一个妙策，让陈伯阳吃点苦头，好替那几位朋友出口气。何向陈伯阳说："伯阳，你想不想见见你的顶头上司——庄智焕（庄系交通部的电政司长，正是陈伯阳渴想钻营一见而不可得的上司）。他就在附近，我来替你引见引见。"陈当即欢喜应允。何当时已经是军中团长一类的人物，引见庄智焕，是绝无问题。陈见庄已是晨间十一时左右，绍周说："伯阳，今天机会难得，你请庄司长去上一次小馆吧。"陈表示竭诚奉请，鞠躬如也。庄不明原因，也无所谓，何在一旁促成，遂成定局。当时在南京只有两家广东酒菜馆。一家在花牌楼系有名的安乐大酒店。另一家系广州酒家，也就在附近不远，以小吃精巧著名。何说："伯阳，就在广州酒家小吃吧。"当即驱车前往。何在友人处，先打电话到我们办事的地方——成贤街何公馆。说陈伯阳请客，你们不准吃饭，约好一齐来。并说如果有外客，都一齐约来，越多越好。陈伯阳的悭吝，大家是知道的。由何绍周在电话中说话的神情，已听出一点端倪。虽然不尽悉内容，已知道是一次不平常的竹杠，我们都去了。在记忆中仿佛有王漱芳、刘汉珍、宋思一，是不是还有张志韩，记不太清楚。大家差不多同时到达广州酒家，大约共有八九人。何绍周对陈说："伯阳，你和庄司长多谈谈罢，我替你点菜，你不用管。"陈伯阳当然照办。一顿小吃，也想不到有甚么稀奇的地方，他当然全心全力，在向他的上司——庄司长大拍其马屁。何绍周向我们挤眼睛。我们也只知道他是利用庄智焕来吃陈伯阳的冤枉，大家心里有数。

菜上来了。第一碗清蒸大排翅。第二碗红烧鲍鱼。第三碗红烧大排翅。第四碗油淋鲍鱼。总而言之，接连三种大鱼翅，三件鲍鱼，然后再吃其他的菜。

广州酒家平常都是几毛钱一件的菜。三五人去吃，不过五六元已经了不起。当时在京沪一带，一桌过得去的酒席，也不过八九元而已。广州酒家的菜牌上，最贵的就是鱼翅和鲍鱼。鱼翅是每件十二元。鲍鱼是少则八元多则十元。平素根本无人过问。在酒家也不过摆摆排场，偶尔卖出一件或两件，那算是名贵的集会。何绍周不管所要的菜雷同与否，重复与否，干脆照菜牌上开价最贵的鱼翅和鲍鱼，每样来三大件。另外我们有几个人都是一斤以上的大酒量。既然好不容易，吃到了陈伯阳的一顿冤枉饭，大家尽在不言中，拼命赌酒，不管三七二十一，吃他一个痛快。结果是三瓶老牌白兰地吃完了。绍周兄还问大家要不要再开一瓶，大家快醉得要进入神仙阶段，说话都在打哆嗦了。结果我们陪着庄司长以上班为理由，一齐散去。留下陈伯阳一人在酒家结帐。事后听说共化去了一百元以外，乖乖隆的东！陈伯阳赢了六七元，却花去一百多元，罚了他十倍不止，真是人心大快，大快人心。越是心里疼小钱的人，妙就妙在用得他非常心疼，而且又是有苦说不出。

以后庄司长对于大家作弄陈伯阳的经过，以及陈的为人，都知道了，相与大笑不止。绍周过了十日半月，还以关心的口吻问陈伯阳：“伯阳，你那天请庄司长吃得太痛快，近来是不是有点高升的好消息？”陈伯阳对于绍周，还是有一点敬畏，也不敢说甚么，只是唯唯诺诺而已。

以上是两个打麻将比较特出的典型人物，所以我还记忆得起。打牌吃酒，见人真情。不错！麻将之所以能引人入胜，是一切都在不断的有希望中进行。四圈输了，还有四圈。今天输了，还有明天。从少打到老，都在希望当中过日子。明明是幸运，却有时觉得又是自己在技术上得来的成绩。总而言之，没有一个准。诸葛亮辅蜀汉，惟有尽人事以听天命。寒山拾得大士有诗云：“自身才始可，又为子孙愁，抨捶落东海，到底始知休。”麻将的进行，颇能相似整个的人生。钝秀才一朝交泰运，李将军毕竟难封侯，努力与幸运，错综复杂，得不到一个圆满固定的结论。君子居易以俟命，小人行险以侥幸，如是而已。

北伐前后的故人，不知凡几，无益无趣的琐事，不拟再写，充数塞责，暂时到此为止。

（原载《传记文学》第八卷第二、三、四期）

学潮回忆有感

时代背景

中华民国二十五年，真是一个最令人心情激动的时代。自从“九一八”日本军阀强占了我东北三省，更随时在北平、天津、上海制造事件，以为威逼侵略的借口。凡是中华男儿，稍有人心者，无不悲愤填膺，有宁为玉碎毋为瓦全誓与敌偕亡的情绪，恰如一座即将爆发的火山。

当时实际主持军国大计的蒋委员长介石先生，本来就是日本士官学校的高材生，在日本多年，可说是一位真正的日本通。他对于敌人的图谋和实力，以及自己国家的力量，了解得精辟入微。他知道这不是感情冲动的问题，而是稍一不慎便有亡国的危险。千万斤的重担，压抑在心头。他不能有一点冲动，一分冒失，更绝不能犯丝毫轻率的错误，陷国家前途于万劫不复的境地。他考虑再三，才决定了安内攘外的政策。在中央宣言中，指出“和平未至绝望时期，绝不放弃和平。牺牲未到最后关头，绝不轻言牺牲”。说穿了内容，就是延缓时机，以充实抗日准备。多一分的准备，便可以减少一分亡国的危险。

政策是绝对万分的正确；但对一般情绪激昂的群众来说，东北已失，国际联盟调查无用，掌打在脸上，脚踢在身上，既不还手，也不还口，究竟忍辱到何时？与其坐而待亡，不如奋起一战。当一种沉着的老谋深算，与一般激昂慷慨的爱国热情相对比，是不对胃口，也是不容易解说得清楚的。“加上剿匪的战争，节节胜利，共党逃窜延安，他们党员的情绪低落，士兵战志消沉，唯一的解着，便是设法转移目标，促成政府提前抗日。此着有成，不特共党的危难立即全部解除，且可混水摸鱼，以图发展。因此共党不惜用尽全力，在全国各大都市，尤其是爱国的青年群中，以‘抗日救国’‘停止内战’‘中国人不打中国人’等口号，为宣传的骨干。本来学生们的心情，已经是忍无可忍，再加上一个有组织的共产党，隐在幕内，以全力策动，推其波而助其澜。于是各地学潮，遂有澎湃不可遏止的趋势。”

一方面是强横愚昧进行压迫不止的日本军阀；一方面是“死里求生用全部组织力量策动抗日的共产党”；一方面是忍辱负重，有苦说不出的国民政府；一方面是爱国救亡热血沸腾宁死不辱的青年学生。于是错综复杂激荡而成为学潮，这就是当时的时代背景。

上海首当其冲

全国大专学生最多的地区，是南京、北平、上海。北平太远，不足以影响大局。南京是国府所在之地，不容易发动。于是活动的重心，免不了是上海首当其冲。鼓荡复鼓荡，酝酿复酝酿，上海的学潮，已经山雨欲来，呼之欲出，上海地方当局，感到无法处理了，才向中枢报告，请求预防与协助。事情可以想象得到的，数千大专学生集体向南京前进请愿，要求政府抗日。既不能使京沪路中断，即使中断，学生们可以徒步，更容易刺激情绪，制造纠纷。事关青年爱国行动，又不能派兵截阻。纵然是劝阻，也容易发生惨案。何况明知幕后有人根本以制造惨案摧毁政府信誉为目的呢？所以中枢方面，对于此事，确感觉到应该重视，而且是一件棘手难办的事情。为了化大事为小事，弭巨浪于未然，中央派张道藩和我去上海，协同地方党政当局，尽量做一点疏导的工作。

我们到上海之后，先去见上海市长吴铁城先生。由吴市长出名，邀了上海的学者名流教授约四五百人，在市府大礼堂开了一次茶会。由我将中枢的国策对大家作了一番详尽的解释。上海是人才集中藏龙伏虎的地区，尽管这种场合，多半不会有人发表意见，公开赞成与否；但就一般情绪观察，也还算是了解与同情的成分居多。散会之后，我和道藩兄还就自己可能前往会谈的人士，分别前去交换意见。就记忆所及如章士钊、褚辅成、沈钧儒、章乃器等，我们都曾登门拜访，相谈也尚无不洽。不管他们是不是真心了解，或者是虚伪的应酬。但他们对中央的苦心孤诣，并没有一人正式提出怀疑，或认为不当，则是事实。也许当时凡是没有成见偏见的人，对政府的措施，并不是认为错误。至于后来上海抗日救国会的活动，所谓七君子事件已经是超越常情。其中自然含有为了个人出路，甚至有的人与中共有了联系，“甘为前驱”，当然早已不是衡情说理所能解决的问题。再加以拘捕的办法，实在是有些笨拙，反而使根本不具备任何君子条件的人，都变成了君子。是笑话，也有些令人浩叹！

问题在复旦大学

到上海两天之后，经了多方多面的接触。不管是名流也好，教授也好。真诚了解也好，虚应故事也好。总之：他们只能管他们自己。问题在学校，在学生。闹得最起劲的是复旦大学、暨南大学、上海法学院；而活动的重心，大部在复旦。谁也不能和不愿去向学生解说，所以市政府这一场报告，等于白费。当然这也是应该做而不能不做的工作。但隔靴搔痒，于学潮的消弭，不发生直接的作用，我们不能不想出直接和青年学生开诚相见的办法。通过了市教育当局的安排，我和张道藩兄分别担任到各学校去讲演。

这个时期，复旦大学的前后门，都已经紧闭，外面是警察加上消防队的水龙，准备学生一旦集体冲出大门，警察们不能用枪，不能用刀，也不能用棍，唯一的武器，仰仗在水龙。同时学校里面，满贴着标语，都是些热血沸腾和不满意政府懦弱的口号。学生与警察之间，都很像如临大敌。大约因为各校学生，还不曾完全联络得好。如果真正发动，我想水龙的效用，还是有限得很的。

李登辉博士

日子记不清楚了，我们得到了学校当局的许可，于晨间八时到达复旦大学的校长室。校长李登辉博士，是有名的教育家，诚笃而慈蔼的外貌，令人生钦敬之感。他招待我坐下吃茶之后，即打钟上课。我问："同学们是否已经集合好？"他说："集合好了。"我问："在什么地方？"他说："在一个大教室。"我问："教室能容多少人？"他说："能容二三百人。"我心中已经明白了，他集合的，绝不是学生的全部。我因此再问："李先生，贵校有多少学生？"他说："有一千多人。"我说："那么今晨所集合的只是极少的一部分了。"他说："是的。"

我说："我为学潮而来，看贵校这种警察与学生相拒的情形，随时都可能发生大事故。如果我不能和贵校全体学生见面，岂不是多此一举？"我明白李登辉先生的意思，他只是选一些平素对中央有认识而无问题的同学，在小讲堂内应付我这一场讲演罢了。结果李校长干脆对我说："刘先生，这几天学生的情绪特别紧张。如果在讲演中发生事故，我们对政府和刘先生不起，希望你原谅。"

李老博士对于学生的管理，他已经没有自信了。他既不能谢绝我的讲演，又不能保证学生没有问题，所以他苦心孤诣想出了这个两全而不美的办法。我这时候，不能不坚持我的意见了。我说："李先生，如果不是全体学生的集合，我宁可不讲，如果现在还有办法，请你想办法；如果没有办法，我希望你另定时间我再来。至于学生的情趣和行动，谁也不能保证，请你不必顾虑。"当时陪去的，好像还有市教育局的人，我说："我当着同来的各位向你保证，如果在讲演中发生事故，甚至挨打受伤，都由我自己负担责任，绝不使你受累。"他踌躇了一会才答应迟一个钟头，通知全体学生下课，到室内运动场集合去听我讲话，大约他已经了解这是一个不能两全的问题了。

畅其所欲言

室内运动场，大约可容千余人，复旦有无大礼堂，是否一千人以上的聚会，只此一处，更无他所，我也不得而知，我只好按照钟点前去。临时安了一张讲演桌，同学们都没有座位，都只是站着听。李博士也没有陪我去介绍。大约他是怕城门失火，殃及池鱼。我自己一人前去若果真出了事，只算是自作自受，于人无尤。

同学们的秩序，并不是理想中的那么坏。可能他们也想听几句于国家有关的真心话。所以容许我尽情地讲下去。我从了解敌人了解自己了解环境一件一件地向他们报告。整整两个钟头，虽然都是站着听，在几分钟之后，人也到齐，秩序井然。

我记得当时在讲演中提出了两个很轻松有力的比方：

第一，我说蒋委员长此时负了国家的重任，好比抱着一挺相当陈旧而又不十分可用的机关枪。日本人扳着他的右手，要他“防共反俄”，向左边开枪。苏俄和中共，却扳他的左手，要他“抗日作战”，赶快向右边开枪。他明白双方的用心，也明白自己的力量。他只是兢兢业业，自己整理机关枪，以备大用。同时对左右的敌人，都说道，你们谁也不许动我，谁动我我就和谁过不去。这一种微妙的关系，和冷静的自持，是对国家忠诚的尽责，也是高度的智慧。

第二，譬如下象棋，明明让对方一车，自己隐下杀者，一举而成不可再解的胜利。观棋的人，若是高手，自然会缄默而作会心的微笑。此时此地最忌讳天分低而热心开口的笨伯，在一旁忍不住高呼一声“马吃车”。此呼一出，全局皆输。因为另下一着棋，不是很容易的，若熟视而无睹，则对方一切了然，这条车便算是白送了。因鲁莽而失棋是小事，因鲁莽而亡国，便是千古的罪人。

说到最后，我说不管如何，蒋先生的抗日方略，至少是相当有效的方略。上海方面，只凭意气冲动，高呼抗日救国的方略，于敌人有利，于自己有害。这种方略，请原谅我坦率借用上海人一句话，这只能算是“猪头三”抗日方略。

同学们对我所说的结论，来了一个哄堂大笑。我们都在了解愉快中，分别走出了室内运动场。

抗日救国实践社

有真实而后有宣传，有宣传必须有组织。老实说，到一个有名的大学，去向千名以上自由自尊的学生讲话，又不能得到老师的招待和协助，我这还是第一次。我有什么自信呢？完全靠当时自己心中，有蒋委员长对抗日的真诚和高度的谋略，作为基础。所以我才有勇气，一往直前，理直而气壮，遂不觉其气充辞沛，年轻时读孟子“自反而缩，虽千万人吾往矣”这个道理到此才得到了证明。

讲演完毕之后，我们在上海工作的同志将已经预备好的一篇宣言，即在复旦大学大门左侧一长桌上展开，发起抗日救国实践社。要求学生签名，自动参加。事实上即系与抗日救国会相对抗。当天签名参加的复旦同学达到了全校百分之六十，还有平素根本不过问政治只专心功课的同学在外。证明同意中央抗日办法的，已占了绝大多数。学潮的原因，根本不存在。学校内的标语，很快就消逝。门外的警察水龙，完全撤退复员。一场行将爆发的大风暴，等于雨过天青。

当天晚上，复旦教室里，居然还发现张贴了一张约两三万字的文章，呼吁同学们为了爱国，为了抗日，不要轻率盲目地喜欢刘某人的讲话。要怀疑他，研究他，诸如刘某人是不是能代表政府？是否说的是真话等，列举了若干条，也算竭尽挑拨的能事，但说来说去，没有法子正面指出，刘某人说的抗日方略，是错误的。没有正面的主张，只从侧面挑拨取巧，在有理解力的爱国大学生群中，不会发生有力的作用。文章虽然清通，只不过是共党喽喽们向上级报账交卷而已。

第二天又去了暨南大学，同样也得到了同学们的了解和欢迎。以后又去了法政学院、交通大学等处。此外的许多大学，由道藩兄前往，一切迎刃而解。这一件事情，我们算是没有交白卷，闹笑话。我想道藩兄和我，都应该有一个共同的感觉，即发乎至诚，言出由衷，是根本的要素，说话的技巧关系，实在微乎其微。若果内心不固，任你转弯抹角，岂能在有高等知识水准的大学生群中，逃得过明眼人的耳目？结果会弄巧成拙，被嘘、起哄、挨揍，均属意料中事。

广东之行

民国二十五年六七月间陈济棠反对中央的举动，以“机不可失”而成为闪电式滑稽的失败。据说：陈济棠当年最亲信的兄弟中，有一人名叫陈维周。善风水，能扶乩，深得陈济棠的倚重。陈济棠也是一个最迷信的人物。当他想要公然反抗中央，而内心尚不能决的时候，曾经通过扶乩的办法，向吕祖请示，奉批有“机不可失”的字样。陈济棠以为仙人指示时乎时乎不再来，所以立即宣布背离中央。殊不知广东的空军不同情陈氏的行动，早与中央接洽，全体驾机飞到南京。陈济棠飞机一失，大势已去，陆军听命余汉谋，亦不愿与中央对抗。陈济棠只好自知分际，下野去香港作寓公。事实上是违反国家利益的行动，丧失人心，但“机不可失”四字，倒也成为很有趣味的巧合。吕纯阳游戏人间，又开了陈济棠一个不大不小的玩笑。

广东军队宣布拥护中央之后，蒋委员长亲自去到了黄埔。命我们去广东。广东行营主任，发表由陈诚担任。但陈诚事实上不能去住广州。当时我公开的名义，是行营的党政厅长。另一个名义，是燕塘第四军官分校的政训处长。分校有一两千军官受训，内中很多是陈济棠部下的现职团营长调下来的。中央当然希望广东与中央更能建立良好与密切的关系。军分校中厕所与隐暗处，常常发现打倒这个打倒那个的标语。固然是人情之常，但绝不是一个轻松的问题。我在这种情况和任务之下，奉命去广东，当然不是一个清闲的差事。

组织要统一

到了广州之后，我想了很久，我想广东因反抗中央而失意的要角都聚在香港，近在咫尺。而且有钱有历史，随时都可以兴风作浪。为了工作有效，我首先要求凡是中央派去广东工作的同志，不管是党部是军队政工，一律要统一。不只是团结，而是要彻底的编组。否则互相观望，或者互相争功，都必然是于工作无益，而且会意外地闹笑话。我坚持这是一个在广东工作先决的原则，我完全得到了许可。

得到党部同志的协力

曾养甫同志，是广东人在中央党部和政府中工作很久的同志，这一次派回广州担任特别市长。在广东党的同志，大体要以他为中心。过去我们不相识，但民国廿年左右，忆鲁涤平任浙江省主席时，杨绵仲任财政厅长，曾养甫好像是建设厅长。有一次杨绵仲回到南京，在一个少数人宴会中，有人问杨绵仲："曾养甫何如人也？"杨说："杨绵仲加吃酒醉，等于曾养甫。"杨自视以为他自己系最有担当有冲劲的人物。彼认为曾且过之。所以我心目中知道曾系一位骨头硬、有担当、自信强、有冲力的同志。我们在广东，相往还不久之后，有一天他来看我，他同我单独谈话，他说：“健群兄，你晓得我在中央办组织工作，最早也最久。我很少佩服人，近来我还觉得你不错；假如你能够不和我掣肘捣蛋的话，我可以完全配合你的工作。”我说：“养甫兄，你是广东人，我是外江佬；我当然希望你们在地方上立脚生根，有很好的成就。我在中央有工作，任务大致达成，即回中央，那有和你牵制妨碍的道理？”从此以后，他真的一切赞助配合我的工作。他性情豪爽，确能表里如一；我当然更只是一心在工作方面，谈不到有任何丝毫自私的偏见。

因为如此，工作上的便利不少。否则如中山大学的学潮，在我们政工同志中，要找一位教授身份的人，到中山大学去发动学校当局请我去讲演都很难办到。这是组织上团结统一得到党部同志协力最小的一件，其他可以推知。

中山大学学潮

我们在广州遭遇到的第一个难题，便是中山大学学潮的酝酿。西南在前数年，一直是反蒋的宣传。陈济棠虽然失败了，许多旧有的痕迹，不是立刻可以消逝的。中山大学的校长，是党国元老邹鲁（海滨）先生，过去都是主张反蒋抗日的。到了这个时候，他对蒋先生的抗日策略，已经有默契和了解。但他不能立刻在学生面前，大谈其与过去一百八十度转弯不同的主张，所以当中山大学学生，为了抗日救国，要发动集体请愿的时候，彼处于赞否两难的境地，只好称病去从化温泉养病，表面不过问学校的事。后来到中央工作的郑彦棻同志，当时是中山大学的法学院长，是所谓中大新派的有力人物。但当时在学校内，真负责有力的，不是新派，而是老派。好像有一位姓萧的（名字记不清楚了），以教务长代校长负责。他是个看家人，对学潮更无力处理。当时中山大学的学生，好像还在两千人以上，若要集合必须要在大礼堂举行。学校当局唯一对付的办法，是将大礼堂关闭起来，声言损坏待修，不能使用，使大量学生，无集会的场所，这便是他们唯一的武器和对策；但纸包不住火，很快就会要溃堤而出的。

中山大学是西南的最高学府。若果中大几千学生，集体请愿，地方军警，一定不愿和不能干涉。结果免不了要产生意外的事故。这是我责任范围内应该思考的问题。我决定依据在上海复旦大学的经验，由有教授身份的同志，去中大发动学校当局来函请我去讲演。不能学鸵鸟埋首在沙中，乌龟缩头在壳内，装聋装瞎，听任事情的演变。请函送来了，这正是中山大学当局苦闷而无法处理的问题，有我去讲话，好坏由中央派到广东来工作的我负责，所以他们不拒绝，而且欢迎。

友人好意劝阻

接到请函的第二天，有一位在中大教书的教授漆琪生先生，来劝阻我。他说："刘先生，你不要把事情看得太容易，中山大学也不就是上海的复旦大学，你在复旦的成就，不一定适用于今天。你要知道，广东才刚刚与中央合作，在心理上许多人是有成见的；广东人性情是豪爽，也很冲动；上海一般的秩序都很正常，南京政府近在咫尺，到学校讲话，总可以勉维秩序，毕竟其词。中大学生先有成见，情感更易冲动，工学院同学铁锤钳子一切俱全，一批有组织的学生，也知道你在上海的经过，可能不让你畅所欲言，先给你一顿饱打。你岂不是先吃眼前亏？地方上自有军政当局，你何必去冒险，自讨苦头吃呢？"

漆琪生先生，四川人，属于第三党，与章伯钧极相契。研究经济学，富有理论，十足的读书人。我在南京主办中央军校政训班的时候，曾请他讲过课。承他热心诚意地来关照我，可是箭在弦上，不得不发。事情是眼见即将出笼的大事，我不管，谁愿管？丑媳妇终久见公婆。而且我内心里始终相信，大多数学生是发乎爱国的热忱，真正有组织有偏私的，只是绝对的少数。鬼鬼祟祟的魔头，在光天化日下，是不会发生作用的。而且自己派同志去发动，请柬来了忽然又不敢去，这成何体统！何况不一定就是挨打，纵然挨，也比不要脸好得多。所以我考虑了一夜，也有同志劝我不要在风头上找麻烦的，但我终于决定了按时去应约。

要感谢郊外礼堂和麦克风

讲演的地方，不是中山大学的大礼堂，而是在郊外一个临时用竹子搭成的场所。广东匠人能够在一日半日之内，在水上搭起一座大竹棚，让成千上万的人在上面游来走去，不发生一些许的动摇。与重庆的梱榜房子，有异曲同工之妙。也真是伟大。中山大学当局，不好意思对学生说礼堂还可用，而且在郊外出事，似乎比在学校内部好得多。真要感谢这一座临时的竹编的礼堂，通风透气，空气爽适，尤其是麦克风，一点回声杂音俱无有，清晰极了。使我在三点多钟的讲演中，感觉得一点不吃力，而且爽快。也许在学校大礼堂内，不会是如此的理想。天时、地利、人和，有时确是偶然的巧合。

在未动身之前，我也想到过最坏的遭遇。我有两个随身的秘书副官，一位是郑正，一位是张涛，他们都是军校五期学生，我要他们在袖中，每人藏上尺许木棍一条，以备万一在理讲不出而被痛殴时，总得要掩护着我，减少伤害。枪刀均不可带。此种场合，好坏均无用处。木棍一条，正如乔国老所说，来一个防而不备，备而不防。还有军分校训练科长杨群同志，是郑介民同志的好帮手，他也带了几个人，在很近的范围内，暗中注意保护。我进入临时礼堂，正如在复旦一样，并没有学校负责当局的介绍。热心年青的教授，大部分加入了学生群中入座；老成持重的，大概多是避免是非，以不介入为是，根本没有来。但学生倒是真正的满座，足见热心异常，毫无冷淡与应付的情调。

我上讲台，忽然想起了漆琪生的好意。恐怕万一开口不久，便生意外，岂不误事？我就先来一个在心理上惊人的启示。我先问："贵校老师和同学们要来的，是否都已到齐？"他们说："到齐了。"我说："先关大门！"接着我说："我不是学者，也不是专家，我来讲的一定是国家大事，只有大学教授和同学们可以了解若干其中的机密，不让闲杂人前来参与。"我这一举动，在我的内心，主要是使万一遇有组织有偏见的人，也轻易动不起手来。于是按着我的准备，从日本说到苏联，说到英美各国，说到自己，这一篇"如何抗日救国"的主题，在上海有了经验，材料更补充得多；平素讲两小时，这次讲了三点多钟。因为空气好，发音清晰，大众均无倦容，我也越讲越兴奋，不吃茶，也不休息，一气呵成，讲完了下台便走。

我太感动了！学生们出门以后，都还不走开，更至少有千名左右的同学们，围着我的汽车鼓掌送我动身。我感到快乐，更感到惭愧。惭愧的是我居然命保护我的人袖中私藏木棍，比这一般热情纯洁的青年，我倒是心中不干不净的一根老油条。亏我想得出那样的污浊计划。

满天乌云消散了，一片祥和之气。中山大学不仅是学生多，地位高，海外侨胞的子弟，更不知凡几。所以这一次的讲演影响当然相当远。第二天有两位对党关系较好的同学来谈起，他说："同学们心中的郁结，都发散了，觉得很痛快。但昨晚在中大操场上有一部分同学因其他事故的集会，其中一两个有偏见的分子，还在想活动。有人说：'听说刘某人根本没有出过洋，他今天居然大讲世界各国。'但立刻有许多同学说，秀才不出门能知天下事，世界上这一类的人物，不知有多少，这有什么可惊异之处？又有人说：'恐怕刘某人是请别人替他写的草稿。'但立刻就有人反驳说：'刘某人一字不停，讲了三点多钟，若在课堂慢慢讲，八点钟也讲不完，这当然不是背别人预备讲演稿能够办到的。'"总而言之：大多数同学，对中央政府的国策，已经有了真正的了解。纵然还有人想要挑拨搬弄，兴风作浪，绝对办不到了。青年心目中，有的只是热情和真理，这是我工作中所得的教训和经验。

直接得到的酬劳

一、这一次学潮的解决，在中山大学当局方面，是利害切身感觉到最痛快的一件事。海滨先生由从化通知代理教务的几位先生，在广州有名的第一家酒馆——南园，特别安排了两桌蛇羹席。由各学院院长及资深教授作陪，对我表示一点酬谢和慰劳的意思。蛇羹席的名贵，远超过鱼翅席，在此时的前几年随何敬之将军去广州行营服务，当时还是陈济棠招待，盛设蛇羹；据说是一位江太史所用的名厨，味诚鲜美，吃了蛇羹数碗之后，其他菜品，都觉毫无味道。但那一次是依附末光，得尝异味，这一次却更觉不同，若干先进的名教授相陪欢叙，使人感觉到一种不可计量的荣幸。海滨先生来台之后，常不当我面，对我有若干次的赞扬。我和海滨先生，原无私交，完全就是那一次讲话的影响。前贤风范，令人倾服忆念不止。

二、产生一个特别班。广东工作的各部门，党务市政以及民财建教各厅，都分门别类考用优秀人才，合计下来，将及千人，都是从优选拔，丝毫不苟，可谓极一时之选。抗战胜利后，有十余名特别班同学，当选广东省参议员，即此可知。这些同学，原系分别招考训练的，现在他们一致同意，设一特别班，统一训练。设教育委员会，由省主席黄慕松担任主委，我和曾养甫同志担任副主委，各厅处主官为委员。实际则由我兼任班主任，一切全权负责。经费全由地方负担，令人更感荣幸。也许大众心目中，不把我当老粗，也不当我是卖膏药的浅薄分子，而是有学识品格，足为人师了。后来回到中央，吴铁城一见我面，每每戏呼我为刘老师，别人听了莫名其妙，也就是我在广东工作的反映。广东的朋友同志们，算是过分的看得起我。我不好意思乃电请蒋委员长，蒙每月拨五千元作为中央教育地方干部一点象征性的经费。正因为特别班是这样的性质，我精神上的负担很重。当蒋委员长由南京去西安的时候，曾电令要我赶回南京同去西安。作为一个部下，普通对委员长的电令，总是奉电即行，不容迟疑的。但因为特别班不出一周，即行结业，若我匆匆而行，有始无终，那是一个大笑话，如何对得起地方人士？于心何安？只好先复电陈明，一周后再动身。殊不知在此数日中，已发生了西安事变。我常常想，若我能早一月两月，先去西安，这一套安内攘外抗日救国的讲述，也许对西安军官团的东北干部，还能够多三少二发生一点疏解的作用，也说不一定。

西安事变，是中华民族历史上天翻地覆的巨变。中共从各地学潮中，得不到些微的收获，却在此热血沸腾想回老家而政治了解不够深入的东北军中，发生了使中共起死回生的大作用。是人谋也是气数。在西安事变的前两三月，时间记不太清楚了。好像是召集中全会，我是中央委员，回到南京参加开会。张副司令汉卿先生也由西安回京参加。张的文人干部，本有一个组织，名叫四维学会。承他们邀我参加，也还负了一点责任。有一天我去中央饭店看朋友，无意中会见黎天才。黎是四维学会的干事，也是替张办理情报工作的首要人物。他笑着对我说："刘先生，副司令快要红了（指张与共党分子接近），你还不和他去好好的谈一谈？"张副司令住在下关与南京之间新开的一座首都饭店，是新开的一等豪华饭店。我和他约好那天（记不清楚了）下午去他的房间内，花几点钟的工夫，谈一个痛快。殊不知谈不到半点钟，委员长官邸有电话要他马上去。当然我们要谈的话，不过才是一个开场白。过了这天下午，他又要回西安，我也定了飞机回广州。他说：“健群兄，我们只好以后再说了。如果有机会，请你来西安玩玩。”真想不到以后不久，出了这样的大变故。早知如此，我就先和他一同去西安住几天，再回广州来主持特别班毕业，时间上也还是绰绰有余的呀。虽然我没有责任，但至今内心里还是多多少少的有一些歉然。

离开广州回中央

我已经在作离开广州去西安的打算，我请了一桌酒席，预备次一日下午六时与余汉谋、香翰屏、缪培南、李扬敬、李汉魂等广东的军事首长辞行，并商谈一下今后中央与地方的联系。请帖已经发出了，到天晚后，突然接到情报方面的同志由香港挂来的长途电话，说：“不管如何，你今晚必须搭乘由广州来香港的末班船，否则一切责任由你自负。”我听得真是丈二和尚，摸不着头脑，我说：“可不可以简单地告诉我几个字，由我自己抉择。”他说：“西安情况不明！”电话便挂断了。这真是晴天霹雳，令人有天旋地转的感觉。但一切危难，都还需要自己冷静去应付。不单是心中难过，或者是痛哭流涕所能了事的。我一到广东，先在余汉谋将军麾下，交了几位同志的朋友，一位是他的政治部主任李煦寰兄，一位是他的参谋处长陈勉吾兄，一位是参谋处的张忠良兄（广东籍），一位是军分校军官大队长陈克球兄。我们不是私相结纳，而是对国家大事有一致的深切了解。

到了此时，我只好先找李煦寰兄，我告诉了他西安的变故，请他先拟了一篇主张正义营救蒋委员长的通电。我们两人看过并同意了，由他去请余汉谋将军签字，连夜发出。他和余将军，不止公谊，且有私交，虽然时过半夜，他仍能去请起余将军，达成了他的任务。这些年来，陈勉吾兄已早逝。最近才听人说起李煦寰兄尚在香港，想来总还是很健好的罢。写到有关文字，总不免想起了当年等于共过患难的朋友。

我和余将军约好，第二天清晨七时先到燕塘军分校集合全体军事干部讲话。九时许召集党政及社会人士开会讲话。我还记得在军分校对全体同学讲话的概要，我说："西安已经出了大变故，蒋委员长情况不明。但依我的分析，委员长若落在共党手中，则虽生犹死；若落在杨虎城的手中，则能活的成分不多；但是若落在张学良的手中，而张学良的力量，还能自主的话，委员长便有安返的可能。"后来演变的经过，与我所估计，若合符节。广东朋友，都很赞佩我，其实我在当时，一点把握也没有，只不过我心里头有一种下意识作用，仿佛相信张对于委员长，应该是只有误会，而无仇恨。同时在无可如何中，我也不能不想出一条有希望的生路，我更不得不如此说来，以安人心，并不是有什么真知灼见在那里。我还对同学们说，委员长的生死固然是一问题，但国父遗给我们，要我们统一建国，建设一个三民主义的新中国，这项任务，却是决不变更的。今后无论局势如何演变，我们一定要善尽责任，继续完成此一任务。我说今后在广东谁代表此一主张和任务呢？那就是余汉谋将军。希望大家在一切忧患艰苦中，完全服从余将军的领导。

接着余将军对着全体军官生只说了几句话，他说："要说的话，刘处长都已说过了。我今后与诸同志，共同生死。"他更情不自禁地痛哭起来，同学们也大哭。并全体决议，绝食一日营救蒋委员长，由厕所中写反标语开始，到今天的绝食营救，这完全是国家大计感人之深，决不是攀交情，谈利害所能做得到的。至今有时会着第四分校的官长同学，我们彼此还是有着不可忘怀的情感在心头。

晚上和各军事首长聚餐后，他们送我起飞回南京。到南京时，有几位同志，很惊异地说，你真会安全回来？因为香港的情报，确知香港有力量的反对人士，派徐景唐和一位姓张的，坐次日港九晨车去广州，想劝说余将军，缓发通电，对西安事变暂作观望。而且对中央的主要人员暂时不许离开。殊不知他们到了广州，余将军的通电早已见报。根本他们不知道私交和公谊，是不可以勉强混为一谈的。我和余将军在数月当中，早已奠定了深厚的友谊不会有任何动摇的了。话说回来，中山大学讲演之后，使我在广东的工作，获得了许多想不到说不出来的方便。不是我化解了学潮，而是学潮化除我许多工作方面的困难。这倒是上海百龄机的宣传标语："有意想不到的效力。"

感想些什么

……

从小小学潮的经历，得到了若干不切实际的感想。满纸荒唐言，一把酸辛泪，姑妄言之，姑妄写之，只能感想到此为止，不可以再感下去了。

愿天下有心人，为人类幸福而努力。

（原载《传记文学》第四卷第六期）

我与宋哲元将军的几次交往

世间事大至天崩地裂，国家兴亡，小到一个平凡人的生死，正如《金刚经》所说“一切有为法，如梦幻泡影，如露亦如电”。转瞬间都只是过眼烟云，一晃即逝。人类照地质学的推证，动辄十几万万年。但如今真有历史可勉强记载得出的，不过四五千年。还有什么可说的？

所以多少年来，我个人确曾身经目睹参加过若干次可歌可泣的大事。但我每次提起笔来总是“算了罢，有什么值得说的呢”？有时是懒，有时觉得没有意义，可能徒乱人意，徒生是非，一动不如一静，就是这样地混过了若干年。

“七七”是抗战救国的大事。首先奋起抗战的军队是二十九军。我和二十九军发生关系的经过也就是二十九军和中央发生关系的经过，太令人感动了。所以每逢一年一度的“七七”纪念，我总觉得心中耿耿不安，这样的好军人好朋友，我为什么竟对他们不写一个字呢？当初参加华北政局变化了解内幕的人，实际只是宋哲元（明轩）、秦德纯（绍文）、萧振瀛（仙阁）三人。师长张自忠、冯治安可能稍微知道一点点，师长刘汝明、赵登禹，是奉命作战的勇将，但对政治方面很少过问，一切听宋军长哲元的指导，可能是知道的更少。但“七七”抗战前几件大事，知道一切内幕经过的除宋等三人外，只有一个我。

宋明轩、萧仙阁早已逝世。现在台湾还健在的仅有一个秦绍文兄。但除了我可以写出当时的内幕经过外，即绍文兄亦未必好提笔来写。真是责无旁贷了。

当日寇进攻长城各口的时候，蒋公是军事委员会的委员长。我系军委会的政训处长。委员长在石家庄召我去见，要我去北方主持政训工作。当时北方各军包括东北军、西北军、山西军、孙殿英、沈克、冯占海等，对中央都说不上关系，有些军队过去是和中央作战的。所以这个时候如何团结北方各军一致御侮，不受敌人挑拨分化，确系迫切而重大的问题。

当时有人主张在北方军队中，成立政治部。我不以为然。我向委员长建议，北方各军，对军中政治工作，缺乏了解，疑虑多而信赖少。稍有不慎，如果首遭一部分军队的拒绝接受，中央威信与军队感情都将蒙不可补救的损害，所以我主张用最小的名义，做最大的工作。委员长同意了我的看法。因此成立了一个华北宣传总队。表面上只是到北方社会上去做宣传工作，好像并不一定到军队里去似的，实际上当然不止于此。宣传总队的队员是军校政训班的学生，是由几千大学生中公开招考选拔出来的，他们不单是程度甚高，而且还是有思想有抱负的同志。我自任总队长，其余的大队长，都是军校先期同学，而且有政治素养的。后来为了与东北军设法联系，还曾经在党部东北籍同志中，借用两位为大队长。记得是马愚忱、王德溥。现在来台的只有一位王德溥兄了。我在北平时，曾向队中同志宣布，我说：人家说我们政治工作是卖膏药。现在我们来华北要卖的膏药，可分为三个时期。第一，沿街叫卖；第二，登门求售；第三，膏药贴在身上确实可以治病。后来我们宣传总队，从社会转入军中，以后再改为军中政训处，使北方各军与中央建立起良好的关系。我预言的三个步骤，都完全按照计划实现了。其他各军的事，暂时不谈，现专谈二十九军。日本人方面对于华北宣传总队的北上，是非常敌视的。他们在各方面对中央及蒋委员长肆意污蔑，纯系虚构造谣，但又无法查究。所以华北宣传总队初到北平，处境是非常艰困的。二十九军是我们遭遇着最困难的部队，也是后来我们在工作上最为成功的部队。他们是西北军的基干。论数量虽是东北军比较多，论作战能力，大家都公认是二十九军要占第一位。军长宋哲元是山东人，下面有四位师长：张自忠、冯治安、刘汝明、赵登禹等。秦绍文兄是参谋长，萧仙阁是总参议。总之：师长是四员大将。但实际参加机要兼划谋定策的以秦、萧二位为主。宋军长人最耿直，但脾气也可以说是非常的蹩扭。我到北平当然要先去拜访宋军长。连去两次，均说不在。第三次我干脆趁他驱车回家的时候，汽车跟在后面。他前脚进门我后脚便去递片拜访，结果还是答应不在家。这一钉子碰得不算小。使得我束手无策。我派往随二十九军到通州前线去工作的一位大队长林树恩，是一位能干的同志（四川人，现在可能在台湾，好多年不见面了）。到那边工作不久，当二十九军从通州连夜后撤的时候，宣传队就没有得到通知。这一下把林队长吓坏了。只好向我辞职，当然他一定不肯再去冒莫名其妙的危险。后来我将原派在东北军于学忠部的大队长宣介溪同志（安徽人）调去二十九军。我已经不是一个有含蓄的人，但宣同志的心直口快，似乎比我更加大几倍。平素我很佩服他的热情和智慧，但对于他的率直，却是相当耽心的，因为二十九军没有人肯去，只好请他去接替。他的过分爽快，也许更合乎了山东老乡宋先生的口味。以后二十九军由拒见到了解，由了解到信托，到忧患大难之际彼此信守不渝，实出人意外。谋事在人，也许成事还是在天呀！宣同志与二十九军相处之委婉曲折，非言可尽。但他对国家贡献之大，确在我敬爱的回忆中永远不忘的。

以后事情忽然的急转直下了。第一个原因，我在军队工作一时不能急剧展开的时候，便专门去各大中学讲演，专讲如何抗日救国的道理和策略。青年同学们，对我似乎很欢迎。据说二十九军有几位重要人物的儿子，在学校听我讲演后回去向他们的爸爸说，刘某人不单不是流氓暴徒，而且颇有学问。他们的爸爸还曾经去听过我的讲演。觉得有许多谣言和成见，是不恰当和多余了的顾虑。这件事我始终不曾问过秦绍文兄，因为太小了。依我知道最主要的，使我们的关系、情谊从零度一直升到一百二十度的原因，是为了“韩参赞”的事件。韩的名字我忘记了，只知道他是二十九军一个挂名不办事的参赞。听说韩过去与宋军长同在冯玉祥的部下，感情很好。韩抽大烟，冯玉祥有一天约韩去见。冯说：“韩某某，一个军人只能扛一杆枪。你要扛长枪，便要丢短枪。要扛短枪，便要丢长枪。长短枪都要扛是很危险的，你去想想罢。”这位韩参赞听得不是苗头，大烟又戒不掉，干脆向冯玉祥表示丢掉了长枪吃大烟。韩虽然是这样的一个人，但同宋哲元的关系很好，西北军里如宋哲元、张自忠、冯治安，表面虽是长官部属，实际上是不是结义兄弟我们弄不清楚，最低限度，他们是患难与共的好友。这个时候，冯玉祥正在张家口，孤家寡人，高唱反蒋抗日，想号召旧部，混水摸鱼。这位韩参赞，从石家庄、保定来北平，大约烟瘾过足了，在火车上大骂中央指责蒋委员长。同车的宪兵和便衣侦探，当然不能放过他。刚到北平下车，便把他捉到宪兵第三团去拘禁起来。但是这一切都被二十九军办事处派去接他的人看得清清楚楚。二十九军的办事处长刘实甫，平时和我们都不往来的，这时特来请求我，他们认为我有救出韩参赞的能力。

总算不错，宪兵第三团团长蒋孝先，确是和我相当友好的一位同志。我和他接了一个电话，问他是不是曾经捉了这样的一位姓韩的。他说，不错，这个人在车上的说话，实在不好，所以逮捕他，如果我觉得有用处，可以照我的意思去办。我说，既然如此，就让我来保他回去，送交二十九军，让他们去纠正管束他罢。当天下午，约好刘处长实甫，在中央公园来今雨轩见面。我到第三团去保出韩参赞，然后亲自送交与刘实甫。当时张自忠、冯治安几位都在，据说他们都有极深厚的交情。韩与刘、张诸人见面之下烟瘾大发，涕泗交流，他说："刘先生再来迟一步，不杀我我也活不成了。"这一下二十九军的几位重要干部，陪我一同喝茶，亲热到不再把我当作外人了。过了一两天，刘实甫特别来约我去和宋哲元见面。我们从《三国演义》谈到孔子孟子，谈到冯玉祥的假抗日，谈到二十九军对国家应负的责任，也谈二十九军今后和中央的关系及其应有的前途。一谈大半天，我固然感觉宋哲元说话不虚伪，有诚意，宋对我亦似乎有相见恨晚的感觉。从此云开见日，一切阴霾全扫荡干净。就公说政治路线彻底同意，就私说进入了如弟如兄的交谊范围。宋送了我一件玄狐皮袍，我不敢辞谢，转电委员长请示，委员长命我买书送给他。此后二十九军把宣传人员，当作自己人，比其他各部队相处得更亲切。

日本人当时尚没有进占北平的计划，停止在通州，由黄郛出面交涉。到《何梅协定》签字，长城各口之战，暂告一段落。

日本人不容许我们留在北方，我遂被召回。当我向宋哲元辞行的时候，宋特别向我慎重表示。他说：“健群兄，请你向蒋委员长保证，我宋明轩说的话，一切算数，如果有了反覆，你随时可以派一个十二三岁的小孩来掌我的嘴巴。就算是有朝一日，我要造反，如果是你健群兄来我至少为你缓三天。”现在我回想宋明轩兄说话的神情，我真想不到从“七七”以后我同他竟连见面的机缘都没有了。

尤其令人感念的，当我回到南方时，日本人在北平已经是横行霸道无恶不作，日本宪兵公然拘留在二十九军的政训处长宣介溪，和我的秘书黄伯英两同志。黄伯英不会说话，日本宪兵逼他们要供出蓝衣社的内幕。把黄伯英毒打灌水，弄得半死。对宣介溪疲劳审讯，苦不堪言。宣准备一死否定一切，因为他地位较高，除恐吓外还未遽下毒手。这时宋明轩派萧仙阁去交涉，他说：“宣介溪是不是蓝衣社，我不知道，但他是我的朋友，如果你们不立刻放他出来，我不惜同你们破脸。”这时日寇方面，还想利用宋哲元，才将宣放了出来驱逐回返南方。宣同志现在台湾。宋明轩这一份够朋友讲交情的表现，我们能够忘记吗？宋明轩说的话我一字一句的照原意向蒋委员长报告了。因为他说过：纵然造反，有我去还可以缓上三天。所以在“七七”事变之前，我曾经奉派两次去北平。第一次是中央获得消息，宋要成立华北自治政府，宣布独立。我当时在庐山，蒋先生召我到南京。要我劝阻宋哲元。记得当时我向北平挂一长途电话，我和宋已离开很多日子。我对他的心情，一点也不知道，这是没有把握的事情。北平来接电话的是秦绍文兄。我问：“绍文兄，宋先生是不是要宣布一件大事？”秦说：“是的。”我说：“事要缓，等我来。”秦说：“你明天就来，我到前门车站接你。”我第二天赶去了。绍文兄设法避开日本人的耳目，用汽车一直接我到宋的公馆。当晚谈论之下，才知道他们的真意所在。宋说：“健群兄，你说蒋先生是不是真要打仗，北方情形，你是彻底了解的。商震、傅作义能作战吗？只要蒋先生把关麟征、黄杰两师调回来，我宋明轩和他们并肩作战，决不含糊；否则靠我孤军单独抗日，能撑几日呢？为什么不让我们尽可能设法应付，为中央保全华北？”萧仙阁在一旁痛哭流涕地说：“人家说我勾结日本人，是汉奸，健群兄，我若有此心，我妈七十多岁了，我算不是我父母所生的。”萧为人多主意，有担当，自以为一心替二十九军打算，大约和土肥原接洽，是他的杰作，但没有想到问题的严重性。我很了解他，决无安心出卖华北的动念。萧为人可批评之处虽多，但也还算是一条汉子。我听清楚了，真难过得很！此事已是箭在弦上，不得不发。在此情况之下，我说：“宋先生，我完全明白了。你们的意见，是要以苦肉计来保全华北。你要做挨打的黄盖，你心目中的周瑜，当然是蒋先生了。可是你要明白，东北领土，早已全部丧失，蒋先生无所作为；西南方面，正高唱反蒋，以为彼不抗日。如今你在华北，又在日本人指导之下，宣布独立，脱离中央。中国疆土，丧失了一半以上。试问蒋先生何以自处？下令讨伐你吗？你原是为国家一片苦心。若是置诸不闻不问，在全国交相指责之下，蒋先生还能够不垮台吗？黄盖挨打全靠周瑜，才能火烧战船，赤壁破曹。若果周瑜先行垮台，你这黄盖岂不是白挨打一顿？还落得千古骂名吗？”宋惊异地问了我一句：“真的吗？”我说：“西南方面，早有代表在你这里，你试问问他们，华北独立后，蒋先生是不是只有在‘讨伐你’‘下野’‘被打垮’三者之中，选择一条道路。但任何一条道路，于国家于你都不利。”宋默然！他内心里同意了我的见解，不以为是虚伪和夸张了。当晚休息，第二天早晨我们“宋秦萧我”四人商量，如何去向土肥原说明有改名与延期的必要。由萧、秦二人往返奔走交涉，从早晨一直到下午二三时，土肥原一点不放松，毫无结果。萧、秦等均以泪洗面。我们四人相对叹气痛哭，不知如何是好。正在这大家焦头烂额的时候，忽然侍卫送上一份油印的传单，仔细一看，原来是殷汝耕就任冀东防共自治委员长的通电。我不知是哪里来的一份灵感，我说：“仙阁兄，你去向土肥原说，宋哲元说话算话。反蒋独立绝不变更。但宋在北方，绝不做第二人想。现在殷汝耕就职防共自治委员长的油印品都到了北平，难道叫宋哲元去尾随殷汝耕之后作应声虫吗？宋哲元连一个殷汝耕都不如吗？这不是宋某人反悔，是你土肥原太瞧不起宋某人。现在事已至此，殷汝耕叫防共自治委员会，宋某人一定要另改名称，再行宣布。”萧去，土肥原听了之后，觉得其曲在彼，乃表示可以改名，由渠去电东京请示再定。我们如释重负，大大地松了一口气。我此行的任务，算是有了结果。委员长在南京等我的回信，绍文兄说："日本人方面可能已知道南京来了人，飞机场四周，已有日本军队。我们派一营人保护内飞机场。"当天下午即送我上飞机。我飞到青岛，因气候不好，强迫降落，在青岛过夜。蒋先生急了，等不及我的回信，当天晚车派何应钦将军北上。我次晨回京，才将经过向委员长详细陈明。何将军北上后，换了一个华北政务委员会的名称，又混了一个时期。由此一行，充分证明宋明轩对国家对蒋先生以及对朋友的交谊，都是百分之百的真诚。这些话我不说，谁可以说呢？

日寇对于华北，绝不如此便放松了结。狼子野心，得寸进尺，问题继续不断地在制造发生。又出了有名的丰台事件。此时在宋身边的，好像已不是萧仙阁，而有一个名叫陈觉生的人，倒是一个不折不扣的汉奸。而宋对中央的情形，是比以前更隔膜了。有一天大约是七月中旬，蒋先生约见我。要我和宋的驻京办事处处长戈定远先生一同飞北平，劝宋即刻到保定，不必留在平津与日本人纠缠。此时国内谣言叠起，但我在各大学演讲时，照常力言宋哲元、张自忠绝对爱国，绝不是汉奸。因为我知之甚深的缘故。当时蒋先生的意思，是要宋明轩离开北平，先到保定，避开日本人的勒索和包围。宋不肯听。蒋先生先派熊斌去说宋，宋在冯玉祥部下任军长时，熊系参谋长。论资历关系，并无问题。但宋对熊之去似乎情绪欠佳，并无结果。蒋先生有点焦虑，又派高传珠去。高系宋的山东同乡，是军校教官，也是一位好同志。但宋认为高人微言轻，不足以代表蒋先生。也还是一点不得要领。因此蒋先生才召询二十九军驻京办事处处长戈定远，详询内情。戈系浙江人，据他同我说：他向蒋先生报告宋脾气刚愎，不喜欢的人，就是不喜欢。宋对中央去北方的人比较合得来的只有三个：刘健群、孔祥熙和俞飞鹏。但如果是谈政治大计，最好还是要刘健群去。因为宋对刘除情感外，还有一点佩服他的信心，刘的话他会肯听。本来日本方面，最讨厌我去北方的。蒋先生不是真有需要，也不会要我再去。我见过蒋先生，蒋先生一再嘱咐我，这件事情的重要。我当时心中坦坦，倒似颇有把握似的。

我和戈定远君于次日下午飞抵北平。局势相当紧张，环境也不如从前的单纯。秦绍文兄先将我秘密招待在颐和园休息，到天黑后才派车接我入城去和宋见面。这时北平的城门已经掩门站岗，堆上沙包。有如临敌，不问而知问题的严重性了。

和宋见面时好像只有秦绍文和张自忠两人在座。宋对我说："蒋先生要我去保定，不和日本人谈判，是不是已经准备和日本人打仗？为什么中央不派军队来？"言下对中央的准备作战是充分表示怀疑的。看宋公馆内的情形，和宋的脸色，都充分表示有些凌乱和绝对的不安详。我于是单刀直入的向宋说："蒋先生要你去保定，不是单纯的要和日本人决裂打仗，但也不是不打仗。”宋向我说：“你说这话是什么意思呢？”我当时也是凭一时灵感想出了一个巧妙的比方。我说：“宋先生你会不会打扑克？”他说：“也懂一点。”我说：“日本人的牌，是货真价实的三筒。中国方面，顶多是表面的一大对。现在日本出了钱，蒋先生看牌是输，不看牌也是输。唯一的办法，是来一下反烘。让日本人有若干分之一的顾虑，也许会知难而退，以求得万一的和解。这叫做‘以战求和’。”宋问：“万一日本人真要看牌，蒋先生怎么办呢？”我说：“这时人事已尽，只好推翻桌子打架。不计较输赢，不问生死了。所以我说，不是一定要打，不是一定不打，中央的宣言‘和平未至最后关头，绝不放弃和平，牺牲未至最后关头，绝不轻言牺牲。’当时党中有人主张改‘牺牲若至最后关头，定必断然牺牲’。但中央还是采用前句，足见一字一句都用尽了心血。蒋先生要你去保定，做出不畏战的姿势，也许由中央应付，还有一线的希望。若果你老在北平，作焦头烂额的应付，太软了只有屈服，屈服的结果，是必然的一战；太强硬了，便只有一战。都不是最好的办法。成事不足，败事有余，蒋先生的用意和苦心，宋先生你明白了吗？”宋很兴奋地说：“健群兄，你今天来说的，才是合乎人情的真话。他们都对我说是蒋先生要我去保定，准备一战，不要我和日本人来往，所以我真是听得不耐烦。”接着他慨然的说：“健群兄，现在话已说明，你先回去对蒋先生说，宋哲元绝不会卖国。现在北平城内无兵，是一个空城，我在三天之内，尽量和日本人敷衍，一面迅调三团兵入驻北平，交张自忠负责主持，我便照中央意旨到保定去。”我此行的任务算是达成了。但宋回顾了秦绍文和张自忠一眼之后，又向我说：“健群兄，照目前情况，恐怕日本人不容许我们延宕。战事也许不可避免。我也不留你。此刻便请你们离平回去。如果幸而无事，三天之后我必到保定，若果不幸，已发生战事，请你通知孙仿鲁兄即刻过河援我，再报告蒋先生。”回想起来真令人感慨万千。

大约是晚上八九点钟，我和戈定远离开北平，经门头沟南返。只是灰沙路，天大雨，路泥泞，泥土深及尺。记得连同护送的人，共有小车四辆。沿途倒陷。到离芦沟桥四五里地的时候，所有的车都倒陷在路旁。我和戈定远，只好下来步行。戈定远是个大胖子，走了不到半里路，坐在路旁喊天喘气。恰好有一辆人力车，送一个病妇由芦沟桥回家。他上前讨好作揖，请病妇小坐路旁，让他坐到芦沟桥去后再来接她。我虽然也是胖子，但贵州胖子与浙江胖子不相同。我们贵州人，从小爬十里八里的山头，算是家常便饭的游乐。何况是平路。所以我一口气走到芦沟桥，算不了一回事。

到芦沟桥，已是早上六七点钟，士兵们在战壕里。戈定远兄同几位将官上前来和我打招呼。好像其中有吉星文在内，我记不清楚了。抬头一看，天空中有日本飞机八架，戈定远说，我们不要再停留了，赶快过河去罢。别矣！我历史上永远留名的芦沟桥。

到了保定，我去孙仿鲁兄的司令部，才知道日本飞机已经轰炸芦沟桥，华北战事将一发而不可收拾。我在司令部和石家庄总部的林主任蔚文接了一个电话，请他报告委员长，宋明轩对蒋先生的意旨虽然了解，但战事已爆发，一切都成过去。请准派孙连仲部过河援宋。

这一番心血等于白费。早一个月是不是还有一线的转机呢？不敢说。也用不着再想。在以战争姿态求和平的运用上是等于毫无意义了。但宋哲元、张自忠的用心和忠诚，我是澈始澈终知道的。若果我不说不写，不能不说是在我内心上有着无比的缺憾。秦绍文兄在宋幕中应付华北环境的风云诡谲，对长官、对国家、对中央，总算是用尽心机，委曲求是。我想他吃过的苦头，定不在少数。我只能在这里简单的提一笔，并谢谢他多少年来的关顾。希望他长寿康健，有机会我们一同回到北平去好好的痛饮几杯纪念一番。

附带说一句，我的人生观是："尽其力之所能，行其心之所安。"大事小事，过即不留。所以一切的时间，我早已忘记，也不想去查明。只有"七七"这一次的北行，我勉强记得起。可是时间虽模糊，事实却绝无有一点不真实。这一篇文字算是我对逝世的好军人好朋友一点聊尽其心的奉献。

（原载《传记文学》第一卷第三期）

附录：写在刘健群先生大作的后面

秦德纯

《传记文学》杂志社发行人送阅刘健群先生大作，我回环读了三遍，牵动我二十多年前一段痛苦的回忆，叫我钦佩之余，不禁感慨万千。

健群兄是最富热诚活力爱国家爱领袖爱朋友有卓识有远见的名政论家，他的词锋犀利洞见问题的症结所在，为宋将军明轩所最敬佩之好友，当“七七”事变前后，华北正在危疑震撼动荡不安的情势下，他两次到达北平晤洽宋将军，他同宋开诚布公的恳谈，及宋将军的决心表示，叫我从健群兄大作的字里行间如闻其声，如见其人，因此我感念畴昔，对已逝世廿多年的宋将军不觉悲凉凄怆，悼念不已。

当冀察政委会成立前后，我全国忧时爱国人士对宋将军颇不谅解，报章亦诋毁备至，健群兄独具只眼确认宋将军是个爱国将领，决不作分裂国家的汉奸勾当，此点关系我中枢决策极巨，所以我特别感谢健群兄的知人之明及其对于国家的贡献。健群兄所选派的宣介溪同志到二十九军任政训处处长，与我们朝夕相处，知道的也特别清楚。且与宋将军及我成了共患难的莫逆朋友。当日本宪兵拘留介溪同志时，宋将军大为震怒，一面派萧仙阁去交涉，并声言：“如果日方不立刻将宣君释放出来，我即拘留日本驻屯军的参谋长。”宣同志出来以后，我即派员将他护送到保定回南方去了。因此我对介溪同志的忠诚坦白，热情智慧及他对国家的伟大贡献与二十九军的深厚友谊始终耿耿在心，念念不忘。

健群兄文内对我揄扬太过，实在愧不敢当，我更希望他福寿康宁，多写一些他亲身经历有关大局的文章，作为我们“反攻建国”的良好依据，将来我们回到北平再开怀畅饮热烈纪念罢！

（原载《传记文学》第一卷第三期）

吊秦绍文兄

绍文兄死了！人才零落，老成凋谢。除私人情感而外，真令人感慨万端，不知要从何说起！

我们在北方共同为国家做事的一幕，似乎太不寻常。所以我们在私交上，都有一种心照不宣的忆念。

来台湾，我们的往还，并不十分亲密。但并不以形迹之疏，而遂无相关之切。平素在公共场合相遇，虽然只是拉拉手，但彼此由神情上表达的内心，绝不是寻常泛泛的酬应。一直到去年在《传记文学》上，你为我那篇《我与宋哲元将军的几次交往》一文写了一段书后，我才约宣介溪同志专门去看你一次。

你和你的夫人，陪同我们畅谈。彼此好像正在北平的当年，也好像彼此都年轻了二十多岁。但是分手出门之后，介溪忽然对我说："绍文先生在精神上似乎有点衰相了。"我说：

“中国是人生七十古来稀，能有他这样的精神，还不觉得很好吗？”不料几个月之间，你夫妇竟先后去世。你夫人的豪爽亲切，她逝世之后，我想你精神上所受的打击，内心的岑寂和哀伤，都是不可想象的。否则你多活一二十年，应该没有多大的问题。

人生所不能免的是死，一切人最平等的也是死。但是你可以说是死而无憾！

当年二十九军是北方抗敌御侮的重心，你应该是二十九军的灵魂。你处境之艰，应付之苦，成就之大，我可以想象得到的：

（一）二十九军是西北军的嫡系，将领多系行伍出身。但你以军官学校学生加入其中，和他们处得如同兄弟一样。这不单是才具过人，而是人格和修养的伟大成就。

（二）说老实话，当时二十九军的主要人物，对中央多少是存有疑惧心情的，当然一切要以二十九军之利益为利益。但你的内心，却根本是“国家第一”。二十九军必须服从中央，与中央打成一片，可是你丝毫不能表露，不能鲁莽，不能一点失态。你真是爱护了朋友，同时更爱护了国家。这其间的艰难辛苦，辛酸苦辣，我只能想象，一切仍存在你的心中。假如说我是你，我绝对办不到你做得那么的天衣无缝，十全十美。

曲突徙薪无恩泽，焦头烂额为上客。

绍文兄，你虽然不免像千千万万人一样的死，但是对国家的贡献是伟大的。你可以瞑目了，后人会永远怀念着你的。我也不想多用俗情来表达我的哀悼啊。

（原载《传记文学》第三卷第四期）

回忆马占山将军

一个人最怕的是欠债，尤其是欠人情债。欠金钱债可以拖延，欠人情债有时连拖延的机会都没有。《传记文学》发行人，承他欣赏并刊载了一篇我关于宋哲元将军的文字，他还要我再写。他不晓得我正是一个易于开口、难于提笔；勤于开口、懒于提笔的人。天热挥汗，提笔有若千钧，真是哑子吃黄连，有苦说不出。但这是人情。人情债，必须还。我想起了我的忘年兰交好友抗日英雄马占山将军。

我在军委会任政训处长的时候，因为率领宣传总队去过北方，所以同华北各军都发生过密切的联系。以后又奉派广东，因而和广东广西的重要人物，乃至以后在抗战中和云南的龙云，都有着极不寻常的交往，就中只有两个疆吏是有意和我交往，而且也应该交往，但却是被我有意婉谢的。一个是山东的韩复榘。他由一位姓张的驻京办事处长，曾在南京中央饭店，开了一间房，特别约韩复榘和我单独谈话。我看韩说话时，眼珠四面流转，知其狡而无信。我想我当然不会受你之愚去欺骗中央，同时我也没有兴趣代表中央来欺骗你。因此一度谈话之后，从此就不再来往了。第二是四川的刘湘。当时他的代表也来拼命地拉关系。因为我是西南人，知道当中一件小故事。当北伐军胜利，定都南京时，刘湘对于中央，仰视若神明。当时有某一位代表去到四川。刘湘一出手，便送了大洋五万元。弄得那位代表飘飘然。当时有人向刘湘说，你何必送那样的重礼呢？刘湘笑一笑，他说："范哈儿〔注〕包飞机去上海接姑娘，还比我花得多呢！"我对于刘湘的这种观念，是深切的厌恶。当然更没有兴趣去做人家心目中的花姑娘。所以我在中枢工作的那几年，关于这两位大疆吏的关系，一直是避之若浼。惟有这位马将军，照说是和我风马牛不相及。他回国的时候，既不是疆吏，又没有带兵。他出生是东北，我出生在西南。恰好是两个相反天南地北最远的地区。可是我们认识了，成为最了解相知的朋友，使得我至今不能不怀念他。正是当过问的没有过问，不当过问的反而过问了。你能说这不是佛家所说的缘法吗？

自从"九一八"日本关东军强占东北，东北军撤退入关。中央政府应付维艰。国联调查团毫无作用。马占山将军，不计成败生死，在黑龙江省嫩江桥奋起一击，孤军抗战与日本军阀周旋。当时全国各地民众，口有言，言马将军；手有指，指马将军。京沪一带的照相馆不将马将军的照片放大悬挂起来，好像便不成其为照相馆似的。所以抗日英雄马占山，真是名播中外，深入人心。当然马将军这是螳臂当车，以卵击石，失败是注定的命运。但他却表现了中华民族不甘屈服不畏强御的精神。也振奋了全国的人心，唤起了朝野的警惕和自重。任何天大的事，事后想起来，都觉得很容易。但在当时日本人的利诱威迫下，不计个人和家族的安危生死，能下决断，真不是容易事。若果容易，那么比马将军带了更多精兵的将领，为甚么不干这样的傻事呢？我不是在黑龙江浴血苦战的当事人，其中千辛万苦千难万难的经过，只能在想象中得之，恕不能代作详尽的描写。马将军当然免不了失败，失败后去欧洲一次，又回到了中国。这些事情，在我们心目中，止于同情和佩仰。我和马将军的见面，是在南昌一个偶然的机会。

民国二十二年，蒋委员长在南昌行营坐镇“剿匪”。我因有公务由南京去南昌向委员长请示。下车不久，路过离百花洲不远的一家大旅馆（名字记不得了）门首。有一人忽然一把拉住我。他说：“刘先生你来得正好。”我一看是一位东北朋友名叫韩立如。为甚么我会认识这些东北朋友呢？因为张副司令汉卿下面有一批文人干部，其中我还记忆得起的，有高崇民、王卓然、黎天才、王化一、吴瀚涛、阎宝航等。他们有一个组织，叫四维学会。承他们看得起我，也约了我参加，还要我负了一点责任。韩立如也就是其中干事之一。所以他见了我，就如同见了亲人一般。他拉了我到他住的房间内，向我说：“健群兄，我是陪马占山将军到南昌来见蒋委员长的，马就住在后面的上房。”我说：“见过委员长没有？”他说：“见是见过了，委员长还请马将军吃过两次饭。我们被招待住在这里，有一个多月了。这几天马将军烦闷得很。照我过去和他相处的情形看，每遇着这种不好的心情，定然要出事。我又不能细问，只是心里干着急。健群兄，你来得正好。你是一个有办法的人，你能替我们拿点主意吗？”韩和马将军关系很深，在黑龙江抗战时同过患难。韩的话当然很含蓄，有保留。但内心的焦灼，已情见乎词。我说：“我倒也想见见这中外驰名的马将军。你替我先容，到明天约定时刻，我再来看他。如果有用得着我的地方，我自当尽力。”第二天，韩来陪我到了马将军的房里。韩退出去了，让我和马将军单独谈话。我看马是有点北人南相。人很瘦，虽不是矮，也不是很高。但很精干，两目有神。说话很爽直，但亦有心机，绝不是老粗。我先和他谈谈黑龙江抗战的经过，和欧游的感想。也许他早听到了韩立如对我的推许。他终于忍不住了。他向我斩钉截铁的说：“健群先生，我近来心情很坏，想杀人也想自杀。”我说：“这是为甚么呢？”他说：“我马占山毁家赴难，不计生死，无非是为了抗日。我回国时，路过香港，西南有许多有名人物来船上访我，欢迎我去广州。我想他们只是玩政治手段，不是真抗日。所以我完全谢绝。一直回到南京。我想只有中央政府蒋委员长，才能够抗日。我一心一意别无他念，来到南昌晋谒蒋委员长。见是见过了，也请吃过两次饭。但抗日之事，一点没有指示。我去见秘书长杨永泰，他不单是语不着边际，而且官派十足。所以我坐在旅馆，接受招待，如坐针毡。心头苦闷到了极点！”我听之后，已经了解了他的心病。我说：“马将军，我想冒昧地问你一句话：你是只想保持中外驰名抗日英雄的荣衔吗？还是真要做切实抗日有效的工作？”他说：“甚么抗日英雄，我已经打到没有一兵一卒。别人赞扬我，我不能自己安慰自己。我要抗日到底，打回老家去。至于名誉地位，我不重视。我在张大帅下面，只是二三等角色，算得了甚么？”我说：“既然如此，你的问题很简单。你知道蒋委员长是日本士官学生，他对日本了解得很深。他对抗日自有正确的策略，和一贯的做法。他对于你，除礼遇之外，实在很难遽作其他的表示。绝不是他待你不亲切，更不是对抗日没有决心和诚意。我今天和你畅谈之后，我断定这是一个不成问题的问题。等我有机会见了委员长，替你说明，定然有结果。请你安心等待吧。”谈话到此为止。第二天我晋谒委员长，除报告公务外，附带提到马将军的事。我说明了他的心情。他不是只务虚名，不能下人的人。他所需要的，不是礼貌上的优遇，而是抗日问题与工作的确切指示。

委员长何许人，一听便明白。当下决定次日请马将军单独共进晚餐。即由我作陪。晚餐之后，委员长将抗日的要点，简切向马将军说明。并说：“过几天请你和我一同上庐山去参观海会寺的训练。”

马回旅馆去后，韩立如次晨来告我说：“马昨晚归去，兴奋得几乎睡不着觉。盛赞委员长的英明，真是国家的领袖。所有过去的忧郁烦闷，均已一扫而空。”我觉此事，已经附带解决。当日有事需即回南京。因马起床较晚，我简直没有去告别，以免扰人清梦。

我回南京后约两个礼拜。当时我住在淮海路，有一天晚上，马将军来了。带了两份大红帖子。他说：他去过了庐山，听过委员长对训练团的训话，看见了训练团的军容和朝气。他觉得抗日的前途，非常光明，完全超过了他的想象。

他说：“我这次进关来。逢着你老弟，算是我生平唯一的知己。若果不是你，我可能做了天大的错事。死了自己，还害了国家。我这条老命是你救下来的，我说不上如何报答你，我亲自送帖子来，我们成为兰交弟兄。今后你我如同一人，不分彼此。想来你不会推却。”我年幼的时候，在贵州也常听人有拜把兄弟之说，但从没有做过。以后革命北伐，更没有这回事。兰交换帖，这真是“和尚拜老丈母”，初次了，而且以后也没有再做过。所以我一辈子，只有这一位兰交老兄长马占山将军。当时我有点茫然，但以他的热忱和兴奋，我当然将红帖接了过来。这是一种喜悦同意的表情。他三步两步跑出门外，将他的大儿子喊进门来，命他向我行跪拜大礼喊我大叔。我拼命拉着，力言国府规定最敬之礼，只是三鞠躬，总算依了我。我问起他大少爷的年龄，实际比我大了三岁。我们便是这样的定交。“七七”事变，全面抗战军兴，中央发表马将军为东北挺进军总司令，这是委员长自己的决定，我根本没有说过一句话。马与中央的关系进入了新的阶段。

记得有一次马来问我，他说：“老弟，蒋委员长对我这样好，你看我这一点不良的嗜好（马曾吸大烟），要不要戒掉。”我们既系至交，我真也有点年轻人不知利害，我说：“戒了最好。”随后马将军去上海两三个礼拜，专为此事住在一个外国人开的医院里。以后我听人说，当时戒烟的方法不高明，打针之后，有一个多礼拜颇危险难过，要将人绑在床上，如同拼命一样。以马将军的年龄，我真有点自悔失言。但此后一年中，他却真是将多年的不良嗜好戒除了。我曾为之耽虑，也真特别的高兴。由此可以看得出，在良好风气启示之下，可以使人发挥出无比的力量。天下事大率类此。政治风气的重要可以思过半矣。

马将军和中央的关系，以后更得力于一位杜荀若先生，杜系马将军的驻京办事处长兼前方秘书处长，现仍任立法委员。他“九一八”在黑龙江以现任县长追随马将军抗日，一切机要文件多出其手，是一位可以托妻寄子共生死同患难的干部。幸得他正是一个笃信三民主义，信仰中央及委员长，十足忠诚不二的国民党员。我们可以想象得到：马将军的环境，不是完全的单纯。以他的声光，谁不想加以利用。他有他的亲故，他的朋友，当中免不了有左倾分子的造谣离间挑拨中伤，但中央和马将军之间，有了一个我，又有了一个杜荀若，任何事件，都可以解决。任何疑虑，都可以消除。有了我，足以增加杜在马面前说话的力量。若果没有杜，我更是没有法子十分了解马的处境和心情了。杜我二人一条心，中央和马将军的关系，一直是圆满无缺的。杜的功劳，实在不可磨灭。

抗战开始我调任军委会第六部副部长，陈立夫任部长，另一位副部长系张厉生。我代表第六部在日军轰炸之下，到浙江最前线去视察，接着便撤退到武汉，我离职了。在我一生工作中，我心中有三个假定的目标：（一）因从小看国内军阀割据，战乱迭起，在贵州家乡更是土匪纵横，民不聊生，故我最热心于国家统一民生安定的工作。（二）从小因家道中衰，受尽苦难求学。故最希望实现民生主义弥补社会缺陷，消灭仇恨斗争。（三）认为一个人如不能了解人生宇宙之谜，便不能充实人生的真义。这三大目标与信念，第（一）、（二）两项在工作中尚觉心安，第（三）项则颇觉茫然。我到武汉时又自知病患难起，遂决心放弃一切现实，在山居离俗中去静静地体会人生的真谛。当然还是获得有智慧超过于我若干倍的良师益友的启示，当时有人以为我去做和尚，似是而实非。我离开汉口之后，在湖南常宁乡下，不出三月，便一度昏死过去。经半句钟醒来时，我肥胖的四肢立即枯槁，后经三四年休养，回到重庆时，还不能完全恢复。我之去死亡一间，确系事实，而非托词。至于以后又活了二十多年，直到如今，那是特殊的因缘和修养，“随缘了旧业，莫再作新殃”。这二十多年，我真又算是空过了！

离汉之后，马将军的事，只有由杜荀若兄一人为之办理，我是无从过问了。三十一年日军到了滇西，为了云南龙云的问题，我回到重庆虽然也到青年团任事，但为时甚暂，军队里的事，更没有过问。马将军的事，我更是不接头了。

据说在抗战八年期间，马的名义，始终是东北挺进军总司令兼黑龙江省政府主席。胜利到来，由于东北形势陡变，人事全非，东北三省划为九省，外加三市。马在抗战时所部的骑兵第五师第六师，均交归中央直接统制。新的人物，忙于赴东北接收。我回重庆后，有时与杜荀若兄偶晤，始悉杜竟无事无职。“冠盖满京华，斯人独憔悴”。我亦为之黯然！马将军仍在前方，有一件事，值得特别一提的，即抗战将近胜利时，共党已兴兵。马将军之骑兵五六两师，协同楚春溪之一部，被困大同，彭德怀与贺龙全部加入，血战二十余日，共军伤亡惨重，终被击退（市上有《大同血战记》出售）。楚春溪因此成了名。中央虽曾发表马将军为松北绥靖主任，事实上自难得有实际的工作。

政府还都后，马将军曾来南京首都一次，下榻于国防部招待所。我曾趋访并与谈东北情形。他豪迈之气，仍不减于往昔。他说：他正为此来京，拟有所建议。在战略方面，宜有所改变。并谓：他已经要杜荀若替他草拟计划书，上诸当局，他说：他是东北人，了解东北的事。东北一马平原，天空地阔，河冰一结，任意驰骋。宜利用骑兵，以一营为单位，分为若干单位，一部由吉林扶余过江沿黑龙江省两肇、大赉，直捣黑龙江省城齐齐哈尔。一部由吉林阿什河过江，沿黑龙江省巴彦木兰背袭佳木斯。到处组织人民自卫队。不攻坚城，不守据点，以游击打击游击。主力大军再由正面徐徐推进，必能有良好效果。他说时口讲指划，精神飞扬，好像他已经到了东北平原，有追奔逐北的神情。常听人说，马将军能驰快马，在马上双手打枪，百发百中，想来不是虚话。对于东北地形，我虽然不熟悉，但听起来，颇能感动。我说："秀芳兄，我很希望你的计划，能够实现。"他还说："老弟，不到东北，不知东北之富。无东北，即无中国。"我记得我当时还很感慨的说："东北的事，的确太重要了！我恐怕今后东北的事，要采取'三力'政策，才有成就。"他问："哪三力？"我说："（一）、加强军力——现在中央在东北的军力，实在不够；（二）、发动民力——即东北现有的军队以及青年，一定要大大地鼓动他们起来，倭寇虽败，毛子凶残，必须予以驱除，才有中国的东北；（三）、引用外力——强邻环视，中枢力微。以后恐怕东北，要辟为自由市场，引英美经济力量参加。在共同利害牵制之下，才能使东北永久安定。"以后马将军的计划，固然不见实行；而我的愚见，不知是何缘故，竟然胎死腹中。如今回想起来，我应该是事后诸葛亮了。南京以后，与马将军即未再谋面，只知他在故都养疴。我一九四九年在台从港报知道他因肝疾已逝于北平。我心中难过者数日。我想过去若东北战场，尚有可用他之处，黄忠虽老迈，宝刀应未老。藉其声光之号召，辅以精锐之干部，必不致一事无成。也许他的肝病，会减轻，会化解。又若果他能来台湾，也许会多活十年八年，不一定会死得那么早。回想起一代英雄，他能为众人之所不敢为。他对国家、中央政府和最高当局，矢志忠诚。我只好以此谫陋的文字，聊表对于逝世良友的纪念。将来希望能如他所说："老弟，你不晓得东北有多么大！多么好！胜利后请你一定到东北去看一趟。"

〔注〕四川有一军长名范绍增，土匪出身，人称"范哈儿"。"哈儿"者，川语有"呆儿子"之意，彼曾以数万元包飞机到上海接舞女入川去玩。成为老子花钱不在乎的式范。

（原载《传记文学》第一卷第四期）

我与龙云

写在前面的话

人是情感的动物，也是不免于一死的动物。一次战争，一次瘟疫，一度海啸和地震，可能死了若干万。可是因为死者和自己不相识，虽然惋惜，到底如烟如云，随过随忘。但如死者当中，有了自己的亲人和朋友，你心中的感念和悲伤，便自不同。这是甚么？这是一种谁也说不清楚的东西，只好承认这是“人之情也”。

龙云死了！如果他死在台湾，死在香港，我一定老早就好好地写一篇文字来纪念他。因为重庆时代的国民政府，在对日八年抗战最吃紧的关头，我和龙云（志舟），曾经有过一段极不平常的交往，确算是做了一件不大不小于国家有益的事件。我和他非亲，也不够故，但心中总有一点念念不忘的情怀，排遣不去。

这些日子，有两个不同的见解在心里盘旋：

一个是取消派——有点老油条味道。他说："算了罢！不管任何理由，任何原因，龙志舟已经去了大陆，若再说他不好，等于在死人背上踢一脚，稍有风格之士所不肯为。要说他好，易为笼统的大节观念所误解，多一事不如少一事。这个年头，大家心里烦躁，少说话少写文章，安度余生于宝岛，不涉纠纷于凡庸，岂不更好。"

另一个是少壮派——有点理直气壮的侠义精神。他说："人生在世，只要不是鬼鬼祟祟自私自利，当为者为；当说者说。正心诚意，不伪不偏。好便是好，坏便是坏。让事实决定一切。不加一分，不减一分。如果过去的事，有对于今后社会尚不无小补之用，而且若果不说不写，于心反觉不安者，为甚么忍而不言呢？君不见台湾年年都在表扬好人好事吗？人不是圣贤，不必求全责备。有一段好，社会应该知道的，就是那一段。知而不言是伪君子。圣门之学，最忌乡愿。立德入道，贵有直心，委曲非正道也。"

这两个见解，各有理由。使我一时难得抉择取舍。

另外还有一个中国士大夫传统的下意识作用潜藏在心里。中国的文化传统主敬，由敬而谦、而让。谦让之至，士大夫对于自己的长处，最好是终其身在人前人后无一语道及。否则便有自吹自擂之嫌。就像请人吃饭一样，纵然是珍馐具陈，色香味十全十美，主人向客人只能说：“对不起，没有好菜，十分抱歉。”这拿来同西洋人比较，真是两个极端。西洋人请客人吃一块自己烧煮的牛排，虽然半生半熟，一定要说是从哪一国学来的妙品，又是自己拿手的杰作。因为假如不好，你何必请客人来吃你自认为不好的东西呢？真是岂有此理！若果说是厨子的菜做得不好，那更糟糕！说不定厨子会控告你，要你赔偿他的名誉损失。我是中国人，当然下意识里有了这一套。假如有人说自己的长处，虽然是根本不如其分，自己总还是舒服得有点飘飘然。所以有人说：几千年来，在大人先生面前，是千穿万穿，马屁不穿。清朝有一篇三习一弊疏的大文章，说明为人君者，个个本来都是要亲贤臣，远小人。而到后来几乎百分之九十九都落得个亲小人远贤臣的结果。这证明马屁弹比氢弹的威力更深入，更远大。自己写文章，当然不会痛骂自己的。话说回头，如果自己说的话，写的文章，有一些涉及自己的好处，虽然不是甚么惊天动地的丰功伟绩，自己会觉得毛骨悚然，至少也有点忸怩不安。因此夫子提起笔来，每写到一桩好事，居然将自己牵涉在内，也有一份的时候，常废然搁笔而叹曰：“自吹，自擂，自捧，大过也。”难！难！难！

昨天有一位好朋友来乡下看我。我把我的疑问向他请教。我说：我近来颇清闲，自从上一次为了纪念“七七”想起了宋明轩等诸位老友写了一篇文章，很多人来信鼓励我。说：“想不到刘先生你还会写文章。你的文章还颇有真感情，而且可以补正史之所不及。今后希望你再多写一点。对国家社会，世道人心，不能说没有好处。”我虽然看了好几封嘉许的信，可还是拿不定主意，提不起勇气。我现在想向你请教。我那位朋友说：

“古人所谓文以载道。当然最好的文字，是‘为天地立心，为生民立命，为往圣继绝学，为万世开太平。’匹夫而为百世师，一言而为天下法。到了真有圣人的修养，自然能言其所当言，行其所当行，述作其所当述作。我们不是圣人，谈不到这些。但在这世乱纷纷，人情浇薄的时代，如果以真实内容，正心诚意，写一点文字，于人情无碍，于社会有益，既不为自私，亦非为虚名，则写之不疑。若瞻前顾后，爱惜羽毛，反是不公不直，尊意以为何如？”

我感动了！我决心用公平无私和如同止水的心情，来写这篇有关龙志舟先生的文字。

幼年印象中的佽飞军

云南和贵州接壤，清朝时还设置有云贵总督，算是一个区，但我和龙云的年龄，大约相差二十多岁，当他三十壮年的时候，我不过是十岁左右的小孩，我们根本没有相识的机会。民国初年，云南都督是唐继尧。云南军队，有好几次到过贵州。记得有一次，那时我们还在高等小学读书。是不是唐继尧亲身经过我的家乡遵义府，不得而知，但遵义人都看过唐的佽飞军——也就是他的警卫部队。佽飞军真威风！真好看！本来滇军是清末由李经羲监督在滇训练，作边境国防之用的军队。就装备而论，已经很辉煌庄严，而佽飞军更是特别。头戴红军帽，身穿黄制服。有些地方，好像还有一点金线条。背背短马枪，手执方天画戟，跨下高头洋马。在大街之上，列队冲来闯去，好似人人子都，个个吕布。能不能打仗，不得而知。在遵义乡下人和小孩的心目中，倒真是从没有见过的好热闹。以后我到贵阳读书的时候，才知道佽飞军的首领，就是龙云。佽飞军似乎比连多，比团少。龙云究竟是营长？还是大队长？我也根本不知道。但想得到龙云年轻的时候，一定颇为精壮而英俊，因为唐继尧以美少年将军自负。他选佽飞军，先重体格品貌，何况是佽飞军的首领呢？又听人说，龙云会“扁挂”（贵州人说扁挂就是指中国拳术的意思），而且打得很出色。我年轻时，对龙云所有的知识，便止于如此。

当我在贵阳进法政学校，这正是“五四”运动的前期。贵州政治上有两个大派系——两个敌对的暗流。一个是耆老会：多半是一些年岁较老的官吏，围绕着督军刘显世，拥护袁世凯；一个是少年贵州会：仿少年意大利的做法，反对袁世凯做皇帝，实际是国民党的外围组织。会长是黔军总司令王文华，也就是督军刘显世的外甥。（据说此人系贵州一杰。他只是一个优级师范学生，做了总司令。他的部下，包括若干日本士官及保定军官优秀学生，但对他都赞许备至。朱绍良做过他的参谋长，何应钦和谷正伦都是他的旅长。可惜他正年青有为，在上海一品香就被人刺死。有人说他到上海是趋谒国父孙中山先生。孙先生要他以黔军为基干，做七省联军总司令，参加北伐。他的政敌忌之太甚，所以害之。我和王文华先生未曾见过一面，但所有朋友，都说他好，我想不会很差错的。何应钦便是少年贵州会的副会长（后接任会长）。当时何将军不但少年英俊，而且更忠厚诚笃。所以成为了王家的乘龙快婿，和王文湘女士结合，也就是王文华的妹妹。少年贵州会出版一份《少年贵州日报》，当时倒办得有声有色。

半工半读从校对到主笔

我是一个在贵州法政专门学校半工半读的苦学生。何将军和谷正伦都当过我们学校里的军事教师。我先在《少年贵州日报》做校对，拿八块黔币（约合银元的八折）一月，维持学费。由写作社论小评，到夜间替几位主笔先生做苦工。记得当时主笔，一位是王崇伯，是何将军最赏识的人，就在何将军警察厅内负文书机要之责。（当时何在贵州的职务，是总司令部参谋长，兼讲武堂堂长、第五旅长、警察厅长。）另一位是宋晓峰，是高等法院书记官长。他们都是法政学校先期同学。他们都很忙，不愿在晚间熬夜看大样。我替他们熬夜看稿，整整一年有余。日报的成绩，蒸蒸日上。推荐我接任主笔。何先生平素虽然器重我，但以一在校学生来任主笔，当时颇费踌躇。王、宋二人最后将日报进步，和我实际任职已一年有余的情形，向何先生说明，才得到何先生的允许。我有了四十元黔币一月的生活，在我是连奉养父母清还欠债都恢恢有余。十几岁的年轻人，精神是充沛的，昼夜不停的做工和读书，只知有乐而不知有苦。

这一个时期，在我的记忆中，云南的唐继尧过去了，若干个军事头目争权，有龙云，有张汝骥、胡若愚等等。事不关己，也不知其详。但听说，龙云曾经被人捕捉打入囚车。又逃出取得军权，统一省政。详细经过，毋须过问，是是非非，无关宏旨。总之：成则为王，败则为寇。可以想象得到的，是龙的机警和能干，必定超越侪辈，否则便不会排除同等有力的敌人，造成唯我独尊的境地。此时龙对我，固然一无所知。我这青年报人，对龙所能知道的也不过如此如此。

我追随革命军何应钦总指挥，参加北伐。到了民国二十年左右，我已经在军事委员会任政训处长了。记不得是哪一天，听说云南省的主席龙云，来到了南京。住在清凉山宋子文的公馆，大受中央的招待。是甚么人联络的，我根本不知道。我当时的工作很忙，当然没有兴趣去拜会一位隔了一省的老乡长，而龙云先生更用不着来看望我这年轻的小把戏。事后听朋友说，龙云倒听见许多人提起过我，对我并不太陌生。可是我们彼此都没有见面，更说不上了解。

我和龙云的见面。是抗日战争起了以后的事，日本军进迫长沙，张治中在长沙放了一把火，我不得不从湖南常宁乡下，转道衡山，由衡山转镇南关，经河内到云南。路过昆明的时候，在情势上和礼貌上都不能不去拜会这位龙主席志舟先生。因为不去拜会他，将来在云南居住，是会有一点不自然不方便的。

体力不支决心脱离政治

我在武汉为甚么会突然的离去呢？其他是枝节，最主要的原因是自己体会到自己的身体，会支持不下去了。也受着一位过去是我的同事，以后成为朋友，以后我一直敬之若师长的一位先生的启示。我在武汉时，并不失意。一直负担着很重要的工作。我虽然有脱离政治的心思，但还不敢决定。我曾经向这位先生说："我虽然自觉对国家，实在没有多大用处和贡献；但若我走之后，继任的人，远不如我，岂不是国家的损失？我应该负咎难安吗？"他说："你的生命不会活过三个月了。过去日本有一位文部省长，五十多岁的时候，曾到帝大医院检查，全无病态。次日集合大学生训话。正以其身体健康为标榜，但话未说完，便昏倒台上死去。你的身体便和他一样。不早休息，在三月之内，倒地无救。你还说甚么对国家的贡献和责任呢？”我很敬佩他，同时也感觉到自己的身体不好是真。所以才大下决心，脱离政治，以免误己负人。

临离武汉的前夕，我曾经去武昌官邸参加委员长召集的一次会报。我别无他念，只是去看一看自己追随工作数年的领袖，作一项内心的告别。就我的身体而论，也许从此一别，便无见面之期了。殊不知在会报中，为了党的中央训练委员会的主持人选，有人提出余井塘；有人提出段锡朋、严立三，但委员长却认为由我担任最恰当。两次征询我的意见，我心中苦到极点。一个临走的人，还可以当面欺骗长官，表示接受吗？自然我两次表示不能担任。委员长当时心里，是颇难过的。一直到第二日我留书出走，我想委员长自然明白了。

我在长沙住了几天，即转赴常宁乡下，不出三月，有一天稍微受了一点风。吃了一杯酒和一些姜，想发发汗，驱驱风寒。结果在一次小便时，便倒在阶前鸡粪堆里，昏死过去。

这不是普通的昏倒。第一，真有神识出窍的自觉，与佛经《成唯识论》所说的中阴生状态，完全不差。第二，我本来是一个胖子，但昏去半小时，被好友唤醒，一通冷汗之后，从两颊到手臂到大腿肌肉，突然不见，人立即变得枯瘦如柴。这真是奇怪！一直到我去云南休养两年余，再回重庆去晋谒委员长的时候，还是体弱得很，说话上气不接下气。假如在武汉不休息下来，我的死亡必然是不可救药。我的朋友，绝不欺我。我这以后二三十年的生命，是完全检得来多余的生命。可惜我白白地多活，既无补于时艰，复不能明道澈悟，真是惭愧！

得力于两位云南朋友

当我在庐山大病休养的时候，认识了两个朋友。一个是范石生。一个是李一平。

范石生在黄埔创办之前，是滇军在粤有实力的首领。我在庐山才认识。他这时候，还是任师长。但后期的黄埔同学，有许多都任军长了。当时江西“剿匪”，规定师长以下，应随军步行，不得乘轿。范石生的法身有二百四十磅，四个轿夫还抬他不动。要他登山涉水，随军步行，简直是要他的老命。所以他拜托我向蒋委员长替他报告。让他脱离军队。因为他每次见委员长请求辞职，委员长总是安慰他，挽留他。他实在是哑子吃黄连，有苦说不出。后来委员长准了他的请求，他很感谢我。我在庐山害了很严重的伤寒病，委员长要派人送我去上海就医，他认为我一动即有危险。他拍起胸膊，一力承担，愿意替我治病。范对于治病，倒真有两手。他在庐山征服了两个西医。一个是牯岭小天池有一家西医院，院长好像是韩国人。院长的儿子，患了伤寒大病，自己不能医。范先生替他医好了。范先生指定这家医院，要收容他的病人住院，吃中药。这位院长，在感谢之余，一概答应照办。另一个，据说曾经是陈炯明的军医处长。住在南太乙村。也是因为有不治之症，被范治好了。那位处长，每天提起西药皮包，跟在范先生后面。遇着范先生认为要打针的病症，就由那位处长无条件服务。好像他是范先生的徒弟一样。西医服从中医，真是有趣。范先生医道，真不错。不会不如张简斋。他为人能诗能文，而且颇有风趣。可是他连一个勤务兵都管不下来。他的好朋友住在他家，他下山去了，命勤务兵每天买五块钱的菜。他回来时，知道完全不是那么一回事。那位勤务兵大爷，每天只买两块钱，既走私，又慢客。他毫无赏罚，顶多骂那勤务兵一句："你狗×的。"也就全无下文，一了百了。这样的人，我不晓得他当年如何带兵？而且几乎成为有名的军阀。真是糟蹋材料了！我的病承他治好了。我到昆明首先看他，他欢迎我住在他家，过几天李一平由大姚乡下来。他说："范小泉（范石生字）喜欢诙谐讽刺，口里伤了人而不自觉。你住他家易生是非。干脆见龙云一面之后，早日下乡罢。"我本来要入山的，当然照他的意思做。后来不久，在乡下听说范在昆明被刺，又说是复仇。总而言之，一笔糊涂账。范石生若果留在重庆首都专为人治病，绝不会有此下场，真正可惜！

礼貌上拜会龙云

见过了龙云，谈了两三个钟头，还一同吃了一顿饭。他似乎对我所说的，还不十分讨厌，而且似乎很投机。其实我不过是老老实实地行礼如仪而已。

如果有人说陈济棠（伯南）系天南王，干脆不如说龙云是云南王，还来得更确当。因为陈伯南对广东军队的控制力，远不如龙。而在气派上，龙更是有一点学王像王。譬如有人去会龙云，从卫兵室大门起，一直就有人高声大喊："某某委员入府。"单是这一番气概，陈伯南便不会用。所以不管如何，说龙云是云南王，一点也不差。

我对龙的印象是：（一）他好名，他很矜傲他的历史。他开口闭口，总是说靖国、护法，乃至北伐以后对于中央国民政府，他的历史是干净的。他心目中的中央大员，除了默认何应钦似乎比他功劳较大历史同其纯洁而外，很不愿意佩服其他任何人。而且他认为何将军还比他要小几岁呢。说龙云老气横秋不肯下人，我想是很正确的。（二）他很细心。谈一件事，一个问题，必需翻根问到底。若果你不是有真知灼见的人，很容易被他弄得很窘，乃至下不了台。过去在地方大员中，有两个细心的人。一个是阎伯川先生，一个是龙云。阎伯川偏于柔厚而有礼。龙偏于高傲倔强而固执。（三）龙对谈乡下民间的事，颇感兴趣。自以为颇关切民间疾苦。他常常说："中央有些法令，到了地方，于民情不合的，必须修改。"是否有偏见，不得而知。但他愿意谈民间的疾苦，总是好事。李一平同龙，就是因为谈乡下民间事，由相识而相契，李后来任省议会副议长，公然对龙，是穿房入宅无话不说的忘年之友。龙有一堂侄，好像名叫龙占魁，任旅长，驻滇西，声名狼藉，道路侧目。但无人敢向龙举发，后来忽然被龙撤职了，据说就是李一平列举事实向龙报告所致。

以上是我对龙粗浅的印象。龙对我的印象如何，我不得而知，也无须知道。我随后两三天，即偕李一平去大姚乡下。同行还有一位曲学大师吴梅（瞿安），他也是去大姚避嚣养病的。龙派人送我一点钱，我婉谢了。我说："我除了在工作上与痛苦中，领过蒋委员长的批赠外，无理由接受其他任何人的赠予。对龙先生的好意，心领璧谢。"也许龙因此对我的人品，有更好的留念。

由高山小庙到鸡足山

当我离开湖南的时候，全部财产，是大洋八百元。过去的积蓄，有几千元在南京金艮街和朋友合资买了一座洋房。胜利后租与法国大使馆，收了三年租。一直到如今，还靠了这笔租金作底子过活。但当时手中只剩现款八百元。法币未贬值，好像八百元便能够在乡下过一辈子似的。实际李一平的父亲在乡下也收几十担租。我将八百元交与李一平，由他支配用途。他说："你不用再管生活问题，一切由我负责。"他是一个不善作经济打算的人，后来也很窘。他送我到了离他住家二十多里一个高山小庙上，庙上有一和尚，是他年幼时拜的干爹。人倒是十足的好人，名为和尚，只是烧香烧饭吃吃过日子。不识字，也谈不到学甚么佛法，他每天替我烧煮两顿饭。李一平每隔一月半月上山看我一次。庙上除老和尚外，附近还有一家佃户，其余便只有夜间的狼嗥。常常隔几天，又听乡下某家孩子被狼啥去，或咬伤，所以庙门常闭。我住一间小楼上，通常不敢随便外出。寂寞！空虚！烦恼！

指教我的友而兼师者，在湖南分别时，他告诉我，要我到云南后，深山独居，不与人往还。他说："当你烦恼达于极点的时候，要细审烦恼从何而起，就可以了解人生的真义。"我对他是绝对的崇信。

国事的失望！爱情的折磨！升降荣枯的苦闷！深山寂寞的难耐！绕室彷徨，好几次想过自杀。有一天正当烦恼达于极点时，忽然自觉到，"烦恼无根，空起空灭"。我写信告诉我的师友，得到他的回信，要我开始读《阳明传习录》。然后才知道阳明先生所说："廓然而大公，物来而顺应，一过而不留。"又说："若识得此处，谓为一也可，谓为二亦无不可。"又说："哑子吃苦瓜，有苦说不出，汝若知此苦，必需汝自吃。"他这些似通非通根本不合逻辑的言词，是说了些甚么。也才知道：孔子吾十有五而志于学一章，不言事功，不表著述。只归于从心所欲不逾矩。正是圣门内圣外王禹稷颜子易地则皆然的大学问。在山上住了一年多。随后我的师友来信责备我。他说空头理论，无补实际。必须在尘海中自己折磨，才有真实。因此我决定下山。由李一平和他的表兄由少熙送我到鸡足山庙上去住。那是一个人多的地方，可以磨练自己的心性。

祝圣禅寺研读佛经

到鸡足山去住祝圣禅寺。这在鸡足山上，是一个标准的十方丛林。由虚云和尚开山立寺以后；一切完全遵守他手定的规模。

鸡足山上其余的寺院很多，人们呼为子孙庙。他们的和尚，只算是穿的衣服与常人不同，有点像和尚而已。他们以庙为家，招徒传代，保守庙产，其余念经与否？吃荤吃素，都不是问题。鸡足山这一类的寺庙，现存的不算少。有的房屋虽废，遗址犹存。估计起来，总在一百多所。我想这是明朝末年，有的是避魏忠贤之难，有的是甲申以后避国难，若干有气节有地位的人，在山上盖一所家庙。隐名改姓，举家同居，并在山下购田收租过活。大少爷在山上寂寞了，到山下佃户或其他人家做一些风流韵事，自不在人情之外。所以云南流行一句笑话："大理公鱼有子，鸡山和尚有妻。"公鱼系大理湖中所产鱼的名字，不是公母之公；而鸡山和尚，所指实系一批隐姓改名的在家人，与真正的和尚无关。祝圣寺的规矩比甚么都严。一百多和尚的大锅菜，只有十几两核桃油。要显微镜才能发现有油的成分存在着。包括方丈在内，每日诵经礼佛。早午晚三课，连吃饭时还要先念一大篇。这一碗苦饭，真不易吃。唯一的例外，只有两个人。一个是有大功于本寺而年老退居的方丈。可以自己烧小锅——不是要吃好的，而是年迈力衰，免其上堂而已。另一位是知客师。因为陪客的关系，倒是每餐四菜一汤。香菰木耳，豆腐鲜笋，件件俱全。我常常想：假如政治上有一制度，如同十方丛林一样，甚么官商勾结，官僚资本，都可以一扫而空。整个官吏的聪明才智，都用在为人服务，为大众解决问题，国家还愁不兴盛？天下还愁不太平吗？

李、由二君向庙上交涉，说我余先生（到昆明后，改名余大觉。余者我也，大觉二字，到今天我才知道不应该如此用。偶有所觉，已经难能。大觉二字，真是谈何容易。）系乡下教书先生，因病来山静养。每月奉伙食银十二元，知客师安置我在藏经楼上。楼太广，一人独居，夜深人静，鼠辈横行，黄鼠狼居高跳下，异声时闻。好在我此时，已渐能无动于衷。自己洗衣。按时到厨房向菜头师傅、饭头师傅要大锅菜，汤一碗，饭一盂，人生的需要，不过如此。因为住在经楼上，我有机会大看其藏经。凡是“金刚、楞严、楞迦、般若、乃至六祖坛经”关于性宗一类的经典。如对故人，如回乡里。感佛祖之慈悲，念众生之沉沦。至于小乘经典，乃至中论唯识论一类名相较多的经论，都不十分相契。因众生而施教，各人的感应当然不同。闲的时候，有时替缺失的经文，写补写补。遇香会时，替和尚写写缘簿。转瞬过了一年多。

山居生活三桩小故事

在山上这一年多中间，有三桩小故事：

（一）有一天山上来了一位南京中央医院的主任医生。是不是沈克非，我忘记了。他见我是内地人，他问我来山作甚？我说：“养病。”他问：“养甚么病？”我说：“心脏病？”他说：“笑话，云南高，鸡足山更高，有心脏病的人，根本不宜到云南，更不能来鸡足山上。你的病，一定不是心脏病。”我晓得说错了话。赶紧回到自己的房，等他离山之后才出来。

（二）有一天和尚们交头接耳，传说宾川李家偕几位大居士来山。要准备慎重接待。后来知道来山的，有屈映光居士和张君劢先生，还有一位是班禅活佛的秘书长（姓甚名谁记不得了）。屈映光只闻其名，未曾见过。张君劢在参加国大开会时有一面之缘，我怕他认识我，所以我在藏经楼上，干脆不下来。随后他们还是到了我的房里，好在光线暗，大家都不认识。站着说了几句，也就拉倒。过两天听说他们离山了。送了和尚们两大箱西药，另外有几百块钱。他们这次来山，男女眷属以及轿夫，总有好几十人，在山上住了几天。听和尚们说：从前女眷来山，大都吃很少。现在的太太小姐，比男人吃得更多。庙上对于西药，既不知道吃，也不知道卖。方丈和尚，在送行之后，跪在韦驮菩萨面前，大叩其头。希望菩萨护法，以后不要让庙上再有这一类大亏其本的招待。我因此想到大人先生们，要了解民间疾苦，真不容易。除了当局者，凭高度的智慧和谦衷的纳善，把敌人的指摘，当作逆耳的忠言，择其善者而行之，其不善者而改之，或者有几分相应。否则高贵的赐予，谁知道换来的是韦驮面前哀恳的拜诉呢？甚矣哉！下情之不能上达也！

（三）滇西局势，因日寇南侵，逐渐紧张起来了。西祥公路起点的祥云站，住了一些空军军官们。慕鸡足山的风景名胜，来山游玩。我正在大山门外，和几个老和尚烤太阳。只听见一声"敬礼"，面前站了五六个少年的飞将军。我虽不认识他们，他们完全认识我。他们是军校八期学生，后来转笕桥空军学校毕业。现在有的任分队长了。我在军校八、九、十期任政治部主任。天天讲话，那还能否认吗？我的西洋镜被戳穿了，飞将军向乡下穷教书先生敬礼，大笑话！和尚们对我要另眼相看了。我所需要的，是尘海中平凡的相处。最怕的是另眼相看。我只好写信与一平、少熙，来山接我。卷起铺盖，赶快离山滚蛋，再回大姚乡下去。在鸡足山上连来带去，大约是一年又半的时间。

以前与我同来大姚的吴瞿安先生，年轻时是一位风流才子。名士傲物的习气很重。他的体力到五十多岁，似乎已经油干灯尽。我回到大姚，他已经作古了。云南不习火葬。一平将他尸体，用上好棺木成殓。再用桐油石灰，将棺木封扣起来。预备胜利后，搬回苏州安葬。棺木之旁，有小屋一间。我住在其内，等于守墓。我好像做了吴先生的学生和孝子，如此者又有几个月。

重返昆明计划说服龙云

有一天乡下忽然来了一部军用吉普车，上面跳下两个人，一直问到了李一平的家。我们正在吃饭，仔细一看，一位是郑道一，一位是宣介溪。道一是军校第五期学生，是我幼年同学，我在政训处长任内，他是我的机要秘书；宣介溪便是到北方二十九军去任宣传大队长的那一位。久别见了面，大家很高兴。详细谈询之余，才知道他们的来意。第一，日寇向滇西进侵，我留在大姚，诸多不便。想先接我到昆明，再商量安全移居之计。第二，他们有一更重要的目的。就是昆明城防司令黄维（是黄埔第一期学生，也是同志，郑道一任城防司令部的粮秣处长，与黄过从甚密。）获悉在这时局紧张当中，龙云与南京伪政权的汪精卫，信使往还不绝。当时中央军驻在昆明的力量甚微。对于此事，过问也不好，不问亦不可，十分陷于困难。虽然屡次秘密向中央报告，但中央也实在难得有效的处置。他听说龙主席偶尔有时提到我的时候，倒颇为称许，并且相当重视我的意见。因此他们商量，不如接我去昆明，大家研究，看有没有救济挽回的对策。于公于私，都是一举两便。所以黄维亲派一部吉普车，由郑、宣二人来乡下接我。当时由昆明去大姚，并无正式汽车大道，只有骡车道。好在云南天气，晴明时多。纵然尘土飞扬，吉普车还可以行驶而至。时事如此，日军已快到保山附近，大理大姚接壤，距离不远。万一有事，难道叫我真是改装易服，混迹僧寮，苟全性命吗？此时我的心境，已不似在汉口时的自我执着。已经了解人在世间，如何“尽其力之所能，行其心之所安”，也知道为人忘我的大道理。

所以我毫不迟疑，便答应了他们的要求。大家同在乡下聚谈散步。两三天后，便辞别了少熙兄，由一平兄陪我等三人，回到昆明。

到昆明后，先多方研究行情。才知道：

（一）龙上次去南京归来即盛赞汪为中国之人才，大约受了汪精卫特别的笼络，以后一直往还甚为亲密，确是事实。

（二）内容不得而知，但龙与重庆中央政府间存着不大不小的隔阂，也不是虚话。

（三）时局到了目前的紧张阶段，龙虽无表示，但其左右理财的亲信大员（龙之威权极重，其军事干部，虽如卢汉、卢浚泉之类，亦只是服从龙之命令，不会表示主张。）可以略有主张的多半是文人与亲信。这些人大都主张龙应保全实力，退保昭通（龙的故乡），以观世变，再作打算。而且有几个人，已经在迁移财产了。

大家商讨的结果，一致认为龙若听其部下意见去做，滇中虚实，必为日寇所知。龙虽不公开反对中央，但重庆抗战政府的处境，必十分艰危可虑。因此主张：要我不管结果如何，与龙见面一谈。好在龙当时并没有任何的公开表示。而且龙之为人，爱惜历史名誉，总不致没有可以进言的机会。事关国运，义不可辞。但有一极困难的问题，即龙之为人，素以机警见称，从前在内战中争取权位的时候，曾经吃过多次的苦头，以后他与任何外来要员见面，其护卫人员，几乎片刻不离左右。我们若果不能设法使其辞退左右单独细谈，只是普通应酬客叙，不过行礼如仪，甚么话都不好说。即使大胆说了几句，可能遭致其亲信有计划的反对，反而坏事。且此事一举不成，便成不可补救的僵局，所以非慎重不可。一切事非偶然，李一平兄拍起胸膛，他说：这件事他准可以办到。于是便由他去向龙建议。由龙约我去他的家中，早上吃早点，单触与我一人细谈。李一平此时在龙的心目中，他是一个正直清高笑傲权贵不受拘束的布衣君子。他在龙处已经能穿房入宅，不需通报。而我呢？又是一个入山数载不问世事的野人。所以此一会面，龙毫不迟疑，而且表示很有兴趣。一平兄的吹嘘保证，其功应不可磨灭。若此事办不到，我根本便无从施其计。天大的气力，也使不上。

从世界大势谈到问题的核心

就我记忆所及，我和龙见面，先谈世界大势。我用各种证据，说明德、义、日轴心必败，同盟国必胜。再说无论局势坏到任何程度，日寇决不能征服中国。更绝对谈不上统治中国。我曾经说过，龙为人很细心，不能仅以口号一类的方式去说服他。好在我有自信，我有足够的能力说明此一问题。他边听边问之后，对我的意见似乎没有反对。我看时机渐渐成熟。我很直截的问，我说："龙主席，听人说你很佩服汪精卫，是不是？"他说："是的。"我说："你认为汪是人才，并没有错。凡是追随国父开国的人物，几乎在南北各省都是不折不扣的头等人物。如蒋、如胡、如汪，如朱执信、陈英士、廖仲恺，如四川的戴季陶、杨沧白、湖北的居觉生、陕西的于右任、河北的张溥泉、山东的丁惟汾，哪一个不是出类拔萃之选呢？但个人的才情为一事，国家大事又为一事。论汪的才情，不单你佩服，我也佩服。即如演说一件小事，若论真有内容我也能深入浅出，庄谐并陈，气充词沛，不敢后人。但遇行礼如仪，敷衍应酬的讲演，我真是左支右绌，苦到极点。我听过汪几次极平常无意义的讲话，不单词句精练，而且声容动作，无一不如初写黄庭恰到妙处。至于他的文章诗词，更非我等所能望其项背。说他是个人才，谁也不会否认。但民族大义，千古是非，绝不可以相提并论，混为一谈。"

我又说："龙先生，你知道从我年轻读报，读《建设》杂志时，朱执信与胡汉民老早就是我心目中极端崇敬的人物。但当北伐以后，胡去西南运用军人，对抗中央。我们便绝对站在爱护统一，拥护中央的一面。国内纠纷，较诸外寇入侵，汉贼不两立，更不可同日而语。汪如不作日人傀儡，另当别论。事既至此，我们对汪的同情，只好为之惋惜了。”

话说到这种程度，我看到龙尚无怫然不悦之色，或者是略有端茶送客的表示。我乃鼓起勇气，直接说到问题的核心。我说：“时局到了今天，国家的处境，是艰危万状。你龙先生处境亦系千难万难。我想讲几句应该说而又似乎不应该说的话，请你原谅我，不要见怪！”龙说：“我们是朋友，不是外人，希望你无话不说。”我说：“我到昆明后，滇西方面的情况，一天比一天紧张。听说你有一些部下，觉得你左右为难，不如集中实力，退保昭通，以观世变。假如有人是这样的主张，我想他不单是对不起国家，更是对不起你。”我说：“龙先生你是何许人！靖国护法，无一次不是为国出力。北伐以后，你更是一直赞助中枢，从无反覆。你的历史，是何等的光明纯洁。现在外寇入侵，若果你反而移兵回乡，让出正面，天下将以你为何如人！汉奸之名，不胫而走。千夫所指，万口莫辩。无名混食的小人可以不在乎，你可以吗？况且纯就利害来说，日寇若入侵不胜，你便是千古的罪人。即使日寇胜利，政府更陷于苦境。以东北的经验而论，日寇对于云南，起码分割为四五省。别人做主席，还可以说是求荣。龙先生！到那时你做哪一省的主席恰当呢？日本人能容你存在吗？这种人的办法，可以说一开始便害你到底，而且害得惨！”我说：“三国时曹操八十三万人马下江南，号称百万。又奉天子正朔，以伐东吴。东吴只有兵马数万人，论势不可敌，论理又可以说是降汉不降曹。当时天下纷纷，张鲁未灭。孙权降曹亦未必便是危亡。要说真不免陷于绝地的，恐怕只有刘备一人，必须解送许昌，听候处置。所以江东文武，虽张昭顾命托孤之臣，亦多主降。只孙权年少有为，心有未安。鲁肃乃追至后堂，单独陈其所见。谓：‘江东文武，皆可降曹。如鲁肃者，屡官不失州郡。将军降曹，车不过一乘，马不过一骑。’换言之，侯王既降，死路一条而已。孙权意决，才有赤壁之战。今天的敌人，不是百万必胜之师，而民族大义，又丝毫不容苟且。此种没有出息，误国家害长官的见解，真是错到不能再错了。”

携龙云亲笔函兼程飞重庆

我们从娓娓细谈，到越说越深入，也越兴奋！龙先生真老练，他还是没有动气，也没有解说。他笑一笑向我问道：“健群兄，那么你还有甚么好办法呢？”我说：“龙先生，承你看得起我，我只是书生之见。我以为你此时此地，先集中你军力的大半。表示配合中央，与敌人一战。幸而胜，你是民族的英雄。不幸而败，你收拾残余，再退保昭通。以滇黔的地利，和敌人打三年五年的游击，还有问题吗？不管胜败如何，云南省流亡主席，和地下游击总司令都非你莫属。我这个办法，可算是胜亦胜，败亦胜。他们的办法，可算是败亦败，胜亦败。龙先生！你经验智慧，胜我百倍，你觉得如何？”他始终没有说明他的意见。但看出，他有时唯唯颔首，并无倦意。从早晨九点谈到十一时许。吃早点又吃午饭。最后我想我该告辞了。我说：“龙先生，你晓得我是一个隐姓埋名，与现实政治生涯无关的人。除了一点爱国心，和你对我知许之情而外，真是光光明明，别无杂念。我今天在你面前，该说的，不该说的，都说了。我想请你一两天内，作一番缜密的考虑。如果你同意我的见解，我很愉快地愿意去重庆跑一趟。我的一切，你都晓得。关于向中央及蒋委员长面前去说明，你相信我是能够胜任的。万一你否定了我的意见，也希望你叫人暗示于我。我几天之内，必定离开昆明。为了不忍见国家再有更大的危难，也不愿意遥见到自己所赞许的人的受苦受罪，我将去西康或黔中乡下，但我并不去重庆。旁的我不会作，做山中苗人了此残生，总是可以的。”

我知道龙不会立刻有所决定。他必需晚间在灯盘子边（吸大烟时）仔细用心思，也许还要约人谈谈。所以我不勉强求得结果而退。回来一商量，我说：“照今天所谈的情形，不像是失败。今晚一平兄最好约一二位龙的亲信，对民族大义有认识的人，一同去龙的灯盘子面前，再加一点力量，促成其决心才好。”一平去了，是否还约了龚自知作伴进言，我记不清楚。

这是一场费尽心机的谈话。几个钟头内，我不能粗率，也不能绕圈子绕得太远。我处处得凌空。一字一句要注意到不伤害龙的自尊，而且话也要适合他的脾胃。以往在中央工作多少年，我不曾这样的仔细和谨慎过。第二天一早，龙派车来接我一同进早餐。他取出一封亲笔签名写给蒋委员长的信，说："我一切决定了，完全照你的意思。你确是为国家，也很爱护我，请你为我去重庆一行。我和你是个朋友，请你以后不要客气。有甚么不对的地方，可以随时告诉我。"事情便是这样的决定。我次日即飞重庆。记得天气尚热，到南岸黄山去见委员长。

晋谒委员长报告云南事件

我离开委员长快三年了，见了他精神奕奕而又慈祥的光辉，我感愧兴奋的心情，不是言语文字可能全部表达的。我这无用部下的回来，看得出来委员长也是充满了内心的喜悦。纵然不是附带有云南的事件，也还是一样。

在黄山晋谒报告时，我身体很弱。多说一会，便上气不接下气。委员长亲自给我一杯葡萄酒，让我边休息，边陈述。完了之后，命官邸轿夫抬我下黄山。重庆太热，我请了假，去成都观光和养息。委员长命我顺便去看看青城山的夏令营。我在成都住了一个多月，除北平外，成都是最令人留恋的都市。

中华民族是屹立永在的。民族大义应该是光芒万丈，照耀千秋。一个有力量的人，能够在公私利义之间，有所抉择，能够把个人的利害，和国家的利害配合一致，总是一个好榜样。应该让后人知所矜式。这便是我排除万难，写这篇吃力不讨好的文字的重心用意所在。至于龙志舟先生在地方上的一切恩怨是非，论年龄、论关系，我实在不足深知，也不便像有人说“我的朋友胡适之”一样地去高攀，去牵连附会。知之为知之。其他一切，我无所知，更谈不上褒和贬。

抗战胜利了，龙志舟先生到了南京，任军事参议院长。住在下关与南京间一所洋房内，据说是租了刘瑞恒的住宅。我隔两三个礼拜，总去看看他。谈谈家乡风土人情，也问问好。听说蒋梦麟先生，也是间或去看他的。因为西南联大在昆明，他们也是常常往来的朋友。

就本文而论，写到此处似乎应该告一结束。但我和龙云以后还在香港见过一面。曾谈到一件没有成功的事情。也想附带在此说一说，免得再起炉灶做文章，而且再也没有兴趣那样做。

民国三十七年，南京情势紧张。立法院开了一次谈话会，决定由我（当时我系立法院副院长）与副秘书长延国符君去广州筹备复会。记得我是旧历大年初一由上海赶回南京动身的，在广州期间始终因人数不足，不能正式复会。行政院长孙哲生先生又没有派飞机到京沪及台湾接立法委员到广州。后来有许多委员，主张在京沪复会，会开成功了。我在广州筹备复会的工作，才算告一段落。

“剿共”根据地应该在滇黔

当我在广州筹备开会不成期中，闲着实在无聊。我同很多朋友谈话都感觉到，如果南京“失陷”，要靠以广东作根据地，为持久“剿共”之计，恐怕是不可能。比较可靠的根据地，似乎还应在西南。一般说来，西南的重点，当然是四川。但我的心中有一个对人说不明白的见解，我总以为“剿共”的根据地，应该在云南。有甚么理由呢？

第一，自民国元年以来，从我当小孩子算起，只看见云南军打到川黔，贵州军常到重庆、川东一带侵占就食。很少听到四川军攻入滇黔的故事。一方面固然是川富而黔贫，所谓“穷则凶”。一方面也许因为地理的关系，高屋建瓴，居高临下，与俯而仰攻，在心理上确有难易之别。

第二，我年轻的时候随黔军驻过四川。对四川情形，有相当的熟悉。四川将领中，如杨子惠之豪迈，孙德操之品德，都是了不起的人物。但有一些将领，如刘禹九是著名的刘水漩〔注一〕；邓锡侯是著名的水晶猴子〔注二〕；刘文辉是出了名反覆无常的无赖，都是最令人耽心的。他们是既无主张，也无理想，纯为自身利益成败在打算。平素四面八方，往来活动。有事则观风使舵，今天拥护熊克武，明天拥护袁祖铭。甚至两面同时发出拥护的通电，都无所谓。听说有一次川中某一军阀，有所行动，曾征求得许多将领的同意，以为大致不差了。殊不知一旦发动，凡是曾经答应赞助他的，一个个都另有接洽，全无表示。于是某军阀啼笑皆非，发出一个令人笑破肚皮的通电：“衮衮诸公，槃槃大才，推我上去，你就不来，我若垮杆（即失败之意），大家下台。”这是人所皆知的笑话。可惜那些军人的名字，我都记不得了。因此我想到“剿匪”不比抗日，到了艰危阶段，所谓“疾风知劲草，板荡见忠贞”的时候，那几位水漩思想的拥兵将领，都是难于靠得住的。

第三，云南天时好，一年四季，可以空降。军援物质，运输不断。四川、贵州，晴少雨多，纵然两航不叛变，也无法维持正常的空运。

有以上三种见解，我总觉若能以云南为后方政府所在地，以黔、康为辅翼，云南若安定，贵州人长于苦干，绝不在危难中对不起人。再以大军驻川中为前卫，配合川军作战，似乎比较更安定更有效得多。

香港浅水湾劝龙回乡守土

云南卢汉，是一个六神无主的人。他怕中央，也怕中共。平时似乎很恭顺，到紧要时，不靠用。龙云固然免不了老气横秋，但若果肯反共，一定比卢汉有用和坚定。为了反共事业之有利，我忽然又想起龙云来了。龙住香港浅水湾，普通不肯见人。我通过一个特殊关系，居然和他见了面。我告诉他的大意："……为了自己，为了祖宗先人庐墓，何以不设法回云南去，保卫家乡，再为国家做一点有用的工作呢？"他很同意我的看法，也很想回去。但是在中央方面需要有一名义。我曾经问过他，卢汉会不会拒绝他回滇？他笑了一笑说："卢汉的代表杨××（名字我记不起来了，大约系卢汉的民政厅长）刚才在此，他代表卢汉来欢迎我回去。他说卢汉感觉再无法撑持下去，请我早些回去。卢汉只希望能替他办一张举家出国去美的护照，别无其他要求。"我说："既然卢汉无问题，我希望在名义方面你不要要求太大，使中央难办。只要能够遮遮颜面，表明关系，能回去保卫家乡就好，其余都是小事。"我又说："你将来派人和中央接洽时，我若有可能为力之处，一定从旁赞助。"我和他谈得很投机才分手的。我回到广州，立法院已在南京复会。李宗仁代总统，正领导政府和中共谈判和平。我亦回到南京，参加院会。

一个偶然的意外，我因为鼻毛发痒，自己用手随便拔去两三根，登时成了破伤风，头部昏闷。要不是海军的医务处长老友游天翔兄去美大使馆要得最新的盘尼西林来治疗（当时是难得的贵药），性命都发生了问题。据天翔兄说，此类头部破伤风，在过去药力不佳的情况下，很容易会跷辫子的。我躺在床上三四星期，每隔一日大使馆的傅泾波带医官来替我打针，总算好了。我想不到拔一毛有如此的危险。古人有拔一毛而利天下不为者，如果拔一毛便会破伤风而不治，那么，应该原谅他。

我正在病倒的时候，听说龙的大公子龙绳武君来到了南京。我想一定是那么一回事。后来龙绳武君在南京候了相当时日，好像没有结果。龙在香港，被共党及李济深、何香凝等逼他表明态度，才不得不发表宣言，搭上了“贼船”。可叹之至！世间事，一切真像有天意存焉。假如我不是恰恰病倒在床上不能动，我会问明龙绳武君，了解症结所在，去到应该说话的地方，为他说项。我想事情并不复杂。只要中枢方面，了解卢之不可靠，用卢不如用龙，略其短而用其长，应该是可以一通百通的。

〔注一〕四川话“揉水漩”，“揉”作“入瓦”切。意思即弄水成漩而玩之。弄得八面玲珑团团转。实则不着边际，全无内容。换言之，即一切乃玩把戏而已。刘为人如此。故人皆称之为刘水漩。甚至有人当他的面前戏称之为水公，刘亦笑受不以为忤。

〔注二〕猴子最狡狯。猴子而曰水晶，即八面玲珑狡狯透顶之意。比较北方称老官僚老油条为琉璃蛋，其意义更深刻。

（原载《传记文学》第一卷第六、七期）

忆选举　思故乡

一代圣哲国父孙中山先生在建国程序上指示我们由军政、训政、宪政以建设三民主义新中国的良规，这是一个落后的国家创建新国必须经过的阶段。良法美意，无以复加。可惜在训政时期中，因为民国以来战乱频仍，连年不息，一直到抗日八年的大战，真正训政的工作，实在做得太少。本来民主制度有两大不可或缺的基石：一是人民的知识，一是人民的生计。扫除文盲，启迪民智，发展经济，富裕民生，这才是良好民主制度的先决条件。如车之双轮，飞机之双翼，缺一则不可。试问我们在训政时期中，扫除文盲和富裕民生的工作，究竟做到了多少呢？抗战胜利，仓卒实施宪政，虽不是空中楼阁，也等于沙上建屋。根基不固，必然倾圮。训政时期的立法院，集群贤之力，草拟了一部“五五宪草”。这只是文字上的功夫，于民主宪政的筑基工作无关。无其实而有其名，可以说是打肿了脸充胖子。也许当时内外环境，自有其不得不宣布实施宪政的苦衷，但也就注定了先天不足难免于从脞的命运。当时社会上流行着有所谓“选灾”之说。选举是否成灾？各人有不同的看法，不可视为定论但有两点损失，在执政的国民党来说，是不容怀疑的：

第一，党的有力干部参加民主竞选。各省、县、市所有党的主任委员和书记长、青年团的干事长和书记，大多数都是为了参加选举，从提名到活动，使尽了全身的解数。这些人对于党的工作，都有十年以上的丰富经验。对抗共党活动，实际是前线上最有力的指挥官和战斗员。现在让这些人把全付精力，放在自身的选举上，已经是授敌人以很大的空隙。至于当选之后，回到中央立、监两院，坐而论道，等于将前敌最有力的战斗员撤回后方。从党的对敌战斗的意义来说，这是多么不可估计的损失！

第二，各地方的党团互竞。派系斗争，自必不说。单就中央提名而论，在多方请托与督促之下，各亲其所亲，钩心斗角，几乎无所不用其极。当时有所谓“埋地雷”之说。因为友党的名额，是有保障的，如果自己一方有关的人出不来，最好提一名友党人士，让对方再好不过的条件，也被友党名额所占，而不能选出，等于被地雷轰炸一样。这在党内工作上的妨害，情感上的刺激，能说是没有重大的损失吗？！

浅见如我，所接、所知、所闻，一般选举是否成灾，不敢说，单就国民党对敌党的斗争来说，应该要算是一项不大不小的灾害，是毫无可以置疑的。抚今思昔，痛定思痛，真令人有不忍言说的感慨！

从北伐以来，不晓得是幸运吗，还是工作努力的关系，我一直被派工作，尽忠职守，年复一年，忙得不可开交。从不曾想到去求人。因此，对于求人选举，无此经验，也无此兴趣。而且也觉得更无此必要。但当时中央的政策，是鼓励干部竞选，以参加民意机构。若果托故不干，等于说自己在家乡没有基础，没有把握，深恐被人批评，有伤体面。所以只好硬着头皮，表示参加。在中央工作多年的人，关于被提名的工作，倒是不需费力托人的。这一关是当然毫无困难的通过了。问题是在提名以后，三十年不曾回过家乡的人，怎能说在当选方面一定能有充分的把握呢？

我被提名之后，在南京的朋友们，大家替我合计一下，就是我必须回乡竞选，否则恐难保不有意外的挫折。各个人的家乡情况不一样，有的家乡是极小的县份，选举重点在邻近地区，根本和被选举人没有关系。只要地方上的党政机构帮忙，本人到与不到，不会是很大的问题。惟独我们遵义一县，是贵州选民最多的县份，本县登记的有三十多万票，只要遵义一县的选票有把握，不用外县票，都可以当选。反过来说，如果遵义人对你发生反感，认为你既然竞选，又摆臭架子，连家乡亲友都不回来看一看，那就会有意外不良后果。遵义一县的选票落空，外县的选票，便不可能弥补此项巨大的损失。所以他们一致决定，要我回家乡去一次。去，必有莫大的好感，不去，便有莫大的损害。我也认为这是不能偷懒避免的事实。

最令我失望的，是我在贵州法政学校的一位同班同学张致祥。他这个时候，在南京军政机关任少将阶级的军事文官，工作也颇活跃。我们不单同班同学，而且他由贵州出外面来参加工作，我还是唯一的原始介绍人。论这种关系，他在选举方面，应该对我有相当的帮助。一般人的看法和我心中的想法，都不免是这样的天真，但实际上满不是那么一回事。他最初拼命活动提名，名提不上，还是不肯放弃。他在家乡习水的选票，总不肯做一个惠而不费的人情，他并且还尽量替我泄气。他说我在遵义多少年没有回去过，地方上一点基础没有。我的对手吴剑屏，是遵义军官总队长兼在乡军人会会长，又是袍哥大爷，遵义的选票，会被他一手包办，我得不到多少。因此我在遵义当选的希望极微。本来竞选当中，几乎六亲不认，但这样的朋友，的确也有点令我过分的失望。也因此我对于回乡一行才下定最大的决心。

回家乡必须先经过重庆。西南行营主任是朱绍良将军，字一民。他虽然原籍是福建，但在贵州军界任事很久。曾经担任过黔军总司令部的参谋长（总司令系王文华）。一民先生对贵州民元时期，所知道的政情和掌故，可能比在台的任何乡长了解的多。前几年有人想记述贵州的事情，我说你们赶快去请教朱一民先生。他逝世了，这是一件不可补偿的损失。

因为多种的关系，路过重庆，便不能不先去拜会他。照例他一定要宴请我一次。同席的其他人士，都记不得了。只有一位卢寿慈先生，是我年轻时早就知道的贵州军界老前辈。黔军当年好像最原始的是第一团，等于革命军中的第一军一样。袁祖铭、王文华、卢寿慈以及我们遵义的胡献之，好像先先后后都任过第一团团长。这就算是黔军中顶括括的老资格。卢系广西人，但一直在贵州任职、住家。一般人都把他当作贵州人。他人很老实。奇怪！贵州人在其他方面是否大气，不敢置评，但对于外省人颇为赞仰。至少一视同仁，很少有排外的偏见。因此有一个时期，他在各方力量维持平衡情势之下，曾经推他做过贵州的省长。他生活过于朴素，每到各学校讲话，理论谈不到，开口闭口总离不了他当年如何穿草鞋打苦仗的生活。所以大家在背地里都称他为草鞋省长。他当然是一民先生的老同事，老朋友。我更是当年听过草鞋省长训话的学生。所以提说当年，一见如故。开筵之后，开的酒当然是白兰地。一杯落口，草鞋省长发言了。他说："一民兄，别人都说你是老酒家，今天这一瓶酒似乎年轻了一点！"一民先生说："对不起，你老兄原来是内行。"吩咐士兵，另行换酒。当然这是醇厚的老白兰地了。席上有五个人吃酒的，席终人散，一共开了三瓶酒。一民先生自己吃了一瓶，我年纪轻，而且是白喝他人的好酒，落得来一个痛快。另一瓶好像是我陪一民先生替他推销。还有一瓶，由其他三位共干。草鞋省长太高兴，吃去了二分之一，似乎有点过了量。饭后大家在大客厅吃水果、咖啡，草鞋省长面对墙壁，仰视油画，忽然身向后仰，仆咚一声，倒在地上，口吐白沫，不省人事。好像这一天还是新历元旦，一民先生慌忙派人送他去医院急救，总算没有出事。听说晚间省长又可以听川戏了。有此经验，至今我劝人吃酒，绝不使人过量。若果是吃自己的好酒，那当然更是非特别的慎重不可了！这算是竞选途中的一个小插曲。临行还向行营借了一部吉普车，这是回乡竞选万万不可以缺少的工具。

回到遵义，只进出三天，这三天当中，先集中力量做了几件事：

第一，拜访家乡有德望的老乡绅。最主要的是老城的蒋慈普先生——前清举人，年已八十左右。蒋家又是巨族，所以是遵义的人望。其次，是新城的牟贡三先生，年已七十——即牟琳，清朝功名好像是拔贡，又是民元选到北京的国会议员。当曹锟贿选总统的时候，他属于小孙派，且系要角（即孙伯兰派；大孙派指国父孙中山先生领导的国民党籍议员。）可能还领到过一次不大不小的津贴。但他在家乡，幼年时，家计贫寒，其母因苦郁成疯疾——即神经分裂症。在大街之上，无论任何物品，只要喜欢，即说："这是我的！"立刻取走。商人重利，群起追逐索还。贡三先生成名之后，事母甚孝，每日派人随其母在后付款。家乡人对孝子甚赞佩，甚么革命党员、选曹议员，全然漠不关心，所以在遵义的牟贡三先生，仍不失其为一方之仰。蒋、牟二老之外，还有十余位乡长，都一一登门拜访，表示敬意，这是一件最重大的要务。若果老乡长们，对你的批评欠佳，对于选举前途，将有最恶劣而不可估计的影响。

第二，我幼年同学李仲民，我的姨表兄江伯琳，他们都已经是县议会的议长、副议长第一流绅士了。他们先发动地方各界在遵义新城的社会服务处即以前幼年时期所看见的而且是每天必到的游玩处所——东岳庙。当年的东岳庙，塑的十殿阎罗，狰狞可怕，非常有名。善男信女们，常去向无常大爷、喜神娘娘、鸡足神、判官等口里涂上许多鸦片烟，表示他们酬还所许的心愿。晚上有不怕鬼神的乞丐兼瘾君子的，便去那些神像口里将鸦片烟收括下来，自己过瘾。有人说和尚也在偷烟，但没有人看见过，只是谣传。因为当时烟价并不贵，否则涂烟还愿的人，不会多；而收括鬼神口里的烟来过瘾，甚而至于买卖的，当然不会限于少数饿倒在廊下的乞丐了。最令人难忘的东岳庙前方有一大算盘，约有两丈长，五六尺高。上写着四个大字的横额“不由人算”。遵义民间流行一句话“东岳庙的大算盘，不由人算”，这是劝人不要昧心和私心自用，一切难逃天算的用意。那天到了将近一千多人，都是地方农、工、商、学、军各界的首脑人物。因为我三十多年没有回家，大家都想看看我是肥还是瘦？是高还是矮？他们也更想知道外间国内国外的一切的重要情况，遵义到底是偏僻的地方，讲话是免不了的。我不能让地方上的人对我失望，凡是我所了解的，我尽情尽量的讲。可能是讲了两三个钟头，当然没有一句话是说到选举的。我在遵义要费力竞选的对手——吴剑屏，他是一个旧式的军人，在这种大场面，他一句也开口不得。也有人请他说几句，他干脆辞谢。遵义在贵州是文化水准不低的地方，他不讲话，正是他藏拙而聪明之处，讲话在其次，对地方上各界首要人物最重要的是举止态度，要他们从内心对你有着乐意的好感。将来选举时，才不致发生困难。当然这没有其他的方法，唯一的注意是诚恳和谦敬，等于通过了一场公开的考试。

第三，遵义好像有六个最重要的中等学校，男师、女师、中学，我记不清楚。离寒假不远，已经在忙考试了。他们都集合在一起，请我去讲话。当然是讲天下国家的大事，根本没有一字一句和选举有关。我几十年回乡一次，当然有义务在知识上尽量满足青年们的要求。讲了多久，我记不清楚了。在神色上只要他们不困倦，不讨厌我，我便一直讲下去。这一次讲话，影响我的选举太大了。学生和教员们，放年假回到乡镇，他们真是乡镇的中心人物。以后我到各乡镇去作礼貌拜访，坐吉普车路过一些小村，看见标语及一切活动，处处说明这一场选举的主持监督及一切宣传，就是这一批最热心毫无报酬的义务同情者，在发生作用。否则万万不能有这样的普遍热烈而深入。随时随地，都可以使人想到青年的可爱。

第四，遵义是一商业码头，当川黔的孔道，原属川东道，划归贵州，一切有川风。袍哥一项，自不例外。袍哥在城内以及四乡，在一切阶层中都有深厚的影响力。遵义的袍哥大爷，有三位最重要的人物。其余的大爷，大都是挂虚名不占着十分重要的地位。第一位是张少逵，他在遵义红白两袍的地位、历史，是无人可比的。（白袍多属于仕宦乡绅，红袍则属于下层群众。）他对于选举的赞成和反对，关系太重大了。张致祥在南京一口咬定：张是大爷，吴剑屏也是大爷。他们袍哥相卫，认定我在遵义，绝不是吴剑屏的对手。我虽然心里有一点信心，就是张少逵的父亲张鼎山大爷，是我外公的结拜兄弟。我两三岁时，家里有吃亏受累的时候，都是鼎山大爷出来帮忙。张少逵当时不过十七八岁，他的地位是父亲遗留给他的。他的能干和努力，只是其中条件的一端。大光棍最重历史信义，我想象中他会帮我忙，但鼎山大爷过世了，我母亲也不在，张少逵和我几十年没有见过面，谁能说他一定会帮我的忙呢？这几位大爷，无可避免，是好，是坏，都必须去拜访。一见面出人意外，他见我如见亲人，表示绝对热心竭诚相助。原来除了老一辈的交谊以外，他的儿子们都是我无条件的完全帮助人，所以一家人老幼一心，这真是出了我预料之外的成就，不回来见面，可能会坏事。一见面，天下事大定矣。

第二位是宋华轩，他地位仅次于张少逵。在乡下颇有影响力，当然不可轻视。但是听说他和吴剑屏是儿女亲家，当然是要帮吴的。为了礼貌，不可示人以不广。我因友人的介绍，也亲自去登门拜访。他人很结实，说话短而有力。江湖上白刀子进红刀子出的朋友，毕竟不同。我们谈话，海阔天空，说说外面的事情。最后开门见山，我说遵义的事情，以后希望他多多照料。我们并不想等他的答复，免得他为难，实际也并不存多大的希望。告辞了，他送我出门，把我同去的朋友约回去说了几句话。他说："你知道这次选举，我很为难，但请你告诉刘先生，我宋某人从今天起，只在家抽烟打牌，绝不外出走动，也绝口不谈吴、刘两家选举之事。等两个月选举事情过去了，我再出门。"光棍说话，吃一口吐一盆，绝对可靠。宋华轩明说不帮助那一方，实际上他对于我的帮助，也就很大了。真佩服他态度的爽朗，和言语的干脆。

第三位大爷是张志清，张的群众多半是下层和年青的小伙子一类。比张少逵和宋华轩，张属于后起之秀，但他也有不可忽视的力量。巧极了！张和我幼年时住在一条街，他也许还比我小一两岁。他幼年时有神童之称，听说他不满三岁，就能认识五彩金龙方字五千个。我知道他，当然他更知道我。我们幼年不同学，自从我十五六岁上贵阳读书，便和他没有见过面。但一见面，当然内心里的感情和普通人不同，据他说这些年来他从过军，也经营过商业。至于他为何在地方上当了大爷，而且玩得不错，我不便细问。一则有少年相知的旧谊，一则他还年青，也想将来能够出来外面走走，所以他对于我，更是无条件的赞助了。

遵义的袍哥大爷，一个宋华轩自动地封闭了。其余二位全力赞助，我这老外（一般人称非袍哥的人为老外）等于全部无问题，实在是出乎意外的收获。以后袍哥方面，派小老幺下乡送信、跑腿，都是他们自动开销，我不曾出过一文，当然我要出他们一定不肯收，等于是见外了他们。我只好心里有数，口头上谢了。

在遵义三天进出，做完了这一点基本工作，必须上贵阳。贵阳是省党部、省政府、青年团支团部所在地。中央提名的名单，交到省，由省级党政机关联合商定配票。除非你在中央一直不回乡，干脆函件托人。既然回乡，一定是去省城报到。否则便是大笑话。

我在贵阳进法政学校，读了四年书，贵阳等于我的第二故乡。在贵阳有若干法政同学，贵阳不在我选区之内，帮不上忙。但他们有一集会，通知我选区内的同学，如大定、毕节等处。那些同学，三十年来都在地方上有地位，多半是有力的乡绅，对于选票当然或多或少总是有帮助的。

回到贵阳，几乎天天都在被朋友请吃饭。因为党政军各方，多半是些老朋友，一趟访便是一顿饭，一个多月请不完。在贵阳请吃饭，几乎家家都有宫保鸡。因为丁宫保是贵州人，宫保鸡在贵州应该是老牌而正统。宫保鸡当然算得是贵州特有的名菜，别省除四川外，很少能做宫保鸡的。做法大体相同，其间精粗高下，显然有别。记得在贵阳应酬中吃到最好的宫保鸡，仍以华仲麐先生的府上为第一，选材、火候、论色、论香、论味，均属精品。其次要数一家酒菜馆陆云春。反而在宫保后人的丁家吃到的，只于平正通达。大英帝国不及美国的富强、猛进，大约也就是这一类的道理。在贵阳街市小吃中，最令人失望的是当年以为很不错的牛肉粉。牛肉选材不精，多数咀嚼不碎，比在外面各大都市较好的牛肉粉面，只觉粗简有逊色，而无优点。

长春巷苏家的肠旺粉，仍系一绝。但吃肠旺粉似乎要专门人才，不能普遍大众化。只能限于吃辣椒有八十分以上程度的人们，才具备欣赏尝试的资格。外省不能吃辣椒的人士，固然是望辣兴叹，以我而论，亦只以一碗为止。多吃一碗，便不能免于腹痛之苦。若果吃肠旺粉而不吃辣椒，画龙不点睛，有何可取？台北有几家云南馆，都有肠旺粉。肠犹是肠也，旺犹是旺也，司马相如、蔺相如，名相如，实不相如。可以说完全不是那么一回事。在台北只有一位贵州朋友龚若愚兄府上，他那位聪明能干的太太——也是我们当年贵阳有名的数学老师周步英先生的女公子。她的肠旺粉，比之贵阳苏肠旺似乎还有过之而无不及。调制肠旺粉，我认为有以下几个要点：

1. 辣椒要做到金红色。味香而辣味不霸道——不霸道者，是王道也。只可以意会，不必再解释。与释迦牟尼的拈花微笑一样，言语便是多事。

2. “碎少”（少字读如绍），要做到碎而不枯，润而不绵，五香入味，才是上品。否则不如吃油渣。“碎少”最费事又费工，三五斤肉，炸出来没有多少。外行人把他与油渣等量齐观，真令人啼笑皆非。

3. 最后才说得上肠子要嫩脆爽鲜，雪白干净。旺即是血，比较容易得多，或老或嫩，听人自便。

辣椒、碎少、肠子件件恰到好处，才是肠旺粉的上乘。否则干脆不如不做。天下之米粉多矣，奚以肠旺为？！台北其他老乡家，可能也有此中名手。但他们没有请我去吃过，我自然无从赞扬了。

贵阳还有出了名的培养正气，下江人津津乐道。实际不过嫩鸡煨粉，煨得较好而已。我觉得自己家里的汽锅鸡，倒汗鸡，通通能办到有此鲜美之味。所以反而不觉得有甚么特别。

若论既名贵又可以通行全国，而且在国内据我所经验，觉得可以称为首屈一指的，还是贵阳狮子桥的羊肉粉。我们遵义人，一年四季都有羊肉粉，贵阳只是冬季才有。遵义的羊肉粉，已经不错，若同贵阳相比，大约是七十分与一百分之差，至于在全国各地所吃过的羊肉粉面，要超过我们遵义的，已经很难。这是我非常客观的评价。

狮子桥这家羊肉粉馆（也只此一家为最好），据说有百年以上的历史。锅是老锅，每天不晓得是一只羊还是两只羊。汤味醇厚，色金黄，鲜而不骚、不腻，是为上品。羊杂分为腰花、肥肠、脊髓、脑花、蹄花、肚尖、肝片等听客自定。但常常因过时一到下午，多半已经很不完全，甚至卖光无有。比较终日常有的，是皮宽。每碗粉有两大片，带肥带瘦带皮，薄薄的大如手掌，刀法真有学问，等于北平削烤鸭，普通人家万万办不到。我在贵阳一个多月，下午多半是朋友家餐聚，中午除特别有应酬外，总是到狮子桥来两碗羊肉粉。贵阳天气冷，几几乎是百吃不厌，馆子桌面上非常简单，除一点烧糊的辣椒和酸菜外，别无其他小菜，也就令人满意了。贵阳的牛肉粉落伍了，羊肉粉真是美味。写到此处，颇觉得口内有津津之感。有同好的老乡们，也许并不会十分例外罢。如果反攻大陆，能回贵阳，只要是冬天，我一定约好朋友先去狮子桥大吃羊肉粉。这个东不贵，让我来当。关于在贵阳的吃，说了很多，这也是思故乡情不自禁的感觉。

贵阳另有一件特产，娃娃鱼——一名狗鱼。鱼之头有狗形，叫声如小儿夜啼，可能是味很肥鲜，如下江的河豚一类。民国十年以前，有一位最善烹调狗鱼的名手，姓王，忘其名，人皆以王狗鱼称之。王狗鱼长于办事务，贵阳凡富家贵室较大一点的婚丧寿庆、红白喜事，都非请他当总管不可，也是一类奇才。可惜生在贵州，若在通都大邑，至少在国民大会主办事务，一定会出色当行。王虽以烹调狗鱼著名，但当时吃得到王狗鱼亲制狗鱼的，文官最低要厅长以上，武官至少要军长以上。总而言之：在贵阳当年，非要字号的人物，休想有此口福。我们当穷学生的，根本是闻其名而已，当然不曾想到一尝，也不会因尝不到而有口角流涎的欣羡，这一次回到贵阳，老王狗鱼早已跨鹤西归。据说也还有小王狗鱼，但一代不如一代，比老狗鱼差得太远。我又是嫌肥的人，对于狗鱼也没有特别嗜好，所以干脆放弃，不曾提议去吃小王狗鱼，至今也不曾引为憾事。

在贵阳这一次，好像许多中学，在我到以后不久，即放寒假。除了到贵州大学去讲演以外，其他讲话的机会并不算多。否则也算是选举以外的一件苦差事。

中央提名的名单，在贵州是绝对遵照奉行。据闻党政会商，按提名次序配票。譬如第一名张道藩配三十六万票，我配三十五万票。以下每名递减一万。一经决定，即密令各县政府和党团遵照奉行。因为一榜及第，事关本身，既不能争，也不便问。贵州各县政令贯澈，一经配定，大致不会有甚么出入。县政府事关本身考绩，绝无增减。党团互相监督，更不会容许上下。唯一的一个不可知的因素，便是地方上有根本对县政府和党团不卖账的大绅士。他一定要把可能控制的选票，送给他所愿意赞助的人，那就会打破配额了。

就我自己确实所知道的是：

（1）桐梓县有老友谭星阁兄赞助，我可能多得二三千票。

（2）大定有法政老同学汪梁，可能多得三千票。

（3）毕节有老同学萧生祥，可能多得三千至五千票。

（4）婺川地方绅士共同送我三千票。但要我亲去走一趟——为了票，为了情义，不得不去。马路不通，要坐两天以上的滑竿。来往四天，在风雪当中，重温幼年时的苦况。在马路上坐汽车和在田坎上小山路中坐滑竿，这真是天壤之别。去讲演一次，还叨扰婺川地方上的几桌酒席，人情够味了。这几千选票，实在是得来很愉快也很苦。

（5）习水长沙场一位姓赵的绅士（恕我将大名忘记了），派人来接洽，送我三千票。我的同班同学张致祥，他这次既不能被提名也无当选的希望，但他终不肯放弃，更不曾有一句半句提到帮我选票的可能。这种落得白送的人情都不肯送。这位姓赵的绅士在习水地方上，是张致祥的死对头，当年我出川路经习水长沙场时，和他见过一面。他始终对我有好感。反而自动送我三千票，相形之下，我真不知道该如何说法？！无可奈何，只好摇头。

（6）凤冈的史肇周，过去在地方上有权有势，不只是一霸，简直可以称王。抗战当中，贵州地方政治，虽已纳入轨道，但他在地方上的力量，仍是不可低估。他的儿子闻平素对我有了解，我去拜访史肇周的时候，又谈得很痛快。史说："刘先生，我们一言为定，凤冈地方，我送你一万票，其余听党政机关自己去配。"我相信他的话，不会落空的。这真是上海人宣传百龄机，有意想不到的效力。

（7）我在贵阳的时候，遇见一位在党部工作的同志，他是仁怀的，他向我表示说："健群先生，我一向对你有认识。我在仁怀地方的关系，确可掌握三万以上的选票，在任何环境困难之下，我将不顾一切，关照只投你的票。"我当时听了，虽然当面表示感谢，但内心里真有一点不敢相信。因为在当时党政统治配票之下，多一千两千票已经是了不起的大人情，只有史肇周那一类在地方上特殊有大力的人物，才敢于说送人一万票。我不了解仁怀地方上的情形，我只好存疑而不敢作确有若干的估计。因此对那位热心的同志，到如今我把他的姓名都忘记了。但总结我所得的选票，是四十万以上。据说当时上面给我配的票，实际只有三十四万票，并非三十五万。计算得出的：

遵义本县二十七万，

同区各县七万。

再加上配额外可能得到的：

大定三千，毕节五千　桐梓三千　习水三千　婺川三千凤冈一万。

也不过三十七万票，至少还有两三万票不知从何而来，我想这只有仁怀的选票，是有真实性的了。果然如此，我连助选同志的姓名都忘记了，岂不该打手心？！将来回贵州，一定要查明详细，除向那位同志致歉外，并去仁怀地方上道谢。但愿早有这一天才好。

由贵阳回遵义，已是选举的前期。第一是先到本选举区的各外县去拜候访问，不管有无意外的送票，先要办到保持配额。大定、毕节太远，不能去。绥阳是吴剑屏的家乡，去亦徒然。正安和仁怀一样马路不通，没有去。实际只是到桐梓、湄潭、凤冈、婺川几县而已。第二是到遵义各乡镇勉强可以通行吉普车的地方去奉访。有几位幼年同学，年龄不到六十岁，早在地方作乡绅，孙儿都已十几岁。大部都是一榻横陈，壮志全消，体力当然很弱。他们当年在学校，多半比我大五岁至十岁。他们说："健群老弟，我们三十年才见面一次，难得你抽暇回来，我们都老了，别无他求，过几年我的孙儿来首都求学，希望你多多照应。地方上的事，我们会办，你不用耽心！"十个当中，有七八位都是这一类的拜托。回南京后，不出三年，大陆风云变色，这一项拜托，完全落空，只在我心中留下一段歉然的回忆。在乡镇中最使我感动不忘的，是遵义的板桥。板桥是遵义通四川的大镇，文风颇盛，人才亦多。出了名的廖家化风丹，当年是小儿惊风救命的圣药，还留了一些神话。总而言之，是神仙所送的丹方，不是李铁拐便是吕洞宾，化风丹在川滇黔一带，享有盛名。派系在地方上天下老鸦一般黑，越是读书人多的地方，派系就越复杂。各省各地，都不例外，而板桥为尤甚。板桥不是派系多而是两大派水火不相容。好像地方上有两大姓，一边是姓廖，另一边是姓邓。两边壁垒分明，死作对头。你向左，我便向右。你是国民党，我便不问理由，加入你的反对党。所以任何人在板桥打交道，只有偏于一方，绝无两全之理。奇极了！廖姓的几位要角，是我幼年至好的朋友。邓姓方面的几位重要分子，又是在南京对我很好的同志。我在板桥住了一宿，问他们怎么办？他们打破若干年来的惯例，表示愿合作办理这一次的选举。但彼此都不放心，一边推出几个人，互相监视，严防花票。仿佛花了三票、五票，便是十分严重的损害。必须要办到完全圆满无缺，才对得起我，才免得互相推诿。这是奇迹！我能说不感动！我何德何能，可使致板桥地方放弃派系成见，通力合作。我回南京之后，一直对此事念念不忘。但愿他们从此一合之后，继续友善不分，那就更可敬可喜可贺了！

四乡交通不便的地方，不能亲往，只好托朋友。西乡是我姨表兄弟江伯琳、江仲瑞的家。他们弟兄在西乡几乎保有全票。后来江仲瑞当选遵义国大代表，即系以西乡为基础。东乡有胡雍生老同学为重点，南乡有陈铁为中心（陈系黄埔一期生，做过总司令），在本乡地方上的力量，不言可想。北乡是我祖宗庐墓所在，亲戚故旧最多。所以由城到乡，一概通气，我都不用出力。跑腿、送信，有两位老少张大爷（老的张少逵，少的张志清）派小老么们连夜奔走，差费、旅费、伙食，我都不曾出过一个钱。一问他们便封口说："这件事要你出钱？笑话！笑话！"我在遵义，反而无事，多半去老朋友处聊聊天，说不出甚么活动。

唯一要务，是和我竞选的对手吴剑屏作了几次恳切的谈判。大意："剑屏兄，你在北路一带，带兵驻兵三十年。绥阳一县，你是全票。加上西路，你有好友陈亮清、蒋德安、朱辉五他们都是地方大绅，一定能帮你的票，你当选绝无问题。你的前途在军事，不在议会。将来军事方面，很多地方，我可以帮你的忙，希望你在遵义不花我的票。我靠遵义一县的票来当选。离了贵州三十年，外县的基础我太缺乏。彼此可以互相成全，两均有益。"这一切都是实情。吴剑屏也没有表示反对。我以为他短于言词，实际是完全了解。殊不知到了选举的前三日，忽然吴剑屏离开遵义，据说是上省去了，再一打听，原来他在省城分了遵义的六万票。遵义全县合格的选民，报了三十三万，省方配了我二十七万，配了吴六万。这是吴在省活动的结果。当然省方对我们过去的谈判，根本不知道，这个时候，寻吴不得，寻得也无用，只好自己努力了。

遵义的行政督察专员姓邵，曾任杨主席子惠将军的参谋长。杨主席对我不错，当然对邵有关照。县长姓周，贵州西路人。也有朋友和他是亲戚，表面上对于我都是客气极了。话又说回来，他们同吴却是很亲密的朋友。平时打牌吃酒，同行同住。而且联合做生意，共经济上实际的利害。拿我来和吴相较，一个是尊而不亲，一个是亲而又密。其间便有一个很大的差别。这也是人情之常。选举一开始，我的朋友们替我想出两个很有用而使吴剑屏最不易应付的口号和标语：

1. 遵义人选遵义人。

2. 遵义人选刘健群。

我虽然是十四岁便离开遵义上贵阳去求学，以后二三十年一直不曾回过家，但我是道道地地的遵义人。吴剑屏虽然二十年来都在遵义做官和住家。但他却是绥阳人。遵义人说："从民国初年选举国会议员以后，这一次选举刘健群，是我们遵义人三十年来要办的一件喜事。"因为是遵义人办喜事，旁的人千万不要侵扰和破坏。吴在这一口号之下，根本无话可说。遵义刀把水有十几家绥阳人，在遵义落了籍。听说还和吴多多少少有一点亲谊。地方上的青年到这些人家去访问，说："这次遵义人办喜事，你们算是绥阳人吗？还是遵义人？请你们表明态度！"大势所趋，众怒难犯，这些人家只好一致表示："我们早在遵义落籍，当然是遵义人。一切照遵义人的公意去办。你们若不相信我们，当面交票表明心迹。"在这种空气笼罩之下，乡镇上更喊出两句口号："一票不花，一票不剩。"说句老实话，乡下老百姓到底是不识字的占多数。乡村里最重要的人物有几种：

1. 当地大绅。

2. 回乡休假的县议员。

3. 当地乡民代表会的主席。

4. 当地小学校长和教师。

5. 由县城回乡的师范生和中学生。

6. 在乡小军官。

只要这些人一致同意，选举要怎么办便怎么办。不识字的老百姓，来投票也好，甚至不来投也好，上学的小学生便是义务的代书人。所以可能办得到一票不花，一票不剩，但是以上一些乡村要人，必需完全同意，这就不是一件容易的事。只要有一二人态度欠佳，便不圆满。在我客观的观察，这种选举虽不能说是百分之百的民选，但却一定是通过知识分子为士绅所同意的公选。这样的选票，已经是得来匪易了。

城内的选举，不比乡下，必须是一人一票，本人亲投。记得民国初年选国会议员，我父亲、母亲有选举权，但他们不识字。当时我不满十岁，是家中唯一能识字的小童。因此，他们带着我去投票。站在票柜旁的那位先生，叫我写甚么我便照办。究竟写的是几个甚么字，我至今一点也不明白。这不是行使选举权，根本就像纳粮上税的一样，前来尽义务。三十年后的情形，当然比民国初年进步了。

遵义分新旧两城，当中隔了一条河。老城是专员公署、县府等行政机关以及各种学校之所在。新城则系商业上川黔交通要道。老城的票柜，以大十字为中心。新城以丁字口为中心。投票八点钟开始，老城大士阁八十高龄的蒋慈普先生，长袍马褂，衣冠整齐，到投票所一坐，真像办喜事一样。老城大十字，离县府最近，环境比较安静而单纯。新城则不然，流氓光棍，人群庞杂，最易生事。多亏张少逵大爷，准八时到丁字口投票所当街一坐。好几次来了一些流氓，有的似乎还佩有武器，可能有捣乱的嫌疑。但是他们一见张大爷，立刻态度改变，都恭恭敬敬地问了一声：“张大爷，你早！”张说：“来投票吗？”他们不多答话，打了一声招呼，回头便走。张少逵完全是有意的替我镇压场面，因为他们认为稍微出了一点小麻烦，都是他们丧失面子的事情。从朝到晚，他只是中午休息时回去抽了几口鸦片烟，下午，又来了。别人说，张少逵身体不好，这些年来从没有到公开场合坐上过一整天，这一次真是例外。有他坐在投票所，真是姜太公在此，邪神远避，一切便平安过去了。也可以看得出帮会袍哥在地方上的重要性。若果得不到他们的帮助，恐怕问题绝不会是这样的简单。

吴剑屏不在遵义，我也没有去投票所，因为我去投票，很难得和亲友们打招呼，一个不周到，可能发生相反的效果。所以投票这一天，我干脆在朋友家闲聊，不出门。各处投票所的情形，随时都有人来报告，一点也不寂寞，当中听说发生一个极有趣的笑话。吴剑屏的一家人，有四张选举票，由他太太率领前来投票所。投票所的招待和照料，大约三两位是教员，其余多半是青年学生。吴太太来了，教员们都认得，前去欢迎请坐，学生们便去接票说：“票由我们来代写罢，你要投的人，我们都知道的。”结果四张票都写了刘健群，当着吴太太投入了票柜。吴太太虽然不乐意，但不能反对，只好谢谢而去。学生们是有意还是无意，我们不便问，也绝对不是有人故意的指挥，这是一个满有意思的插曲。

城乡的选举，一切顺利。这个时候，才发现了一个意外的大秘密。遵义的选票是三十三万，由县府分配城乡各区发出的选举票，只有二十七万。原来还有六万票留在县政府。这是专员、县长二位替好友吴剑屏作了一个最安全的打算。事情很明白，六万票留存在县府，作为预备。先发出二十七万票，让我和吴剑屏来竞争。假定吴一票不得，他们还可以将六万票替吴加入，吴的配额绝对可以兑现。若果我得票在二十一万以上，也有六万票勉强可以周转。但万一在二十一万以下，我便只好自认倒霉了。这个办法，吴是有赢无输，我是可输而不可能赢。纵然我得二十七万票，还只是我的配额而已。县公署分配各乡镇选票时，特别关照，将选票送来县府再行加封。纸包不住火，地方上有人透露消息，各乡镇将选票一凑总数，西洋镜立刻拆穿，尊而不亲和亲而又密的分别，真是非比寻常。地方上的绅耆和各乡镇的办事人们，有些愤怒了！城区的选票柜，毫无疑问必是当众加封，各乡镇也当然不会听从县公署的指示。他们干脆一概用鸡蛋清将封皮封好，并派二人护柜，在县府大礼堂上轮班守夜，以防走漏。县公署的如意算盘，完全粉碎。据各乡报告，吴剑屏只在东乡离城十里附近，有七八个平素靠吴剑屏生活的在乡军人，投了他的票。所以在二十七万票中，吴的票不会超过几十票。县公署的六万票，无法开柜加进，成了废纸。专员、县长苦矣哉！我对此事，不发一言，内心里自然是充满了难过！

我在中央有工作，不能在家乡守候开票。最后是专员、县长请陈铁出来作保证人，本区的选票，最后才开。(1)保证我的选票，在本区占最高额。(2)也保证吴剑屏要能够当选。陈铁原是帮我忙的，我当然相信他。他可能在任总司令时，也指挥过吴剑屏，因此，双方都相信得过。我是回家乡竞选的，也不愿去与人结怨生气，争论是非曲直，也就将将就就的了事。对于所受的委曲，不予揭穿。遵义的人对我精神上的鼓励太多了。

开了一个告别士绅们的茶会，对于办事人，请了一二十桌客，完全是答谢的性质。告别了亲友们，回到南京。总共计算，由京去黔，包括旅费、伙食、小账、酬客，还接济了几位苦困的老友，一共用去了两条黄金。一般人说，这是竞选一个立法委员，少到不可再少的数字。话虽如此，若果不是我在南京金银街，在战前购了一所住宅，当时租予法国大使馆，每月能收三百美元，这两条的开支，还是一个不容易筹措的数字。选举，选举，离不了要靠有钱来撑持，纯粹有能力、才气的人，是无法出来的。这是民主制度中一件大问题，值得要人们去研究！去补救！

回到南京，接到家乡的消息，我的选票，已超过四十万。吴剑屏的票，也可以当选。我知道他在其他各县，关系很多，不愁不当选。事后他对人说，他在遵义一带，带兵驻扎了二三十年，又任军官总队长，又系遵义在乡军人会主席兼军人合作社的理事长，再加上袍哥的关系，他在遵义花我半数以上的票，最低限度花我十万票，毫无问题。他要求省府只配六万票，便是对我的让步。想不到会变成这样的形势，很后悔当时不送一个干干脆脆的人情。遵义县公署的六万票，我不说话，地方上人肯放手，县政府自会办理。结果我们也不再关心过问了。

因为四十万选票，得来不易使人难忘，也更加重了内心的责任感。当时立法院各委员会，有委员长的制度，我一心一意想在经济委员会竞选。我在法政学校是政治经济科毕业，贵州教育虽然落后，到底还不能说是完全的外行。而且我对全国的经济建设，也颇有兴趣。记得宋子文任行政院长的时候，党的中央曾设置一个经济政策委员会，由陈立夫和我分任正副召集人，当时还由专家学者楼桐荪先生和我共同草拟一个经济建设纲要，通过了该会。宋子文对我很不错，曾通过我的友人，约我去他北极阁住宅，吃过几次早茶。他因为自己不喜多讲话，他的秘书长蒋梦麟先生也不长于辞令，难得应付将来的议会——立法院，想约我去任秘书长。我一心一意只想在立院经济委员会终其身。当时看报见日本尾崎行雄在议会奋斗数十年，对得起家乡选民，继续当选的机会很多。因为遵义一县的选票，足以产生一个立法委员，是毫无疑义的，比较为爵禄而腼颜趋承，心里安详得多。所以任何工作，都不想介入。万不料以后一变再变，策划赞助经建的本意，无法实现。虽然当选过副院长、院长，但平心静气而论，无补时艰，于国家真谈不上有若何的贡献。有人说笑话，康有为四十以后，只有吃饭等死。如今的我，吃饭量不小，等死日更长，你说应该怎么办？

事后检讨这一次遵义的选举，我最占便宜的是：

1. 在地方上无恩怨，父亲是经常吃亏受累，老实忠厚的小商人，在地方上从没有当过公事，也不够绅士的资格。我十四岁离家赴省垣读书，以后一直在外面做事，没有回过家。无党无派的人，容易吃香，也就是这同一的心情和道理。

2. 幼年的同学，固然在回忆中有深厚的情感，到过京沪读书工作又回乡去任事的人们，纵然彼此并不深知，但多半都有好感。透过遵义智识分子的同情，这是一件重大的收获。

3. 以外行而得到袍哥的一致赞助，是意外的缘法，是原来意想不到的。

4. 主要是亲自回乡，一切以诚笃谦敬行之。若果不回乡，遵义人误会你在摆臭架子，结果可能真是要惨败。

这些年来，有几个人常在念中：

一是李维伯兄　他是我们同一条街的老大哥。他可能长过我十岁左右。好像是满清末年，他得风气之先，就到日本去留学。民国二三年学成回国。在我记忆中，当时他在遵义街上走，常有一大群小孩子跟在他的后面看热闹。一则他剪了辫子，二则他身体健康，面皮红中透黑。孩子们听说他在外国吃牛奶，于是以讹传讹，说李维伯在外国是牛喂奶长大的，不信你看他的皮肤，就和牛一样。一方面是充分看出民间的愚昧，一方面证明维伯兄的结实与健康。这些年听说他在贵州任过省议会议长、副议长一类的职务。家是富室，一切不差。这回我去看他，他躺在烟铺上，一灯相对，他对我说："老弟，我已经是半死的人了，我一年半载，难得出大门一步。地方事要仲民（他的亲弟）帮你的忙罢。"他个子很大，但瘦弱得出人意想之外，和当年完全两个人。一别之后，不知他能活多久。若果共党来了，他既吃烟，又遭土改，我不知道他将受到如何的惨苦，有甚么办法可以活下去？！

其次是陈铁　遵义能够进黄埔军校第一期毕业的，真是少之又少。一个是我幼年同窗的蔡光举。他一毕业出来任党代表攻淡水时便阵亡。以后蒋校长在讲演中常提到自蔡光举以下死难诸同学，足见他求学与作战的成绩。若果不是死得太早，在革命阵营中，可能有相当的成就。陈铁虽系同乡，他住乡下，我们幼年不相识。一直到抗战胜利回南京，我们才见面。几度交谈之下，知他不单不是老粗，而是有见解的人。他对当时共党的发展，已经有若干的忧虑。听说共军占了川黔以后，还给他挂了一些闲名义。

三是张少逵　在袍哥中做舵把子大爷的人，最重要的是讲义气，能为弟兄拼性命，靠多少年来的努力，才可以累积起来，受到弟兄们一致的信仰。玩花枪、弄手段是不可能成功的。张少逵就是从火海中翻滚出的一位。他在遵义帮会中的地位和力量，是的确不可轻视的。

人到五十以后，故乡观念特别浓，来台湾一晃就是十六年。长安虽好，非久留之地。思乡之情，令人不能自已！

“天无三日晴，地无三尺平，人无三分银”，这是外江佬形容贵州的贫瘠和气候、地势的恶劣。其实是言过其实。贵州多山是事实，但风景不差。气候正是避暑的胜地。物产不缺乏，尤以煤铁等矿，因为过去不曾开发，如果开发起来，黄金美钞都可以麦克、麦克，岂止三分之银而已哉！

单就遵义而论，由板桥镇至刀把水，由北而南一百五六十里的平原，算是贵州的谷仓。遵义是播州在柳子厚的文章里虽有播州非人所居之语，但六朝以前，连江南尚属峦烟瘴雨之区。遵义在唐朝已经名列州榜，足见源远流长，不必自惭形秽。遵义本属川东道，在清朝时因协饷助粮割归贵州。从小我听见不识字的叔伯辈口头上常说：“四川人生得憨（呆傻之意），遵义换龙安，管你干不干，补个广纶县。”最近有人告诉我，龙安就是古蔺。但广纶则无人知，我只系小孩时听人念说，是几个甚么字？我还是不明白。十岁以前，我们到县衙门去看县知事大人打屁股，川东道的横匾，还摆在大堂侧面，听其自生自灭。民十以后才不见了。

就遵义物产而论，第一要算是府绸。遵义遍山都是青缸树，可以放养山蚕，织成云庄府绸，不皱不毛，比山东绸好得多。据说可以做夏季西装。民国初年，曾经由上海整庄出国。不知是每年卖一百多万美金，还是三百多万美金。总而言之，是一笔可观的数字。后来因为商人眼光短小，减料图利，政府又没有检验，商标虽同，材料好坏不一，洋人一再上当，干脆不要，才断了这条财路。对日抗战时，遵义还设有一厂，将府绸做降落伞。足见资质不坏，大有前途，只是无人加以监督指导，加工改良而已。

此外，遵义盛产银耳，四川通江银耳是一个名产，因为通江是贸易集会之地，实际遵义银耳占大部，等于云南出名的宣威火腿，贵州威宁火腿，实为其中重要的角色。只是交通不便，自己不能成庄成区，只好寄人篱下，为人垫背做无名英雄而已。银耳燕窝，中医都列为清补之品。实际补了甚么？天知道！但在我经验中，遵义的银耳，确能医气管炎。我在三元巷总司令部参谋总长室任秘书的时候，因为在火炉煤烟筒下的走廊上操八段锦，行深呼吸，于是乎呛咳不止，大吐黄痰。吃西药，吃中药，数月无效。恰好家乡寄来两三斤银耳，每天熬得浓浓的吃上一小碗。半月之后，咳止痰化，其病若失。遵义的银耳，是野生的。现在台湾的银耳，是人工培养的，是否有同一功效、性能，不可得而知。若以关外人参与浙江於潜术而论，野生与移生相差简直不可以道里计。那么遵义的野生银耳，更有其名贵的地方了。

银耳之外，盛产竹参。大半在竹林之内，由地下冒出，形如蛇头，通身雪白，脆而爽口，为酒席上之珍品。比河南的猴头，云南的鸡枞，应属于山珍中的上品。民初遵义学生到北平求学，每年带上银耳、竹参几大包，一切学杂等费都可以解决。地瓜的大而甜和脆，只有湖南勉强可与相比。杨梅品种的多而味美，虽苏州萧山亦有所不及。沐猴而冠，亦可以自豪矣。

由选举的回忆，想起了可爱的故乡。归去来兮，六十已过胡不归。但愿天从人愿，能早日复国还乡，有生之年，再参加一次充满亲情友谊的选举，庶几可以无愧无憾。中心藏之！无时忘之！上帝佑之！

（原载《传记文学》第八卷第六期、第九卷第一期）

成渝迁徙琐事回忆

立法院在渝筹备复会

一九四九年九月，共党军队进逼广州。政府决定西迁入蜀。立法院长童冠贤事实上早已不能到院。立法院在广州开了一次院会，决议由我代行院务，宣告暂时休会，一俟政府迁定，再行复会。委员们有的赴香港，赴台湾，有的回自己的家。职员大部分随政府迁去重庆。我自己也是去台湾的，主要的理由：（一）是去晋谒本党的总裁。（二）是在台湾居住的委员有一百几十位，在此空闲的时间，可以大家交换交换意见。

在台湾没有几天，接到秘书处由重庆发出复会的通知。我自然应该尽先按时赶去重庆。在这一时期，秘书长副秘书长的问题，尚无法考虑。最迫切的需要，是先选择一位适合的秘书处长，来办理一切院内的事务。路经香港的时候，我想起了关自恕同志。他在党和青年团都担任过工作，办事很精细周到，对人又和气，对立法院的情形也很熟习。所以我便去约他。他本人倒无所谓，可是太太不赞成。我只好向他太太提出口头保证。我说：“尽管时局如何演变，只要一有危难，我一定把你的关先生先送回香港来交给你，你可以放心。”总算是她也勉强同意了，我和关自恕一同起飞去重庆。

到重庆之后，发生了两个问题：一个是代总统李德邻先生忽然不顾一切的责任离开了，据说是要出国。另一个是两个航空公司的职员“叛变”投了共。两航“叛变”，对于立法院的开会，是有直接影响的。只要香港对重庆的航运不断，所有在港澳和台湾的委员都可以随时来去，立法院复会的人数，当然不会发生问题。航运一断，港澳的委员不能去重庆，住台湾的委员占最多数，他们大概是一致行动。若果重庆能开会，他们可以专包几架飞机一齐起飞，否则便暂时在等待中，这样一来，便只有让先期随政府到重庆以及原住西南滇川康等处的委员在重庆报到，但始终只有一百人左右，总是到不了法定的人数，只能一面开谈话会，一面尽可能敦促各地的委员前往。

总裁莅渝人心粗安

在这人心惶惶不可终日的时候，幸而总裁蒋先生飞到了重庆。虽然尚未复职，总算实际一切负责有人，局面渐渐地安定下来了。这个时候，有的委员认为时局已经好转，要秘书处尽最大的力量接各地的委员到重庆开会。也有些委员认为要早办疏散，免得将来增加政府的困难。院方只好照委员自己的意见去尽力服务。仁者见仁，智者见智，说句老实话，谁也不敢有武断的主张，而且也没有人会听信任何人武断的主张。

宋希濂的部队，驻扎在彭水，这当然是一支有力的部队。据说中央曾派最重要可信托的人带现款去前线劳军，实际是亲自去视察。回来时颇为乐观，因为宋部确有八团之众，而且军容也还不错。我也是二门上听炮响，充满了乐观的人。因为我年轻时随黔军驻扎过酉、秀、钱、彭。由涪州到彭水，三峨山一带的高山峻岭，虽不比剑阁，也算是天险。正所谓“一夫当关，万夫莫敌”。何况是八团之众呢？

当天下午办公完毕之后，去看一个贵州的老乡，名叫蒋其远，是黄埔三期学生。北伐的时候，我们很熟悉。这些年他没有任公职，在重庆做生意。我也没有深问他究竟做甚么生意。他刚有一个伙伴，由彭水回来，听见我说宋希濂部队很不错的消息（他也是有名有姓的军人，我却忘记他的姓名了），他当下浇了一瓢冷水。他说：“刘先生，你只知其一不知其二。前几天我在彭水恰逢宋希濂带了特务营也到了彭水，听说彭水的军队，拦着宋希濂问他要钱。要把所要求的条件兑现之后才准他通过。指挥官与部队有这样的情形，你说可以乐观吗？去视察的人，只看得见表面文章，看不出真实内容，有甚么办法呢？”我听了这一说，回来之后，心里终究有一个阴影了。民间不负责任的消息，可以相信吗？可是王铁嘴算命，说福不灵说祸灵。到底宋希濂的军队，没有在彭水好好的打一仗，共军就很快的进逼重庆来了。我对军事是外行，始终只有一个莫名其妙的感觉。

疏散成定局

时局是一天比一天的紧张，疏散已成定局。有几位委员自己向商人接洽了一架飞机，因为经费不足，向院方请求补助。立法院在南京迁移时，不知因何原故，将帐册遗失。惩前毖后，不可再有此失。我决定利用此机，将立法院重要公文及单据帐册，除了开会所必需者外（当时尚未完全放弃复会的打算），一律先送香港安全存置。其次秘书处长关自恕同志，系广东籍，且系文人，若果立法院要随政府转成都入西康，他的困难太多。而且我对他太太有言在先，也不可以失信，所以我就决心送他搭乘此机回香港去夫妻团聚。事情便如此的决定了。在飞机临起飞前，有一位委员，承他的好意，他说：“刘先生，我们已经替你留下一个机位，你可不可以一道走。”我既然接受院会的决议，代理院务，自然应该是尽心尽力，全始全终。若果畏难苟安，先到安全地区，岂不是等于临阵脱逃吗？所以我谢谢了他的好意，但当关自恕上机的时候，我心中感慨陡然增加。我想他们夫妻，倒是可以安全聚首了，我呢？我只好托他带口信，安慰我的眷属，说一切不会有问题，若果到成都，我会接她来成都的，我知她很喜欢成都。其实天晓得，我当时实在是鼓起精神说硬话，我有甚么把握呢？假如我不负院务的责任，我真会不想随此机而行吗？

为事择人选了一位秘书处长

关自恕走了之后，为事择人，我理想中的秘书处长，有几个条件：1. 最好是川康籍的人。2. 学过军事。3. 自然要对文书事务的管理不外行。因为我想象中未来的立法院，是要随政府在川康各地一同工作的，年轻的职员，最好每人腰间挂上一条手枪，编成一个连。这位秘书处长，可能就是一个连长。我们立法院，以随同政府始终一道，自己轻便灵活，绝不拖累他人。以此为目标，我忽然想起一个人来了，他便是闵剑梅同志。我和闵并不熟悉，更无深交。我记起过去的一段事，即日本军队向贵州独山进攻的时候，总裁命我们几个贵州籍的中央委员，张道藩、谷正纲、黄宇人和我一同去贵州，协助地方办理一些军民间应该办理的事件。在同一旅馆内，看见一位帮当时的社会部部长谷正纲办事的得力助手，便是社会部的闵剑梅同志。这个时候，我想起了闵同志，对于我心目中的三大条件，件件都非常适合。他是四川人，又是军校六期同学。又干过多年的秘书工作及总务司长，文笔事务，均内行之至。兵荒马乱之际，我一经想通，也就不用请人介绍，干脆去见闵同志。我问他今后的打算？他说：“我们有几位同学同志，预备到万不得已时，在家乡组游击队打游击。”我说：你既然有这样的决心，我想请你去立法院工作，这同打游击差不多，虽然苦一点，但还不是全无意义的事，他算是被我说动了。人总是情感的动物，以后在成渝一切疏散，都得力于他负责吃苦办事，我确是省了很大的气力。到了台湾之后他却因我的辞职而形同闲置。有一个时期，在生活上颇为窘迫。我虽然口头上勉强安慰他，我说万一你在四川打游击，也许是被俘，或者是更苦更坏。其实我内心里是非常的难过和抱歉！一直到了近两年，他儿子争气，自己考留学靠奖学金读书，他负担减轻，精神上得到安慰。我精神上似乎比他更得到安慰。人之一生，最怕是对不起国家，尤其是对不起朋友。我的个性是一个于厚黑无缘，而属于感情粘滞的一类，所以不能做大事，也算是先天的缺憾。

最耽心金钱出问题

处长有了，还需要有一个很重要的人，是管出纳的科长。这个动乱的时候，稍一不慎，卷款失踪，根本无从寻找。那便是下错一着棋，全盘皆输了。

甚么是可靠？我想去想来，还是相信有思想有抱负的人为可靠，我选用了胡涛同志。他是政校高材生，对国家对主义都有信心和见解。果然一直来台，不生波折。用有思想的同志，比其他关系可靠得多。我这一原则，倒还没有遭遇到相反的打击。当时在重庆领的款项，相当复杂，有的是金子，有的是现大头，有的是银元券。硬币与纸币的价格，有时上午下午相差很远。为了此事，我指定几位高级职员组一会报。现在想得起来的大约是蔡文模、文守仁、季蔚秋、甘雨耕、胡涛、石文伟等，凡关于金银换出，是何日期？是何数目？是何价格？均由会报决定。我相信这期间，没有一丝一毫的差错，我更用不着去操心。有一天在会报时，出纳科长是必须出席的，但胡涛同志很久没有到。我心里七上八下，十分不安。我很快结束了会报，亲自去胡同志的家，原来是他的太太病了，他在请医生看病。我在他家坐了一会，谈了许多，他以我的安慰为快。我一直没有提此事，我不说出来，我想他至今不会知道我当时心中，会有这样不干不净的意念和顾虑。事情很难怪，那个时期的人事，太不可靠了。稍微一点可虑，怎能叫人心里不会打鼓呢？！

飞 机 难

到了十一月二十七八日左近，已经不是开会，而是专门办理疏散了。关于疏散的工具，我曾经去访问行政院的秘书长贾老先生。他说：飞机无问题，第一，民航包运政府银元来渝的专机，回港的时候，可以运载委员回港。第二，军方答应，可以拨飞机一架。我听了之后，最初很满意。等回来再详细一打听，全然不是那么一回事。我亲去向参谋总长顾墨三先生打听军用机的事。他说军方拨机一架，原则上可以办，但必需得周总司令来电。周在台湾，空军忙碌异常，所以这一架军机，根本是空中楼阁。至于民航机吗？更是完全无有。贾老先生只知包有飞机，为政府运银元来渝。殊不知飞机回去时，早被商民富户以高价金条洽妥，他们根本没有为政府载官员的承诺和义务。飞机一下载，即刻便起飞。要不是我们翻根问到底，一定还以为可靠而沾沾自喜，不闹大笑话才怪呢？！

最后到了紧急关头，我和中央党部的秘书长郑彦棻、监察院的秘书长李崇实一同去歌乐山官邸晋谒蒋总裁。得到总裁的许可命侍从室通知空军军区司令部，准拨飞机两架，载运立法委员，这才算是真正有了着落。临行时总裁在花园散步，看见我和郑彦棻同志，他关照我们，如果最后有困难时，可以到官邸来一同行动。我们看见了他老人家安详而亲切的微笑。出了官邸之后，彦棻和我商议，无论如何，不能再来官邸增加困难。如果因为我们，可能把重要的侍从人员挤下两位，于心是绝对不安的。

忽然动灵机、多亏了有此一问

回到重庆市区，我立刻去拜访空军军区司令晏玉琮（瑞麟）同志。北伐时，我在第一路总指挥部任机要秘书，他和张有谷、毛邦初是几位重要的飞行空军，我们常常碰面，也是谈得来的朋友。我问他接到了官邸电话没有？他说已经接到了。我问怎么办呢？他说："你后天来接洽如何？"我说："很好。"看见他很匆忙，我立即起身告辞，免得多耽误他的公事。他一直送我出大门。我忽然灵机一动，再问他一句，我说："瑞麟兄，到底后天的情况怎么样？"他说："没关系，你放心，我走得了，你一定走得了。"我有点茫然了！我拉着他的手再回到他的客厅。我说："瑞麟兄，军事情况，我虽不知道。但随时都有变化。我有两点意见，要向你说明。第一，总裁既然答应拨两架飞机运送立法委员，当然他是很重视而有意义的，不是随便的决定。第二，万一大多数委员走不了，纵然我能走，将来我也无脸见人。因此我想在你可能范围内给我一个更比较确实的办法才好。"他说："健群兄，你不是完全外行，这几天这样紧急的军情，我是每天都进入飞机场，看当时的情况。一切先其所急，应当先运兵便运兵，应当先运弹药，便先运弹药。要说能特别留下两架飞机，来专门运送立法委员，当然是不容易，也许就是不可能的事。既然如你所说那么你干脆告诉所有立法委员，尽速准备到达百市邑飞机场。我们遇有便机即起飞，不必一定限定飞哪里也许才不会误事。”

这真是一个天大的关键，幸亏多了此一问。否则等到后天，便是十一月二十九日。总裁上午七时飞成都，山洞一带，已经是拥挤不堪，车辆不能通过，后来在成都会见晏司令，他说：“他是八时许才起飞的，机场附近已经着火，他的一架飞机，平素坐四五十人，此时坐了七八十人，连每人的手提皮包都抛下才起飞。”天呀！假如没有那天出门后的那一问，我到二十九清晨起来，才去接洽。我是不是能够进入飞机场，已经是问题。所有在重庆的一百多位委员同仁，以及全体的职员，如何交代？纵然我个人侥幸出险有何面目见人？能安寝馈吗？！岂不是终生的憾事？事后回想起来，当时那一问，我并没有任何怀疑不安的心情。也许正是大家同仁的幸运，才有那一句忽然灵感冲动的问话。绝对不是缘于我的精细和周到。

感谢瑞麟兄说了真切的话。我立刻回到院中来，第一，先通知委员收拾行李，当晚即进入百市邑的飞机场。第二，全体职员亦坐汽车前往，待委员有机起飞后，即由公路驶成都。若飞机发生困难，则委职员全体都乘坐原车一同去了成都再说。本来可以请求调配疏散车辆的，有两个机关。我以为临时多半靠不住，所以老早便向商家包好专车。果然到了此时，一辆车也拨不到，全靠商车起行，才没有误事。

很少有不愿同行的职员

也真令人感动！职员中除极少数有困难者外，大都愿随院行动，拖到哪里算哪里。我心里预计，此刻虽然是只到成都，将来说不定到西康。而且可能舍车步行，还不免遇上军事作战的局面。我只好劝人口太多、老弱妇孺拖累太重的职员们，不必同行。免得将来在半途中失散，上不上，下不下，更遭逢惨苦的不幸。关于各机关领发的金子银元，我们除规定之外，尽立法院的可能，从优发给。希望他们在一两年内，关起门来换银元度日，以待重光。大家噙着一包眼泪，相视默然神伤而分别了！

吃了一个小虚惊

到了飞机场后，大家都在大厅里打地铺休息。晏司令办公的地方，我们不能去。我和郑彦棻同志，到了晏司令的卧室，一面聊聊天，一直等到夜半一点钟，并不见瑞麟兄回来睡觉。我拿起电话机想和他通话，问问情形，却听出一段令人吃惊的话（并不是有意偷听）。“江津靠百市邑机场这一面，有一千余人的队伍，服装不整齐，但不是我军，要不要轰炸？”我赶快放下听筒，也不敢再听。再想，假如那是共军，我们等到天亮，便根本不能起飞了。晏司令一直到黎明都没有回来，我们只好在他房中假寐以待。等他大天亮回来时，才知那服装不整齐的队伍，原来是团防，只是虚惊。七八点钟后，有一架便机飞成都，有一架直接飞台湾。听委员们自己选择上机。全体委员起飞之后，职员们由秘书处长闵剑梅同志率领上路。我和郑彦棻同志，搭总统府专机和邱秘书长昌渭一同起飞赴成都。

理想中的成都生活

成都是一个生活最丰富，也是一个最足以令人留恋的好都市。单就小吃一项来说，邱胡子的牛肉，长美轩的盐菜肉饼，春熙路旁的鲢鱼面，少城边的麻婆豆腐，还有赖汤元、吴抄手、厨子抄手，无不精美可口。再说任何一家小面馆，都味道不差。至于娱乐方面，四川戏的粗放幽默，高腔高唱入云，慷慨激昂，懂得听的，有时比国剧还要过瘾。贾瞎子的几句道情，韵味深醇，比之鼓王刘宝全只有过之而无不及。我曾经听过他一段《地理图》张松戏曹操，张松的才华，把一个权高位重自尊自大的曹操，弄得个啼笑皆非，如见其人，如见其情，不瘟不俗。纵不绕梁三日，归来尤有余味。尽管在兵荒马乱中，我初到成都的心里打算，只要有一年半载的安定，我真想接家眷一同来过活，来欣赏。

到成都住在励志社，所有政府中的重要人员，包括阎院长、贾秘书长、监察院刘副院长、总统府邱秘书长都全在其内。我和郑彦棻同志随后到。因为没有人打前站房间已住满，总算有人特别让出一间小房，只够铺上两张床，连写字的桌子都放不下，但已经很难得、很满意了。一到成都，先寻访朋友打听行情。才知道不单刘文辉、邓锡侯之类，早已活摇活动；连熊克武、向传义都有不佳的言论。一切只有靠中央的力量自己苦撑，要想配合地方力量的希望太渺茫了。我心里等于浇下了一盆冷水，照这样的环境，一年半载，固然是问题。三月两月，也没有把握。我心里的一切空想计划，都得放弃了。

人不离甲马不离鞍

我下定决心，通知在蓉的委员，随时准备好一切，并由秘书处与之切取联络。对秘书处的职员同事，干脆我们来一个人不离甲，马不离鞍。我要他们收拾行李，准备随时立刻可以出发。纵然是在办公时间之外，乃至夜晚，亦必须与值日人员联系不断，以便可以随时通知启行，免有遗误。

过不了几天，政府大约已在决定疏散了。有一天行政院的副秘书长倪炯声同志来和我说，他说："阎院长已经去要得了疏散的飞机，但据说并没有包括立法委员在内。我也不便问，特来告诉你，你自己斟酌罢。"我只好先去亲自问问阎院长百川先生。阎院长对我们很关顾，也很坦率。他说："我为了各机关的职员疏散，所要的飞机架次，已经似乎太多，不好再开口。我想你们立法委员，最好单独去要，可以减少我的困难，所以我就没有把你们包括在内，希望你原谅。”我只好去军校官邸，单独陈述，请准拨得两架飞机，作运输委员离蓉之用。

意外的专机

在职员疏散当中，我们得到一些意外的便利。现在补上立法委员的许大川同志，那时他正在行政院内任职，对于各机关的运输分配，负着相当的责任。当时各机关职员，不特要按名核实，还要大打折扣。因为飞机不够分配，不得不如此，有时为了争一两张票，拍桌大吵大闹，在他的关照之下，我们不需要多费交涉，都能够得到最合理的分配，而且经常把起飞的情况，随时通知我们。所以我们的职员，能持票按时起飞，这是我心里所感念的。其次是我得到了一个意外的机会，多飞走了几十个职员。经过是这样：我和总统府的秘书长邱昌渭一同住在励志社，房门相对，他的房间比较大，有洗澡间也有几个沙发。我晚间不外出时，都到他房间内去聊天。这一天夜半十二时了，不知是由香港运送甚么东西来到成都的一架飞机，停在离成都四十里的新津机场，说明夜半两点钟以前，必需起飞回港。这一架飞机，分配与总统府使用。但计算时间，去新津机场因为是路坏难行，汽车必需走一个多钟头。所以由接通知到乘汽车去新津上机，其间可资利用的时间绝对不能超过三四十分钟。邱昌渭四处打电话找人。成都是好玩的地方，到了这夜半的时候，到哪里去找人呢？我看见他焦急无办法的时候，我说："昌渭兄，你是有机无人，我是有人无机，可否送我几张票。"他先答应送我十二张，我立刻通知值日人员，马上准备。再过十分钟，他还是找不到人，他又自动地送了我十二张，一共二十四张。我这个时候，灵机一动，我干脆通知我们的职员，一齐准备，说走即走。结果再过十多分钟，总统府的职员，根本一个寻不着。若果要走只有邱秘书长本人一个可以走，他当然是还不能一人先走。到了这个时候，时间已不容许再等候，因为飞机按时起飞，绝不会等待的。邱秘书长只好长长地叹了一口气！他说："这一架飞机，由你完全去用罢，否则会作废了！"我一声道谢！赶快去到我们的办公处，宣布凡是我们的职员，只要在公务上是不必留蓉的，都立刻动身先飞香港去再说。因为检了这样一个大便宜，所以我们到了成都的职员，全部都能够先后转到了台湾。不单如此，在那几天紧张的时局中，有些地方工作同志，到处见人不着，走投无路。因为见了人，无非是要机走路，这是一个不能圆满解答的问题。所以想要见的人，多半是见不着。川康蓉有几位青年团的同志，见到了我说起他们的苦衷。我满口答应，我说："以你们的工作和历史，若果走不动，将来是不堪设想的。我一定设法，使你们能够起飞。"我有甚么把握呢？就因为是我们职员，多已乘机去港。他们应分配得到的机票，当然可以剩下来照料好同志。虽然这几位同志，以后因党的中央，拨了一部专机载运中央委员及后补中委来台（我亦搭乘此机）他们并没有使用立法院的机票。但患难中的一段友情，实在是彼此心照不宣的。以后听说总统府有高级的处长均未能全部飞台，这就可以想见当时的困难了。

亲自接洽情谊当先

关于委员方面，虽然官邸已通知空军区司令部准拨机两架运送，事非躬亲，不敢自信。因此我亲自去区司令部接洽。司令官有事不在，负责交通总务的同志，是军校八期同学——我曾在南京军官学校任政治部主任，八、九、十三期都是那个时期的学生，原谅我把他的姓名忘记了。他见了我，即说："老师，你何必亲来呢？"我说："我想把事情弄得确实一点，免得误事。"我坐了下来之后，我说："官邸通知，你们接到了吗？"他说："接到了。"我说："是不是在事实上还有甚么困难，请你毫无保留地告诉我，我一定办到，我只要确确实实明天有两架飞机送委员们去海南。"他迟疑了一下说："别的困难都没有，只是去海南来回的机油消耗不少，若在海南补充购买，必需要现大洋。"我说："这一点事实上的需要，我一定办好，准明晨送到，但飞机请一定准备好。"我离了空军区司令部，回到励志社，即面请阎院长批发了大洋。可是这几天的财政部长，不是随时可以找得到的。我们委员中的阎孟华同志，和关部长吉玉不离左右，我和阎委员立刻去看到了关部长，又请他批好去中央银行取款。大约这一天，不是礼拜六，便是礼拜日，根本银行早已下班，无从取款。眼看我的承诺，要发生问题。幸好我们委员中的刘全忠同志，在中央银行秘省处办事，我们又得到他的帮助，在假期中当晚居然领到了大洋，次日清晨八时前，即派人如约送往。当天我们的委员，即在城边区司令部将行李过磅，按时起飞。在成都除了是自己决心不愿意走的委员，我们都一一连络确实。有的还登门奉劝，总算是没有对不住公家和私人的地方。看见了飞机起飞，自己的心头，好像是一块石头落地，获得了精神上莫大的安慰。我和极少数的职员，原预备随政府去西康。有总裁在成都，大家心里上并没有些微的彷徨和畏惧。过了几天，才又奉到通知，政府迁台。我们也就随机东行不再作随军的打算。在这艰苦危难中处处可以看得出统帅的重要，若果蒋总裁不去成渝，纵然李宗仁先生不曾去国，我想这一番的撤退，一定是稀里哗啦，不知是如何的悲惨和难堪了！

委员起飞后，我到朋友家坐了一会，到下午六时回到了励志社，刚刚一进门，只见大厅之内，监察院副院长刘哲先生怒气冲冲挥动手杖，大吵大闹；行政院秘书长贾景德在一旁摇头叹息，满口连称岂有此理！一问之下，原来他们去新津机场，等了一天，并没有坐成飞机，我才对贾秘书长说：“煜如先生，可能你们派去接洽的人，不很确实，我是自己当了总务主任，亲自接洽，而且这个时候，一定要体谅下情，大家了解。”我把我的一切经过告诉了他，大家才一同上楼去吃饭，第二天他们两位老先生也起飞了。

怀念两个苦难的好同志

到成都这些日子，别无他事。办公就是疏散，疏散就是办公。只有一件，最令人难过的事，至今犹耿耿于怀。军校政训班有两个学生，一个是韩钟钦；一个是冯笃信。他们在成都四川大学任职，一个是主持训导；一个好像是办学生军训。详细情形，我也不得而知。到了最紧张的两天，他们来见我。他们说：“这几天一切都接不上头，请问刘老师，指示我们应该如何办？！”我说：“目前只有去西康一条路，钟钦同志可以随校向去西康之路而行，笃信同志，可以率领学生大队，随着胡宗南将军的部队一同进止。”他们都穷得一无所有，我含着眼泪，就我生活可能的范围内，每人送了他们几两金子，就是这样的分别了。回到台湾后，不久有人告诉我，冯笃信战死于乱军之中，韩钟钦被捉回成都公审。有人还见他惨死的照片。我好几次会见前川大校长黄季陆先生，都没有好好地问过他们的详情，到底传说的是不是真实？但凶多吉少，可以推知。这样的好同志，如果真是惨死，剩下我们这一类的窝囊废，而坐食，而累赘，而老健不死，只好是令人慨叹了！

在成都疏散中，飞台湾，飞海南，都是长途，来回不易，只有飞昆明，气候好，时间又短，随时可飞。有好多次飞机，都是先飞昆明，离开了成都再说。我对卢汉，从来没有信心，但苦于说不出。我只好坚持己见，除非是委员因种种的关系必需飞昆明，我决不要去搭昆明的飞机，不仅是人，连公文也不运，这变成了后来可悲的先见。

偷得浮生半日闲

在成都唯一的享受，是去过赖汤元，去过长美轩，长美轩的咸菜肉饼和几碟小菜，实在精洁可口，而且价廉，地方也很清洁。我也偷闲去城边茶园，听了贾瞎子的高山流水，伯牙碎琴，和白门楼曹操杀吕布，观众虽庞杂，韵调神情，确是令人回味。至于鼎鼎大名的姑姑筵，大家都说如何好，有人说他们可以把老南瓜作成珍品上酒席，可惜没有口福，只好人云亦云，在这兵荒马乱的时期，能请得起你吃姑姑筵的朋友，早已自顾不暇，急得团团转。自己一个人去吃姑姑筵吗？岂不是成了神经病？只好等到将来收川之日再说了。快要离开成都的前几天，励志社内同住的朋友已经走得不少。晚饭之后，没有去处，电灯又暗，不能看书，只好躺在床上假寐，忽然有一朋友推门而入，不知道他是专诚拜访呢？还是为了看他人顺便来我处？他看见我一人在寓无聊，他说：“刘先生，今晚四川名角当头捧、小桐凤在成都演戏，你横顺没有事，我陪你去看戏如何。”闲着也是闲着，我就同他一路去看戏，进了戏园，才知道演的是全本坐楼杀惜，现在十点过钟，惜已杀过，活捉三郎，就要上场。世间事有那么巧，我甚么戏都欢喜看，就是不愿意看活捉三郎。我在重庆将近胜利之前，有一天有人请我两夫妇去看某名票的杀惜带活捉。据那朋友说，某名票的跷工和身段，都是不可多得的。等到阎惜娇的鬼魂一上场，周身披麻，满面涂白粉，再加红黑色条纹，大约是表示七孔流血之意，又电灯变暗，弄得小孩哭声四起。我太太低头，只敢偷觑。我看园中太太小姐们，能够抬头正视的，实在没有几个。我对人面而有鬼心者，认为可怕；至于有鬼面者，倒并不在乎。但仔细一想，看戏是为了愉快，艺术应不离乎美感。不管跷工身段如何，只此一付鬼脸，已予人以极端丑恶的印象。我在数分钟之内，终于说服了我太太，提早回家。从此任何人演活捉三郎的戏，我都不去看；单单今晚上却就要你专门去看活捉三郎。佛经说：人生有八苦，除生老病死四苦外，还有求不得苦，忧悲思苦，爱别离苦，怨憎会苦。你最不喜欢的人，就要你非聚会在一起不可，你不想看的戏，就要你非看不可，这不是怨憎会苦的明证吗？回去更无聊，既来之，且坐下。等小桐凤一上场，只少少披了几串纸钱，脸上的化装，并不十分恶劣，仅仅略表一点鬼意而已。小桐凤演得过得去，再看演张三的当头捧，四川人说：硬是要得！不特行路和翻跟斗，没有多大声响。行起路来，满台奔跑，真好像是风吹纸人一般，轻飘飘地，可以令人想到若鬼之行。大约非有武功，不能演此，可以说是有合于艺术的美感了。在京剧的张三，不过充当配角，倒没有像当头捧这样的特出，这是我在四川最后看得的一出好戏，一直看完才回寓。也但愿不久的将来有再到成都去看川戏的可能。

海南匆匆过

我和秘书处全体职员都先后飞到了海口，海南岛虽然有军政大员，但似乎谁都不是主持人。我私下问过一位有力的朋友，情况如何？他对我说："起码一个星期内，不会有问题。"我心中倒抽了一口凉气；但我想不久总会有军队退到岛上来。难道隔海相持，都办不到吗？所以我们还是很安静。过了两天，我遇见一位空军的朋友，他说："白总指挥健生今天坐船去对岸接他的部队，不过今晨在飞机上看见他的部队，已被敌人分别围截，可能不容易冲得出来。"以后便证明了这失望的消息。疏散在海南的人们，有一度的恐慌。有人说，用黄金可以买机位去台湾。当然不比重庆成都那样的为难和昂贵，我问过管钱的同志，在疏散到了海南的机关中，恐怕只有我们还具备这样的资格。但我既认为还不到这样的严重，职员们也不愿乱花公家的金子和银元，最后是等到大船，一齐先后的来到台湾。成渝转徙，到此告一段落。

半由人事半由天

事后回想起来，诸如此类之事，大都是半由人事半由天，即如那天晚上，我如果不在邱昌渭的房里聊天，根本那架飞机，于我们无关。又假如同在邱的房内，有几个主管的同志，必定是大家争着分配，也万万办不到成为了我们立法院特有的专机，这应该是大家职员的幸运。记得我寄居鸡足山祝圣寺的时候，有一段小故事：有一天，几位乡下的苦老人来寺内请求收容。知客师说，我们和尚的斋食还接济不上，哪来的余粮帮助养老人。方丈和尚说，天生一人，必有一人的福报，有一根小草，便有一滴露水，先把他们收容了再说，庙上房子很多，居住不成问题。不出三五天，忽然有几位有钱的居士来山，看见几个可怜的老人，交谈之下，便捐了一笔可观的财产，作为庙上养老之用。方丈说：如何？！他的见解，公然证实是胜利了。我们会平空检得一架专机，这是我们一批职员该到台湾宝岛来安居乐业。

就人事说，第（一）我对滇省地区相当熟悉。我想，纵然有朝一日连在西康都蹲不下去的时候，我们可以走西祥公路，走丽江、鹤庆，再转滇缅公路外出，所以尽管天天送人走，心里免不了感慨，但恐惧被俘之念，始终不曾发生。别处的人像我这样一百七十八磅的胖子，早已走不动了；但贵州人从小爬山，翻山越岭，不成问题。所以我一直心里安静，没有杂念，一切尽其在我。第（二）是我的军人朋友较多，可以了解许多实情，也得到不少的帮助。第（三）我年青时候，在川黔边境军中，有过很多次打败仗的经验。在打败仗中：A 一件事要有几个计划，一个不成用二个；不能一厢情愿，不作三思。B 在打败仗中，连直属长官的命令，都有变化，都要打折扣，附属的机构，切莫要摆臭架子，讨人厌，否则便要碰壁。C 要处处切实亲到，凭报告和间接的联系，都会要遗误事机。读书做学问，是学校内和办公室内可以办到的，打败仗的经验，在人的一生当中，倒是可遇而不可求的知识。这一些当然也是有用的助力，但主要还只是尽人事以待天意而已。

忆过去之琐事、望光明之将来

文章也是业，牵连复牵连，自从开始写宋哲元后，《传记文学》的编者，硬说我的文章有人看，而且看了后并不曾作三日呕。他一直希望我续写，但我心中有三个不写的观念：

第（一）真正有关大事机密者，不当写。

第（二）有碍私人情绪，而于国家大事无补益者，不宜写。

第（三）有包括自己在内，会被人家误会为丑表功而不知自惭者，不必写。

因此我写周西成、写李群仙，绕来绕去尽量避免自己，总想办到一面可以应《传记文学》编者的鼓励和要求；一面对社会似乎只有好处，而无坏处。最好是于自己的功过无关，但可惜我不真正是一个有文学天才和素养的人。文学家可以玄想构成人和事，从无说到有，从地下说到天上。我这一块料却只能以似通非通的文字，写一些耳闻目睹的真事实。若果不是自己亲自经历，而且含有感情在内的事，提起笔来，实在是无从下手。成渝迁徙这一段小小的经验，似乎还可以做若干人办事的参考。尤对那些曾经直接关心，甚至对我有过帮助的朋友们，这也算表示我多年来蕴在内心中若干分之一的敬意和谢意。

初初回到台湾，有一位朋友开了我一个不大不小的玩笑。他说："健群兄，你应该改一个名字了。"我说："为甚么？！"他说："当年对日抗战，唐生智自请死守南京。后来日寇进攻，他不但不曾以身殉城，而且溜得飞快。因此有人说，唐生智和德国驻华大使是亲兄弟。德国大使名陶德曼（逃得慢），唐生智是'逃得快'，此番吾兄办理迁徙，不快也不慢，应该名为'陶（逃）得中'，别字不错，岂不妙哉？！"他弄得我啼笑皆非！倒是我满五十岁的那一年，有一位毕生以廉洁自持，诗酒自豪的好友杨绵仲兄，现在他已过去两三年了，送了我一付对联，上联是：

岂可不书东迁一简

下联是：

当其知命中兴之年

我现在想把他的这付对联改上一改，改为：

秉笔而书东迁琐事

当其耳顺光复之年

因为我已满过六十了。但我不希望年复一年，又会是从心所欲不逾矩，尤其是直到昏庸老朽而后已。天佑中华！馨香祷之！

（选自《传记文学》第三卷第四、五期）

两个幸运的故人：何竞武与钱宗泽

一段幸运的故事

人生一世升降浮沉，真有幸运吗？！

这是一个谜一般的问题，难得有最圆满的解答。记得在年轻十几岁的时候，读过一本清末的笔记小说（名称记不清楚了）。内中记载有一段文字，说一个不识字的乡下佬，由于福大命大，居然由正统科第出身，做了大官。还一直到告老还乡，享尽清福，终老林泉。

事情的经过大致如次：

某一省某一县（小说上说得很清楚，是我忘记了）。考取了几名秀才，其中有一位，好像是姓李，一个单名字，忽然因病去世。当时各县的秀才是有配额的，死亡了一个，是地方上的损失。因此地方人士，遂在本县内遍处寻访，居然寻出了一位同名同姓的乡下佬来冒名顶替。这位乡下佬根本就不曾读书识字，唯一的条件，便是在本县之内，与逝世的秀才同名同姓。他的顶替，是地方上人的公意，他完全是出于被动。一种莫名其妙的遭遇，使他突然变成了秀才。乡试三年一度，当了秀才，便必须赴乡试去应考举人，这是一种规定的责任。考得起考不起是另外一回事，但不考不行。于是乎地方上人，请人替这位目不识丁的秀才补赶读书识字。但三年之中最多也不过读到能写自己的名字为止，做文章根本谈不上。到了循例参加乡试，在考场内，忽然遇到他邻座的一位考生得了大病。他既不能执笔，干脆就替那位考生，侍奉汤药，如兄如弟。等到那位考生病好，对他感激备至。询问之下，才知他是一窍不通。大约那位考生是一位文章满腹确有自信的人，为了报他的情谊，干脆替他交卷。他本人准备下科再来。于是乎这位一窍不通的秀才，就这样轻轻易易地中了举，做了孝廉公。

到了晋京会试去考选进士时，同住在一起的举子，大约都看不起他。临到赴考场，大门关闭，已经过了时。他进不了场，就在考场外面徘徊行走，不知所措。又恰遇当时的首相权臣和珅出来查场，偏偏遇见了他。问起情由，同情一个举子误了时间不得会考的痛苦，派人持名片陪他由后门入场参加。他入场之后，终归写不出文章，坐在号座上发呆。聪明的试官明白了，既然是和相爷特别派人送来的，又不会写文章，那还用说吗？干脆想尽方法，使他能得中进士不误。他做梦也想不到他居然会中了进士。当时门生弟子的关系，特别注重。他当然去拜谒了他的恩师——和珅，更因此得到关照在京为官。这还不是希奇事呢！

有一天和珅过寿，他除了送礼之外，自己虽为进士，却是一窍不通，只好请同科的友人代他写一篇寿文去祝贺。却不料这位同年，讨厌他到了极点，写的不是恭祝和珅寿比南山的寿文，而是指摘和珅专权纳贿的事实，把和珅骂得一塌糊涂。好在他根本识字不多，也居然派人照送不误。

那时的和珅，真是权倾天下。除了御赐珍品，哪里能得到他本人过目呢？收礼的分了几十处，大官小员一切文件，顺手分放存库，堆积如山。妙就妙在此，到了和珅失宠抄家灭门，此公谊属师生，牵连咸知不免，殊不知竟在库中，查出来了他的文件，只有此公对和珅，义正词严，痛加指摘，不特无罪，且应受赏。此公到了这个时候，明白一生幸运的不易，下定决心辞官回里，乐享余年。一个人偶然遇见大官提拔高升，或者是发掘藏镪，成了巨富，都不是很难。但是一个人从目不识丁，参加当时最严格的考试，能够科科得中，这真是幸运中的奇迹。当时这本笔记小说，记载得有地有名，而且是在清末，去乾隆为时不远。大约确系事实，而不是谈鬼说狐一般凭空的虚构。

由幸运想起了两位故人

由于此一段幸运的故事，想起了我认识的两个现代的人物——何竞武与钱宗泽，他们都有一段可以一谈的幸运经过，和他们一生中的飞黄腾达有关。他们虽不是甚么立功立德立言中了不起的人物，但在军事运输交通界，都是有名有姓的大司令官。

人生有时不为利名牵而为情牵。《传记文学》编者的热心，冲淡了我不肯写作的懒惰性。不会写文章的人来写文章，已经是举起笔来，有若千钧之重。何况传记一类的文字，既不可以杜撰，又不能全凭玄想。加以事涉机密者不可写，于国家社会无补、于私人情绪难堪者不想写，不是自身经历者无从写，过分自吹自擂者不愿写，于是乎写之道穷矣！何、钱二君于上述诸原则均无碍，故写之。

老同事何竞武

何竞武兄是北伐时东路总指挥部的同事。总指挥是有名的何应钦将军。参谋长王绳祖，系一位风流儒雅有才有智的军人。参谋处长是林柏生，此公枯瘦有如竹竿，但从朝到晚，不离办公室，一点其他嗜好都无有。无论何时何地，何总指挥一摇电话来，只有林处长是随传随到，所以何总指挥最喜欢他。后来他成了工兵专家。我当时是总部的少校机要秘书，何竞武兄是参谋处的少校参谋。他好像是保定军校毕业，个子高高的，很像北方人，还带有一点江湖的豪爽气。以后听说他祖籍是浙江，大约在北方受教育和做事的时间太多，所以表面上看不出有若干分之一的江浙气味。他比我们大了十多岁，而且我们这群小伙子，开口革命，闭口主义，不是臭味相投的人，很少常常在一起。文人和参谋处业务，本来毫不相关。所谓隔行如隔山，我也不知道他在参谋处是不是重要。好像他的任务，不是草拟作战计划，也不是经常守在办公桌。总部人不多，我们倒是常常都见面。但在私生活方面，各人有朋友和去处。所以我对他所知道的，实在并不多。

偷听得惊人的电话

民国十六年，蒋总司令下野去日本。本来是七、八两军联合压迫第一军的局面，经过龙潭战役，一、七两军共同保卫南京，打倒孙传芳之后，有了迅速的转变。反而成了第七军西征去打唐生智，第一军北伐进攻张宗昌。一、七两军的敌意虽消，但仍只能变成彼此分道扬镳的形势。东路总指挥部，改为第一路总指挥部，担任渡江北伐。记得好像是临淮关战役之后，要进攻徐州，与张宗昌的主力作最后的决战了。总指挥部驻在明光，一切部署都已决定。就在这休息准备，等候大举进攻的前三天，竟武先生的幸运来了。那天晚上，听说他在一个地方和朋友竹戏，半夜之后，抽空出来小便，忽然听见路旁地下有一条电线发出声音。此一电线想系敌人上次作战时仓皇撤退，忘记剪撤而残留在地上的。竟武先生当时的电讯知识比起我来，似乎高明得多。他居然接上窃听起来！乖乖！了不得！他听到的正是张宗昌对他的两个重要部队徐源泉与张学成指示对革命军大举围歼的作战计划。竟武兄是军人，当然不是外行。一切听清记好之后，立刻去总部报告何总指挥。当时在革命军中，一点官僚习气都没有，何况是作战大计？！何总指挥立刻起来，召集有关作战人员，重新研究。我们虽系随身机要秘书，但何将军关于作战一类之事，对我们也是保密的，所以我们还是一点都不知道。一直到胜利进入徐州，张宗昌全部瓦解之后，我们才知道何竟武半夜打出了功劳。详细情形不完全了解，但听说张宗昌的作战计划，比我们进攻的时日早一天；而且他预定攻击的，正是我们脆弱的部队。就是先消灭我们铁道正面的四十军贺耀组所部，再围歼我第一军的主力。如果不是何竟武这一个意外的报告，我们不但不会是胜利，而且一定要吃败仗，有了这一报告，正所谓知彼知己。我们的主力，不单不直上徐州，反提早转向南宿州包围敌人，一鼓而击溃了张宗昌的精锐，造成意想不到的大胜利。何竟武立刻便升了中校。何将军对于阶级，是严格持重的。大家常常私下窃窃议论，何将军对于部下的升奖，不是用大秤来称，而是用小天秤过量，差一丝一厘都不行。何竞武之所以能够破例升一级，当然不是小事。

一帆风顺百事通

问题不止此，小小中校能值几何？后来竞武因此晋谒了蒋总司令，从此一帆风顺，做陇海铁路局长，西北公路局长，甚么甚么运输司令一切的一切，名成利就真正大阔而特阔起来，那里是当年在参谋处等于吃闲饭的一个少校参谋所能梦想得到的。他最红最阔的时候，我正在山居养病，我们根本没有往来。听说他有一时期，在上海有百万以上现大洋的财富。他是不是在帮，我不得而知。他在上海嫁女，虽然比不上杜宅做寿的排场，但也够轰动一时，非同小可。杜月笙对他也称兄道弟，趋贺临门。这在上海滩上，算得是风头十足了。总而言之，追本溯源，这只是半夜竹战之余，一道小便一根电线之所赐。管你佩服不佩服，世间事就是如此的奇妙。这些年来，也听说有位教授由打牌结账赶不上太平轮，因而保全性命。以致他那贤慧能干无事不加管束的太太，以后对他打麻将是特予开放。又听说有某某仁兄打麻将半夜回到公共寓所，无意中驱走小偷，替同事保留了好几套西装和相当的款项。但比之竞武仁兄，到底是卑微不足道也矣。

幸运自幸运，麻将自麻将，不可以混为一谈。也有人谈到逝世的某巨公，曾经在麻将桌上接得部下求援的电报，顺放在怀中，三、五天后换衣服才发现，因而遗误戎机的事实。想来此类误己负人的事情当不在少数。如果麻将真是幸运的灵丹，岂不是要设法通过奖励条例，还免不了有人要呼麻将万岁呢！

徐州之战非同小可

何竞武个人的升降浮沉事小，徐州这一场战争的关系，确是很重要。蒋总司令下野出国去日本，本是为势所迫不得已而为之。第一军的环境，如同失去怙恃的孤儿。总司令在东瀛，固然是忧心如焚。而何将军在国内，也更是寝馈不安。单凭第一军的力量，不可能发出通电拥戴总司令回国复职的，不单是事不可成，而且可能遭遇到更多不良的反响。当龙潭大捷，何将军及东路军稍微有一点风光的时候，好像何将军曾经去向程潜商议，希望他能与第一路军联名电请总司令回国。程表示“某人要回来，他自己回来好了。总理在世之日，我们也从来没有发表通电拥戴过”。这一个不大不小不软不硬的钉子，碰得何将军气都不敢出。因此渡江北伐之后，他每天几乎一有机会，便尽可能的结合各级干部，开口闭口，就是：我们大家要拼命，要打胜仗，否则我们的校长，便没有机会回来了。第一军的干部，几乎清一色不是黄埔的教官队长，便是学生。大家对蒋先生很少称总司令，都是喊校长。他们对于校长，有如家人父子之亲。在训话中，提起校长，很多人是含起了一包眼泪。军事机密作战，我不参加，也不想知道。但一次一次的集会训话，都是我笔录。一字一句乃至一个人的表情，我几乎都记得很清楚。写文章到此，好像我也年轻了三十年。古人说得好，哀兵必胜。单是这一股念校长苦求胜而同心一德的悲怀壮志，已经决定了张宗昌必然挨揍而非彻底垮台不可的运命。革命，革命，在骨子里有一股看不见量不出的精神力量，它不是枪炮子弹，不是权威命令，但它是原子能，是氢气弹，能发生千万倍的光和热。谁失去了这一种力量，谁就会走上失败的道路。我们这一类在军中久处的文人，比许多带兵官还更要敏感。也许是当局者多半不及旁观者更冷静更清晰的缘故。

通电请总司令复职

徐州这一战，张宗昌崩溃是小事。但第一路得到了鹿钟麟、韩复榘、石友三、庞炳勋等西北军方面将领的同意，在徐州前线，才共同联名发出请蒋总司令复职的通电，于是乎才有继续完成北伐一段以后等等的历史。如果张宗昌胜利，第一军主力溃败了，岂止总司令回不来，革命的历史，恐怕要重新写过，谁知道混沌到甚么程度呢?！所以平心而论，何竞武的功劳，应该有他值得可奖的价值。不以人废功；他固然是幸运，国家又何尝不幸运？败则见焦头烂额之痛，胜固无曲突徙薪之功，就这一点来看，不管他的幸运是从何而来，何竞武总是值得令人同情的成分居多。

说到徐州发通电，我还有一种轻快回忆的心情。神仙老虎狗，本是军队中的生活，打了一次大胜仗，进入了徐州，尤其是军队中的文职秘书，更是无公可办，乐得清闲。除了到澡堂擦背捏脚，享受一番而外，无形中等于放了一两天的假，尽可以在大街之上，摇来晃去。纵然是总指挥寻你不到，他也一定是不会生气的。那天下晚五六点钟，我在刘汉珍的团部，约好大吃一顿，饭前一人在花园散步，我忽然想到，也许总指挥要发通电请总司令复职了。我自己在肚子内，起了一篇请总司令复职通电的腹稿。这只是我个人一点偶然突发的兴趣。因为当时总部之内，人才济济，有东京帝大的博士，有北京上海名大学的高材生，起草这样重要的通电，还轮不到我。殊不知在吃饭当中，总指挥派人四处找我。找到刘的团部来，要我立刻回总部去。进了总部，只见总指挥和我们的将领刘峙、顾祝同等以及北方的将领，都聚在一起。专门在等候发表通电。总部原来所预定的几篇稿，他们都觉得不满意，不合用，所以要我立刻再起草。我想这一定是我们那位参谋长王承旃先生的杰作。他是士官学校高材生，对文学颇有素养。他知道我平素喜欢读《陆宣公奏议》，还喜欢看饶汉祥的尺牍，他以为我对通电宣言，可以胜任，所以推荐了我。这种吹糠见米说要就要的文章，真是忽然天上一火链。要不是由于灵感的关系，心中早有腹稿，我一定弄得心慌意乱，越忙越乱越写不好，会闹个不大不小的笑话。何竞武固然靠幸运，我这篇通电稿也算是靠幸运。我坐在桌子旁边，在大众环视之下，不消几分钟，可算得一挥而就。结果是大家认为还可用，只改了两三个字，便作为定稿，一同签字发出。好不好是另一问题，他们最诧异的是我写的快。除了我自己而外，谁都认为不可思议。皇天保佑，这是我的最高机密。现在把原电文抄在下面，留个纪念：

鹿钟麟、何应钦等将领

上中央请蒋总司令复职完成北伐电

南京中央党部，国民政府，军事委员会……（余衔略）全国各报馆均鉴：有统一之指挥，然后有整个之力量；有整个之力量，然后能摧坚破敌，所向必克，古今斯义咸同。北伐军兴，一战而吴逆消灭，再战而孙逆崩摧，长江各省短期底定，赫赫丰功，震惊宇宙。自共产党别有肺肝，中伤我军事领袖，介公远引，群失景从，军事进展，顿形停滞，逆军南犯，首都濒危；虽幸赖总理之灵，各军协力，化险为夷，河山无恙；然北伐之师久稽申讨，残余军阀犹得苟延。近则西北军苦战于直鲁，阎伯川见败于奉张，武装同志断脰决肠，牺牲之巨，宁堪指数。而劳师苦旅，我实无此呼彼应之灵，合纵连横，敌乃有迎东击西之妙。命令不一，步伐未齐，以今视昔，奚啻霄壤。现在奉鲁军阀日暮途穷，卖国窃权，变本加厉；若多假时日，划除未能，恐将来黄龙直捣，国权已丧失殆尽，虽欲拯救，道末由已。且如此纷战，频岁不休，民乏乐生之心，更将予“共匪”以造乱之隙，中国前途，何堪设想。当此徐州克复，钟麟等晤集一堂，顾瞻前途，难安缄默，认为当急之务，首在完成北伐，欲完成北伐，必须统一指挥。果使军事胜利，军阀悉除，则对外一致力争，不难废除不平等之条约；对内各抒所见，亦有从容讨论之可能；党国兴亡，关键系此。用谨以至诚，请蒋总司令以党国为重，总领师干，东山再起，完成北伐；更盼各方同志一致敦促，俾军事指挥，早归统一，军阀少一日之幸存，即为国家多保一分之元气。临电神驰，无任迫切。鹿钟麟、何应钦、韩复榘、贺耀组、刘峙、顾祝同、石友三、郑大章、夏斗寅、庞炳勋、吕秀文、王鸿恩、曹万顺、陈村、张克瑶、李明扬、卫立煌、杜起云叩。号戌印。（民国十六年十二月二十日自徐州发。）

联想到另外的两次大战

从何竞武的幸运，我联想起了龙潭和临淮关两大战役，也居然有幸运的成分存在其中。

在龙潭战役之前，原系第七李宗仁第八唐生智等军联合压迫第一军的形势。蒋总司令在不得已的情况下，才下野去国的。第一军的主力，早已向江浙边境移动。我不是军人，关于部队移驻甚么地点，我不但记不得，也没有兴趣去过问。但大体说来，想象得到的，是总司令既然下野，第一军当然先求自保，以待时事的转移。我们总指挥部，早已移设苏州，等于断后。留在南京的，只有何总指挥本人，和王参谋长绳祖，林参谋处长柏生，郑参谋仲坚和我。还有担任警卫的一个特务营，营长记得是王国忠。下关专车升火待发，总部内空空如也。只待李宗仁一入南京，由何将军等于办理一点形式上的交接，便一去苏州而不回来的了。

南京的总司令部，国府明令改为军事委员会。常务委员为李宗仁、何应钦、白崇禧三人。总司令部中级以上的职员，全部离去。大家对于总司令有崇高的敬念和希望，谁也不想在军委会任职。只有一个最热中的缪斌，愿意担任经理处长。大家口虽不说，心实非之。何将军带着我去军委会，原意只是向李宗仁打打招呼，作一点礼貌上的告辞，预备下晚即全部离京赴苏。李宗仁也到了军委会。因为他还没有派下一个职员，办公厅内空空如也。我只好无名无位，从办公厅主任到送稿的工友都全部包办起来。当第一件文书送到李宗仁那里去签名的时候，首先发生推让的，是三位常务委员的签名次序问题。李宗仁很客气地说："何敬公德高望重，一定要他先签第一名。"何将军说："无论如何，必须是李签第一，没有我何某人占先的任何理由。”害得我在当中，传来走去，闹了一个多钟头，问题不得解决。最后还是何将军和李宗仁当面商安，当然是由李先签，毫无疑义的。一、七两军暗潮虽烈，但究未公开破脸对敌。李宗仁一定要挽留何将军在南京多耽三两天，何将军论势也不能悻悻然绝裾而去。就在这个时候，孙传芳的大军偷渡过江向南京猛扑而来。南京是总理生前指定的首都。在所向无敌革命军同志的心目中，如果将此首都让军阀占领，将无以对总理在天之灵，而且是毕生的耻辱，也许成为千古的罪人。于是乎在保卫总理指定的首都——南京这一个重大意义之下，一、七两军不得不把恩怨利害暂时放在一旁。尤其是第一军处境最苦，而且是被迫放弃原定的计划，非打即逃，间不容发。何将军连向在日本的蒋总司令发电请示的时间都没有，便不得不作决定了。

孙传芳的军队，不是不能打的军队。战争一开始，一、七两军都吃紧异常。桂永清所率五十八团的伤溃兵，有少数已到了麒麟门附近。何将军得到报告，集合王国忠的特务营，坐上车说了一声“走！”便向前线而去。革命军当时的连坐法，是绝不容情的。而且好像大家心目中都没有打败仗的意念。何总指挥来了，大家拼死向前扑，一直到东阳镇，亲自指挥。敌人系背水为战，退无可能，战事异常激烈。当无兵可增的时候，连在南京伤病较轻的军官兵都集合起来编为一团，临时由张本清率领加入最前线作战。第七军方面主力，好像是夏威、廖磊所部，在乌龙山一带，大约也是苦撑苦战吃紧异常。记得李宗仁来一电话，由王参谋长亲自接听。我和林柏生坐在一旁，听得很清楚。李颇有责备的口吻，问：“你们第一军到底打不打？！”这时我们那位风流潇洒小生型的王绳祖先生，在电话上对李宗仁幽了一默，他说：“德公，你知道何总指挥现在在哪里？”李说：“哪里？！”王说：“三个钟头前在东阳镇，现在是在龙潭水泥厂。”李说：“既然如此，大家拼了罢！”大约李也立刻出城向前线去了。因此决定了孙传芳全军覆没的命运。何将军得胜回来，大病了两三个星期。当时还有人造谣说他是患政治病。我们是到了苏州，自动大放其假。在公园里喝香茶，观前街买糖点。还去了天平灵岩，坐过了西南所无苏州特有由窈窕青年女子抬的小兜子。一场死伤遍田野血水成小沟臭气经月余不散的龙潭苦战，为甚么会说有幸运的成分呢？

孙传芳的军队，如果早来几日，第一军已开拔，第七军还未到，南京等于空城，岂不垂手而得？！迟来几日，何将军已离南京，李宗仁当然调不到第一军，专靠第七军自然不是孙传芳的对手。战也好，撤退也好，南京总算是完了。孙传芳不崩溃，又是一种新局面。早不来，迟不来，倒霉的孙传芳，弄到了全军瓦解。是他的坏运，也就是革命军的幸运。一定要说革命军战无不胜，有甚么了不起，应该还不算是虚心持平的看法。

几乎有人失足

再说到临淮关之战，有一部分重要的军队，已经不支后撤好像是到了红花铺附近。徐廷瑶英勇坚定，苦守临淮关不退，但可能成为孤军。那一天中午，何总指挥由滁州出发，因为前几天捉得了敌人的一匹高头大洋马，他忽然兴致勃发，要试试洋马奔跑的速力。他上马一跑，副官陶锐是军校学生，他倒不在乎，最痛苦的是我。文学校出身的我，从来不曾骑过马。这几天刚好有人指教我，要如何上马？如何在马背上两个腿腕必须用力夹着马，而要微微高抬尊臀，不能把屁股死坐在马上，等等常识。刚刚才在试用，如果有马夫牵着马，缓缓而行，自己骑在马上，昂首踞鞍，倒也俨然人望而羡之。这放手一跑，我从来不曾想到，骇得我亡魂皆冒，干脆抓着马鬃，任他狂奔，甚么姿势都顾不得了。心里简直要喊天，我又不能请总指挥停跑，除非是自愿落马，造成惨祸。就是这样昏天黑地，追随总指挥一口气跑到了明光。到达明光营地，当时遍山遍地还是大太阳。大约只是下午三四点钟。如果不是跑马，据说应该六点过钟天黑时，才能到达呢。

总指挥一到营地，他的老规矩，先接通电话，查询各部队的情形。听说居然有人后撤，我见他很严肃的在电话上说：“××兄你晓得的，革命军是有连坐法的啊！”这法宝真灵。与其退而寻死，曷不败中求胜呢？再上去！配合临淮关军队，又是一次胜利的成绩。假如何总指挥不跑马，迟到几点钟，能不能挽回局势，天晓得！我深深体会到，许多事情，真不一定是完全人为的力量。岂止何竟武一人而已哉！竟武来台湾后，因为彼此住得近，当年又是旧同事，反而常相往还。据说他有四个太太分住四处，有两个带儿女去了美国。有的是感情并不如意。到他七十多岁的晚年，好像手边也并不宽松，靠一个在美国学成的儿子每月带几十块美钞来帮助他的零用。有时打点小麻将，输赢也只三五百元的台币，比起当年三千五千壹万八千大洋的进出毫不在乎的时候，常慨叹若不胜今昔之感。他读过一些线装书，也有许多见地，倒还能安。人之一生，真是三穷三富不到老。他病时死时，我手边也并不宽裕，所以对他并没甚么好的帮助和照料。因此写写他，也算是眷念故人的一点小意思。

又一同事钱宗泽

钱宗泽字慕霖，据说祖籍也是浙江，当然用不着存疑。也许上一辈游宦北方，他说他是保定府出生的。个子既高且大，一个十足的彪形大汉，北方大侉子，眼睛大大的，说话走路，气派十足，与民国初年有几位北洋军阀在报上的照像，颇有些类似。他不是第一军的关系，而是龙潭战后由孙传芳的部队中转过来的。我们同事相处，是在总司令武汉行营。行营主任，当时也是何应钦将军，总参议是蒋伯诚。参谋长系贺国光。钱任参谋处长。我系办公厅主任。何将军一生忠厚，但军事确有特长，屡建奇勋，非由幸致。他能选用钱宗泽任参谋处长，一定是知道了他的长处才决定的。好在隔行如隔山，也用不着我们去研究。有人说钱慕霖最大的缺点，是打麻将牌品太坏。有大牌和不出，他可以推翻上下手的牌，问人家何以不打他所需要的那一张，悻悻然十分难看。许多人把他作为背后说笑话的好材料。假如他是有权威的司令官，一定免不了来一个张宗昌的雀啄饼〔注〕。此外倒也没有听见人说过他有其他的坏处。

果然有一手

在武汉行营，我没有看出他的才干。倒是有一次随何将军一同去广州行营，他的表现，真是还不错。广州行营的设置，系何将军临时奉命代表总司令去广州对抗广西军和张发奎。记得当时陈济棠、陈铭枢都还站在中央的一面。时间记不清楚了，可以查得出来的。随行去的人好像也有蒋伯诚，此外便只是钱宗泽和我，以及副官陶锐、电务员林智启等少数几个人而已。行营在省政府临时办公。那一天的下午五六时，天刚近晚，我们的右翼方面，已被对方张发奎所部的吴奇伟攻迫到了广州附近。大约是因为不明了我方虚实，加上天色已晚，不敢轻进。如果长驱直入，真有点不堪设想。当这个时候，前方某一将领，退了回来。在省政府内，何将军命人炒蛋饭，要他吃了赶快回前线去。他垂头丧气，面目黧黑，表示没有办法，我看我们的钱参谋，不单很镇静，而且一面向何将军陈述意见，一面草拟作战计划。因为在大厅上办公，所以我也不曾离开，何将军决定的办法，大约是：

（1）立刻命特务营（还是那位王国忠）带同宪兵驰赴右翼前线，延阻吴奇伟，使其不敢轻率躁进。

（2）用少数兵力，在左翼正面，凭借工事牵制桂军，诱其来攻，消耗其实力。

（3）连夜调陈伯南之主力，结集右翼。次晨向吴奇伟猛扑，打击张发奎所部。

四幅名画真爱人而今不知在何处

我不是参谋，我所知道的大意，大概如此。事情处置好了。他和我在省府大厅内谈谈笑笑，消磨时光。我记得省府大厅有四幅镜框装好的名画，有三幅是高奇峰和高剑父的。好像有《珠江夜月》，《雷峰夕照》，有一张记不起了；另有最足珍贵的一幅，系张静江先生所画的《白云山》。平素只知道静江先生能写大字，天分功力均高人一等，而不知其还擅长绘画。这一幅画，纯以写字的中锋笔力，一气呵成，雄厚而美，实为难得的精品，我和钱宗泽在开玩笑，我说：“假如战事失败，我们还走得回去的话，我一定将这四幅画取下来卷好，带回中央去交故宫博物院保存，损失了太可惜。”虽然是说笑，当时的心情，确是很严重的。第二天、第三天，事实证明了作战计划完全成功，全部胜利。我曾经问过他，我说：“慕霖兄，前天晚上那一幕，我看你不慌不忙，在非常紧张中，还拿得出办法，你不愧是一位好参谋。但为甚么你在孙传芳那边，不能替他策划打胜仗呢？”我们处得很好，对过去事都不讳言了。他回答我说：“老弟，身在曹营心在汉，我们在北方军中，天天希望革命军早些来。打倒了军阀，中国才有出路，你说我们还有好计划吗？”这一段对话，一针见血。看出了当年军阀失败革命军节节胜利的基本因素。枪炮绝不是问题，人心与士气，才是问题。不了解人心与士气的症结所在，不能够鼓荡人心，激励士气，不单不是大将才，而是庸才是蠢才。萧何约法三章，韩信楚歌散敌，都是此中的高手。太公望吊民伐罪以诛一夫，更无论矣。

一句话免去了惊涛骇浪

军事胜利了，广州不是能长设行营的地方。何将军要立刻回南京。我们来的时候，坐的是一只小型运输舰，据说只有一千八百吨，小得可怜，我们沿近海而行，一直到广州。托天之福，风平浪静，如同在长江内河航行一样。何将军的意思，是原船而回。多亏了蒋伯诚先生，他向何将军建议，他说：“打了败仗又如何？不必太俭省了。粗重物件，随原舰而行，我们少数高级职员，不过五六人，买个总统号观光观光，比小舰上赏钱，也贵不了多少。”此一建议，得到了何将军的同意。我们坐总统号，过了福州洋，才有大风浪。到底一万吨以上的大船，安稳非常。我们都在船舱面上，游来走去，以欣赏海上的白头翁（大浪头白最可怕）为乐。回到南京，才知道坐军舰的，有电务主任梁希之、电务员林智启，为了押运电讯器材，简直是受尽了人间的活罪。舰行较慢，到了福州洋，已是风浪滔天。锚吹坏了一个，也无法下碇。就在福州湾内，两个灯塔之间，对开往来，一个整通夜不敢停。只差少许的度数，就全舰倾覆。人在舱内，如滚皮球。一时由东滚到西，一时又由西滚到东。人们除呕吐之外，只有呼念救苦救难的观世音菩萨来安慰自己，你说可怕不可怕？不管如何，蒋伯诚这一次对于我们真是片言九鼎，具大功德，值得令人怀念。可惜他死了。如果在台湾，我一定会请他去圆环吃廉价鱼翅羹。这一件也算是大家小小的幸运。

亲口所说的故事

为了介绍我所知道的钱宗泽，绕了一个大转弯，还没有说到钱宗泽所遭逢的幸运是件甚么事。这是在武汉行营他亲口对我所说的。他另外的朋友知道不知道，不敢说一定。在武汉行营，我们一同住在办公室内。我是单身汉，他当时也是没有带家眷。有一天星期的早晨，我想到他房内约他一同出去吃早点。只见他送了一位客人出去。客人是一位清瘦的中年人，身着灰白长衫，很旧，像个教书的老师。钱送客回房之后，对着我叹了一口大气！他说："老弟，许多事说起来，令人有无穷的感慨！"他约我到他房内，一直继续往下说："在保定府我年轻时，是一个最顽劣的孩子。书不肯读，喜欢闯祸打架。我父亲常常替我戴上手铐，将我关在房内。我还是将手铐敲断，破窗逃出。挨打不觉痛，早成了家常便饭，根本不在乎。我父亲为我伤透了脑筋。忽然有一天，北京来了公事，要我们高等小学选送最优秀的两名学生去应考将弁学堂（是否此名，记不太清楚）。这对于我，和打架一样的有兴趣。我向父亲要求，同时也向校长纠缠不休。当时在学校，包考第一二的两位优秀学生，系一双同胞亲兄弟，我吗？不留级，不被开革，都完全因为我父亲是学校创办人，也是实力支持者的缘故。我哪有优秀被保送的资格呢？缠来缠去，父亲不理我。但校长不能不看我父亲的面子。后来他想了一个通融的办法，正式保送了那两位优秀的弟兄，而将我名列第三，作为逾额加送，让我去北京碰碰运气。也许他还有送我这小捣乱早些远离的意思。"

尚武说是两用的灵丹

“我们三人一同到了北京。他们两弟兄，一天到晚准备功课应考。我平时啥书也不读，谈不上温习功课。我跑到琉璃厂去蹓达蹓达，在书摊上买了一本考试必读。回来翻了一翻，发现了当中有一篇《尚武说》。我想这篇文章，和军事学堂多少有点关连。同屋而居，我不便去打扰那两位兄弟。我花了大半夜的工夫，把《尚武说》读背得烂熟。”

“第二天进了考场，国文题是：‘知耻近乎勇义。’我搜索枯肠，费尽心机，写了四句开场白（当时他还背给我听，我当然记不得了）。足足花了一两个钟头。考官已经在催卷，时间快完了。我唯一的办法，便是将《尚武说》抄在四句之后。大约抄了三分之一强，一个有哉字的地方，算告一结束。我是最后一名，走出了考场。”

倒数第七名

“第三天去看榜。我不敢从头看，我倒数看过去。居然在倒数第七名上，有我钱宗泽的名字。在我们小学考第二名的那位兄弟，考了前几名。最奇怪的，是那位在小学包考第一名的大兄弟，竟然名落孙山，他哭了一整天。我们自然是莫名其妙。现在我想明白了，大约当时军官学堂的那位考官和我钱宗泽的国文程度差不多。对于我们那位优秀学生的文字，因为深奥了，看不懂，干脆说他不通，不把他录取。曹子建遇见了张献忠，只好认命。”

“接着检查身体，我当然不成问题。到了第三场复试，作文是：‘有勇知方论。’这回我更轻松了，横顺我肚子里，只有一篇‘尚武说’。我老老实实从哉字以下，照抄全篇不误。我第一个首先交卷出场。过几天看榜，当然还是倒数第几名，但我毕竟被录取了。因此我决定了我一生做军人的运命。老弟，你知道我因为文字不好，所以二三十年来，我在军队里混，从来不敢做书，写战术，写战史，我尽量免避了我的短处。”

命不如人秀才穷矣

“我们那位落第的才子，过了几天另外去参加了高等师范的考试，一考一个第一名。你说冤不冤？！老弟台，你猜一猜，刚才来看我，我送他出去的那位朋友是哪一个？他就是当年武学落第文校高榜的那位优秀生。这些年来，他都在教育界工作。最近失业了。他打听到我在这里做了大处长。他来求我替他找一点差事。为了吃饭，哪怕是书记司书，他都愿意干。你说我惭愧不惭愧！感慨不感慨呢！”

这都是钱宗泽亲口对我说的。因为这并不是宣扬他光荣的历史，我相信一点不会是虚假。的确，这个时候的一位少将处长，每月正薪是三百多元，在行营因为是出差作战，还要加三分之一津贴，还每月有二百元的特别费。要比照现在，几乎有每月一千美金的收入。就算是一个司书罢，每月十八元，只要二元一月的伙食，一家八口，也就温饱有余，若是上尉书记，每月有八十多元，更可以过较好的生活。至于北伐前后，在革命军中受到社会的尊敬和重视，更不必说了，无怪钱大处长要感慨系之。以后他是否替他那位命不如人的老同学找到了工作，我不必再问了。

黄河鲤鱼可以两吃三吃，钱宗泽的《尚武说》可以两用。当然不能不说是幸运。但钱宗泽之所以成为参谋，还是靠他以后自知其所短，再加倍进修努力，才能有相当的成就。单是永远靠打架，靠《尚武说》，会得到后来的飞黄腾达吗？钱宗泽以后做铁路局长，做运输司令，几乎成为了军事交通运输界的泰斗。这已经不是我心目中和题目内的材料了。

由幸运可以入道

幸运，幸运，人世间果有其事吗？！如果有之，也是可遇而不可求的。佛家说是因缘。情人眼底出西施，太公八十遇文王，张良说沛公殆天授，范增修养不够料，弄得个疽发背死。一切都是缘。古人说尽人事以听天命。圣人云君子居易以俟命。忘我而爱人，内圣而外王。禹稷、颜子，易地则皆然。忘我无私欲，圣学也。爱人而为民服务，王也。因缘时节好，虽为禹为稷而心中坦荡荡。因缘时节差，箪食瓢饮在陋巷而不改其乐，颜大贤不是穷开心，而是乐心君泰然的大道。所谓穷则独善其身（似乎应改为独善其心，或善护其心，否则其身二字表面易成曲解）。达则兼善天下。不否认幸运，不寻求幸运，不为幸运所惑，刘子曰，此人乃天地间大幸运者。

〔注〕张宗昌有一大牌单调么鸡，久不得和，遇一筒即说和了。人问之，彼曰："此乃雀啄饼应再加一番。"后来有人照样雀啄饼，张说刚才雀已啄饱，不能再啄，所以不能和。

（原载《传记文学》第五卷第二期）

两个难忘的好同志：桂永清与郑介民

一、桂永清

故友情深难下笔

一年半载以来，常常受到一些朋友的责备，他们说：从前大家以为你只讲话不写文章，最近看见你在《传记文学》上连天南地北的军人你都肯写，为甚么常常听见，你念念不忘的好同志你却一字不提，难道他们还值不得你写上一写吗？我口头上内心里念念不忘的有两位好同志，一位是桂率真（永清），一位是郑介民。

天晓得！自从他们逝世之后，我几乎随时都想好好的写一篇文字来纪念他们。但是一提起笔来，便写不下去。第一，国事蜩螗，神州待复，正是需要人才的时候，偏偏这样得力有用的人才会死去。正如曾文正公同一的感慨。而庸庸碌碌唯唯否否者，果骧首而上腾而富贵，而荣誉，而老健不死。国家的前途，个人的情感，奔来心头。平常昏昏瞶瞶地吃饭，安安静静地等死，倒还罢了。真正思想起来，难过到心里发慌，乱如麻，剪不断，唯一的解着是只好废笔而起，到马路上去乱跑一阵，疲乏了再回家来纳头便睡。好在乡间马路，汽车稀少，若果在热闹市区，昏头昏脑丧魂失志地摇来摆去，其不被撞个半死，那才怪呢？！这种心情，如何能把一篇文章好好的写下去？！

第二，率真与介民，一个是正规的军人，一个是情报工作的同志。军事吗？我真是外行，哪一次战役是如何精采？哪一篇计划，是如何的出奇？不要说事涉军事秘密，平时不肯去问，即使有人说给我听，写给我看，我还是没有兴趣，更谈不上去研究。如今勉强写起来，比隔靴搔痒，还离得太远。至于情报工作，更是秘之又秘。无论在国际在国内有任何成就，除当事人外，再好的朋友，也不便问。如果你不识相偏要问，碰了钉子是活该。到如今只凭玄想猜度去写，那更是瞎子扪烛光以为日月了。因此论率真与介民二人的功绩，在常识上可以写。真正精辟之所在，便无从写。写出来也是姜子牙的坐骑——四不像。

有了以上两大原因，所以这几年提起笔来又放下总不下有十次八次。我内心也在责备自己不能再如此下去。我应该写。我要镇定心情，鼓起勇气的写。

甚么是好同志

北伐成功以后，同志二字，为一般人所普遍的采用，所乱用。比江西人称老表洋人称密斯托（Mr.）还要随便。这完全丧失了当初神圣庄严的意义。可是在我这老顽固的心目中，却还是有一范围，丝毫不肯逾越。我和人书信往还，称仁兄，称先生，甚至称某公某翁，我都无所谓，要称同志或志兄，我必须经过考虑，认为不十分离谱才肯干。我心目中的同志，最低限度，是对“三民主义”有了解，有信心，而且有奉行实行的诚意，才算是够格。至于好同志，那便是在研究或工作上，有特殊优异的条件，使我佩服。率真与介民，便是属于这一类。我们非亲非故，也无任何私人的利害关系，唯一令我不能忘的，便是他们是我心目中所敬服的好同志。从这一个角度去看，才知道他们在我心情上是何等的崇高和重要。我从不肯为了敷衍应酬替人写文章。

我现在依照逝世先后，先写率真。

南京侯府初相识

国民革命军第一军北伐，取福建，下上海，直至南京，称东路总指挥部。总指挥系何应钦将军，我在总指挥部，当一名机要秘书。文人在军队中，奉命司笔札，写政治文告，都是些表面文章，实际说起来，既不机也不要。东路总指挥部驻扎在南京的侯府。有一天和团长刘汉珍一同来见何总指挥的，有一位青年军官，个子高高的，身裁不肥也不瘦，很结实，也很英俊。他们见过总指挥后，来到秘书室，汉珍兄替我介绍，他就是五十八团的团长桂永清。在福建松口之役，何将军一鼓扫荡周荫人所部，取得福建全省的控制。五十八团在功绩上，有很重要的贡献。那时我们大家都只是二十多岁，开口闭口不是主义，便是革命。大家谈得很投契。率真与月松（刘汉珍）两个都是喜欢抬杠子的，为了理论或问题，甚至于哪一种小菜好吃，都可以争辩得面红耳赤。但并不至于妨害友谊，尤其是同志的情感。现在回想起来，当年这些毛头小子，好争，好辩，好胜，证明处处对革命对主义是认真，是充分的热情洋溢。党的精神，不怕有同志争辩得面红耳赤，甚至于拍案相向。而最怕的是滥官僚，老油条，见了面不是你好，便是天气好。明明人家头发都白了，硬说他和六十年以前一样的年青。大概到了一百岁，还是青年小白脸。一谈问题，便王顾左右而言他，根本没有意见。如果大多数党员有此现象，真是病入膏肓，虽有良医妙药，亦莫如之何也已矣。短短几十年。历尽沧桑的同志，能不感慨吗？我和率真兄的往还，一直到如今，只知道他是江西人，至于他是哪一县我始终没有问过，也确实不知道。但这并不足以阻隔真正志同道合的情感。我们彼此都不会在这些小节上去用心。

联想起幼年同窗蔡光举

因为率真与汉珍，联想起一位黄埔第一期同学蔡光举。在黄埔第一期中，有两个贵州人是我的朋友。一个是刘汉珍。他是贵州安顺人，我和他的认识很奇特，我在贵阳法政学堂读书的时候，我的名字不叫刘健群，而叫刘怀珍。我初上私塾，有一位腐儒李老师，替我取学名。当时我家排行是“怀”字辈，他就跟我取名刘怀珍，号席儒，是儒为席上珍的意思。我在法政毕业。思想上受了革命洗礼，我连文凭上的名字也不要。好在不靠文凭吃饭，我自己取名健群。意在天行健，有为人群服务的意思。这算是孙猴子在花果山，自立为王了。但当我在法政二年级的时候，有一天同学告诉我，在号房门首有我的挂号信，当年的挂号信，一定是家里寄来的伙食和零用。我迫不及待，便去取来，顺手拆开。一看内容全然不对。再看封面，不是刘怀珍，而是刘汉珍。汉字行草和怀字一样，不易分辨。我赶快去下一期新来的同学中，查明谁是刘汉珍，向他退信，并道歉。因此我们成了朋友。他到黄埔后，当然我们友情特别不同。他人很聪明，成绩也不错。他毕业后当团长旅长当得很早。可惜他有点贪玩而且任性，所以成就不如理想。可惜呀！可惜！他比我小一岁，年前也病故了。另一位是蔡光举。他不单是贵州人，而且是我遵义小同乡。不单是小同乡，而且我两人同拜一个老师习经史和作文。我们的老师，是遵义一位有名的解元公余沅芬先生。据说他文字的造诣，还在遵义探花杨次典之上。若果科举不废，遵义可能出一名状元，便是这位余沅芬先生。我还背得他拟的祭史阁部文，内有“运丁阳九，文文山之正气摧残。野落大星，五丈原之秋风萧飒”等句。可算是文情并茂。蔡光举和我，算是他很喜欢的私塾弟子。光举初出省，考上厦门大学，他读孔孟近乎迂阔，平素赞佩吴佩孚，到厦门大学一年，思想还是没有多大的变动。我们常通信。他进黄埔，一方面是受了上海国民党员的引介。一方面也实在因为家境清贫，普通大学无法缴费，才下了决心。但到了黄埔一星期后，他和我通信简直是前后判如两人。这证明黄埔的政治教育，是如何的成功。光举的个性，是最固定而坚执的。要彻底改变他平素的思想，谈何容易，从这些地方，我们可以想象得到主义思潮如洪流，其力量的伟大，真是不可思议。光举品性学问，都是上乘之选。如果不是一出校门便阵亡于淡水之役，其成就是不可限量的。回想起幼年同窗之友，真令人不胜惆怅和感慨。

龙潭苦战中之桂团长

龙潭这一战役，孙传芳的军队训练有素，又是背水为战，要不是当年革命军气吞河岳，有进无退，有胜无败，万众一心的壮志，可能孙传芳的军队，会是置之死地而后生，南京竟不能成为国民政府的首都，也说不一定。但孙传芳毕竟是一败涂地了。革命军虽然取得了胜利，当时作战艰苦，屡退屡进，真可以说是尸横遍田野，血流成沟渠。单是龙潭水泥厂附近一带，一两个月之内，还是臭气熏天。沪宁车上的乘客，掩鼻而过。惨烈的战况，仍然可以在想象中得之。

这一战当中，谁是最先参加的部队，谁就是死伤牺牲得最惨酷的部队。桂永清所率的五十八团，便是最先参加作战一直战至最后的胜利。七日七夜的苦战当中，随时都在死亡线上奋斗和挣扎。所以从何总指挥起许多将领，纵然是从胜利的前线回到南京，大都是形容憔悴，面目黧黑，可说是九死一生，等于大病了一场。我们的率真同志，到底当年是年轻小伙子，居然还是有说有笑。我和刘汉珍、郑仲坚陪他去夫子庙老万全大吃一顿。老万全出了名的是砂锅鱼头和盐菜鸭子，味道和火候，真是到家。尤其是纯和的老花雕，在台湾今日，只可于想象中求之。

臭豆腐乳美味胜珍馐

酒菜都到齐了，率真兄还是叫茶房。原来他最喜欢的，是一小碟臭豆腐乳。人的嗜好真特别，我最好吃豆腐乳，但我一点也不能吃臭豆腐乳。率真兄对于臭豆腐乳，真有爱逾生命的气概。一切好酒好菜，都成了臭豆腐乳的次要陪客。以后来在台湾，有一次他送了我一坛臭豆腐乳，总有二三十斤。他忘记了我是不吃臭豆腐乳的。他非常慎重地介绍，他说这一次做得特别好。我一面只好谢谢，一面真有点啼笑皆非。我太太根本是豆腐乳最彻底最强烈的反对派，何况是臭？我想了一夜，想出了一位对此有同好的朋友，次日清晨不等太座醒来，就派人送了出去。在朋友是得其所哉，在我家是臭气远行。从这一点小事看起来，要满足适应世间群众的需要，真不是一件容易事。

私交纯建筑在公谊之上

我和率真兄，彼此互认为系好朋友。但我们的私交，纯粹建筑在公谊之上。我们无亲无故，他是江西人，我是贵州人，没有一点点封建的地域关系。他是军人，我是文人，他不靠我去打仗，我也不靠他来写文章。他们第一期黄埔学生，随时可以见校长，报告一切。见何总指挥，更是方便。我们之间，一点不夹杂任何私人利害观念。唯一的关系便是我们谈得来。我们对“三民主义”的看法，大体相同。我们深信国父孙先生的民族主义，不同于狭隘自私狂妄自夸的民族主义。简直是民族合理相处的国际主义。民权主义，也不是普通落后保守的民主。我们在当时都读过《建设》杂志，诸如“全民政治论”“代议制度之崩溃及其救济”一类的文字，我们深知时代需要进步的民主——民权主义。……但我们坚持必需实行民生主义，而且三民主义正应以民生主义为重心。一民二民主义是不够的。所以我们一见面，多半谈的是主义，是当前的政治问题。他的见解，是巩固校长的领导中心，以实行三民主义。我是从幼小在地方上，身受过军阀割据土匪纵横民不聊生的苦恼，我一贯的看法，是巩固中枢领导，建立统一的新中国，以实行三民主义。当时国内的思想和政治上的分合，并不是完全的单纯。但我们所持的看法和做法，确实是情投意合。因此我看得起他，他也看得起我。他不需要结纳我，我也不需要拍他的马屁。一片纯真的感情。无以名之，应名之为同志爱。我听见朋友说，他常在其他地方，对我推许得很高。还有人告诉我，似乎我后来加入军事政治工作，都和他的推许有关。但我们见面，从来不曾提及这一类的事。他固然不会说出来，妙在我也不曾问。照例是一见面不是天下，便是国家，满意的快畅一下。不好过的感慨一番。二三十年当中，我们就没有谈到过私人利益的事。

率真和爱才

率真这个别号，是他自己起的。就像我自己起名健群一样的。他说这别号，代表他的个性。他主张大丈夫敢作敢为，有担当。最讨厌偷偷摸摸鬼鬼祟祟。最讨厌口是心非、心口不相应的人。这一点我非常赞同他。凡是我不赞同的事情，纵然不便表示反对，顶多是用缄默来代表否定，决不自欺欺人。我认为这是君子与小人的分野。话得说回来，率真兄虽然是率真与爽快的性格，可是他决不是有口无心的大草包。他对一切事，分析得很精微，用心一点也不粗率。受过革命洗礼的军人，脑筋当然不单纯。但集中在为国家为主义的观念上，说起来也并不复杂。我所了解的率真，便是如此。他有一最大的长处，为他人所不能及的，便是喜欢赞扬人才，推荐人才。他从德国考察回来的时候，曾经对我特别提起赞佩两个人，一个是现在的国防部长俞大维，一个是香港的何世礼将军。以后这两个人，都在中枢担任过重要职务，是不是缘于他的推扬而起，我不得而知。但他真实地赞佩这两个人，绝不是由于私慝，或者是地域和亲戚的关系。他为了边疆，曾费了很大的力量，拉拢一个蒙古的德王。这个人我也见过，身体健壮，很机警。据说在蒙古真有力量，不是久住北平关内的蒙古人。我统率华北宣传总队北上的时候，他曾经奉命去北方组织骑兵。当时德王好像还和他在一起。以后北方变化，日本大力侵略，他的任务，大约没有达成。德王在抗日战争中，好像也没有表现。其中经过，我们以后更没有谈起。总而言之：率真兄爱才与注重人才的热情，确非常人所能及。国家大事，固然是千头万绪。但得人者昌，失人者亡，乃是千古以来不可磨灭的定理。大臣立朝，最难得的是登贤进能。若果只知自己逞能，不发现别人有超过自己的才具，纵然这种人是力可拔山，文成倚马，可能还只是妒才忌能的小人而已。率真兄这一项美德，比起他的军事才干，实在对于国家更有贡献。带兵打仗，到底是小事。登贤进能，安邦定国，真可以说得上是大才，是大事。

小技巧打枪开汽车

我们在庐山开会，有一天一同去游山。同行十余人，记得好像有萧化之、周复等同志。走到黄龙寺附近，人行石涧中，发现相隔五六丈之处，一方大石上有一颗小石头，如佛顶上的一粒小珠。率真兄忽然兴致勃发，他拔出手枪来说：你们敢不敢赌，我用手枪能隔涧将那一粒小石打飞起来。一击不中，便是我输。谁输了谁请客，吃一桌酒席。当时是不是李秉中和他打赌，还是众人不相信和他打赌，我记不清楚了。总之：他举起小手枪瞄准，只听见拍的一声，那小石便飞起不见。大家都佩服他枪法高明。他还说，俞大维比他打得更准。后来几天分手下山，应该谁请客，也就无有下文。但同游的同志，谁都佩服率真兄的枪法。从来不打枪不带枪的我，更是如看魔术一般。

我想如果照电影上的外国规矩，为爱情而决斗。大约同行诸人，没有人会愿意和率真老兄一决雌雄的了。

其次我们同志，大家在国府前面广场相约练习骑脚踏车和自己开汽车。这两项练习，大约我的成绩，不倒数第一也倒数第二，我骑脚踏车，由教我的人扶我上车，一上车推开，我便跌了一交。屁股跌痛在其次，西装裤撕破了一条，此后便没有再练习了。回家在自己园内开汽车，踏错了油门，汽车不后退而反前冲，将自己的汽车房冲坏了大半间。后来因为事忙，也就停了下来。听率真兄说，他学得不错，简直自己能够开长途。他吹得很起劲。有一天在南京城外汤山温泉开会，散会之后，率真兄大吹特吹，兜揽乘客。我第一个坚决反对。我说高等知识分子开车我不坐。这种人心情复杂，中途之上一个新观念突然影响情绪，准会出车祸。我说完便先走了。居然有几位同志，欣赏他的技术。已而果然，坐到半途，连车连人翻倒在马路坎下。有的压伤了脚，有的跌破了头皮。好在同行有车，赶快从车下拖出来，送进中央医院，有人住半个多月才好了出院。妙在率真仁兄开车的一面，车门在上，他倒很轻松地开门出来，一切无恙。笑嘻嘻的坐了别人的汽车回南京。此后我很少看见他自己开车，比起他打手枪的技术，实在是令人不敢恭维。但能够表演翻车伤人而不自伤，比起我们根本学不会开车的笨伯，也要算是奇才异能之士了。

大成就陆军下海

中国海军在民国十六年以前，民间有一句笑话："平时做小买卖，战时做大买卖。"小买卖不过利用军舰之便，来来往往带上一点私货。大买卖便是乘军阀交战之际，或帮甲，或助乙，投机取巧，开一炮要算多少钱。单就龙潭战役而论，如果当初不是海军睁一只眼闭一只眼，孙传芳的军队，能够安全渡到南岸吗。即此一事，可知其余。自从慈禧太后挪用建设海军的经费去修造颐和园，以后海军力不如人，一战而大败于日本之手，这就是历史上有名的甲午之战。自此以后，海军在中国，实在说不上有甚么贡献。在民国初年军阀割据内战频仍的时会，海军也不曾串演过主角。而海军也分为几个大派系。最主要的是：陈绍宽所率的福建派，其次有欧阳格所率的电雷学校，也有沈鸿烈统率的东北海军，各成单位，互不相干。革命军北伐成功之后，蒋委员长深知海军对于国家的重要，因此派了桂率真同志去担任海军总司令。率真兄是黄埔第一期学生，是不折不扣的陆军出身。照说对于海军，他当然要算是外行。也许委员长为了彻底整顿海军，要统一海军使成为新中国的中流砥柱。若果在海军内行中选拔统率人才，不属于甲，便属于乙。要办到不偏不倚，公道中正确实很难。因此特为找出一个陆军出身和海军各派各系都无有恩怨的人去担任。可是外行人做内行事，其吃力不讨好，事倍而功半，是可以想象得到的。若果不得其人，一定是难免闹笑话而失败的成分居多。曲突徙薪无义泽，焦头烂额为上客。凡是成功的事业，看起来都很寻常。一旦失败，才知道是天翻地覆不可收拾。率真兄之于海军，我想他完全体会到委员长的意思。他办到了虚心学习，公平公正，所以才能在海军建设中，起了真正创造和领导的作用。

公正无私建立制度

为了打破旧的系统，率真兄在青岛创办了海军学校。完全用最严格的考试，招纳全国优秀的青年去统一训练。当时海军学校，是全国有志青年最热心争取的目标之一。我有两个至亲的子侄，他们早已经在南京考上了中央大学，但他们仍然千方百计，找寻关系，总想设法考上海军学校。以我当时和率真兄的关系，论公论私都可以无话不说的。但我就没有勇气向他为我这两位老侄台关说。我晓得率真兄做事办学的理想，我不愿去碰他的橡皮钉子。后来这两位老侄台，一位是被取录了，一位是落选。落选的哭了好几场，才垂头丧气地去上大学。拿现在台湾投考的情形来作一对比，抚今思昔，真令人有无穷的感慨！

海军完整宝岛安

大陆失掉的前夕，这是一种无可否定的说明。海军船只的行动，是比陆军集体的行动自由方便得多。如果这些年来，率真兄对内部的人事情绪，没有办到真正的协和，到了这种天翻地覆人心皇皇的时候，些微的缝隙，一定招风。问题的严重，是不难想象的。但海军全体毕竟上下一心，忠贞不二，冒险苦战达成任务之后，转进来台，从不曾听说过有甚么轻微的波动。委员长用人的得当，率真兄报国的忠勤，两皆得之，才会有如此的成绩。

金门古宁头之役……是不可磨灭的成绩。尤其是陆军下海，外行弥补了内行的缺憾，说得上是难能可贵。我不是海军中人，从想象中可以体会得到，绝不是饥来吃饭困来眠那样的简单。像率真同志这样的人，如果在位当职的，多有几位，我想国家大事，总可以更好一点。我不说率真同志是无比的完人，他以率真二字自行命名，他很好胜，感情也有时很冲动，但中国的事，最怕的是老油条，滥官僚。满口漂亮话，俨然为国为民，心里空飘飘，全无半分热情在念。这正是圣门所深恶的乡愿。而千万不及所谓进取的狂者。

十三号不是凶宅

来台湾之后，一个偶然的巧合，我们同住在一条街上——台北市重庆南路三段。我住一号，他住十三号。这条街好像人体内的盲肠，只有这短短的一小段。一号是街头，十三号便是街尾。中国人——只要不是假洋鬼子，对十三号是没有甚么忌讳的。我有一位姓袁的朋友，来台之后似乎是专住十三号，在信义路口是十三号，在温州街又是十三号。但他这十几年，过得很健康而愉快。可是率真兄这个住宅，据说是日据时代的海军官邸。也许是房子太大，地皮较宽，树木太多又太高的缘故，在房子里总觉得有一点近乎阴幽的感觉。有一个时期，他办公完毕，吃过饭常常走过我这边来，天南地北的闲聊。几十年老友的关系，彼此说起话来，无所顾忌。当回忆的回忆一阵；当慨叹的慨叹一番。常常一直聊到十一二点钟，才分手各人去睡觉。

任总长心情激越

一九五四年，蒋公忽然发表他做参谋总长了。论地位是三军的主管首长。他跑到我那里来很兴奋地说："健群兄，你是知道的，校长对同学，虽然爱护，但在地位名义上总要尽可能将学生略略押后一步。今天竟然发表了我做参谋总长，论公论私我必须加若干倍的努力，一定要办出一点真正显明的成绩，来报答'总统'和'国家'。"他的情绪，是欣快而激动。我当时曾对他说："你受到蒋公这样的知遇，应当竭智尽忠以报党国，这是毫无疑义的。"但世间一切，还是我那两句老生常谈："尽其力之所能，行其心之所安。"如果人的意志和力量，一定可以战胜一切，我想诸葛亮老早就克定中原了。尤其是当大任的人，越冷静，越安详，越深思熟虑，才更能于事有济。当时我心中只想对率真兄热情激动的个性，予以一点安静的调剂。以他当时精神和体力的壮旺，我绝对不会一丝一毫想到还有其他的顾虑。事后回想起来我这一种疏懒平静的心情，和他正是缓急相需的调和。如果他多有我这一分的懒静，说不定可以多活二十年。

人死了不知病原

一天，大约是晚饭后八九小时，突然接电话，说率真兄昏死过去了。我立刻走了过去，在他的客厅里，大约有十余位的亲友，他的太太在一旁呆如木鸡，欲哭无泪。率真兄的身体，平躺在地板上。我用手去摸他的额角，仿佛并没有特别冰冷的感觉。他的面部，也没有变色。我怀疑他只是工作太忙劳，天太热，一时昏过去，并不就是死。他有私人常用的医生，据说也弄不清楚他的病情和病原。就是这样，率真兄终于一瞑不视了。可叹之至！可惜之至！一直到开治丧委员会，对率真兄的病情，还是没有彻底弄明白。我心里在想率真兄的死：

1.他感激知遇，有过分求好求表现的心情，内心里很着急。

2.当大热天，在野外，在办公室（当时办公室还没有冷气这一套），可能是工作太劳累，超过自己体力的负担，而不自觉。

3.有了感冒，自己不承认是病，更没有作适当的休息。

4.误于不识病没有经验的糊涂医生。

愿后死者多做事少做官

自己无才无识，不能对国家有所贡献，只要知道有几位好同志，受到知遇，能站在适当的岗位上，替党国努力，心中的高兴，就和自己在负责工作是一样的。率真兄死了，我好多时日说不出心中的难过。也明知人死之后，写几句文字来纪念，又有甚么用?！但写了总觉心里好过些！戴季陶先生吊朱执信文："一个星毁了，一个星又刚刚团起，执信虽然死了，还有执信的兄弟，执信的儿子。"希望像率真兄这样的同志，能多有几个，在其位，尽其职，绝不希望他们过分的劳瘁；但也更绝不希望他们是患得患失，唯唯否否，把全部聪明才智，都用在对人的应付和敷衍上，这便是国家之幸，人民之福。

二、郑介民

淳朴气味投

郑介民，广东海南岛人。黄埔第二期毕业。他带兵作战的经历，我一概不详。在北伐当中，我们也根本不相识。一直到民国十九二十年间，我奉派任军事委员会政训处长兼中央军官学校政治部主任的时候，我们才有机会见面。我只知道他和戴雨农两位，都是情报方面工作中主要负责的同志。以后有机会常常会见谈话，还是那一句老话：“我们感觉谈得来。”

海南岛在广东是民风淳厚朴实的地区。比起我们那偏远贫小的贵州，有若干相似之点。我们在外表上，都不很摩登。说得不好听一点，都有一点土头土脑的模样。也许因此，大家一见面，就有点好感。等到在会谈以及工作中，因思想见解的交流和融洽，我们的交谊遂在不知不觉中一天一天的加深。

情报工作非等闲

中国几千年来，是专制政体，没有真正为国家利益对外做情报工作的良好典型。至于为皇朝统治而工作的人员，主要是察官防民，作威作福，因此在士大夫领域中，对此类工作人员，多半带有若干轻蔑和畏忌的误解。北伐成功以后，中国正是独立自由的国家，与世界列强利害息息相关，更谈不到闭关自守。为保护国家利益，向外发展竞争，情报工作，是不可或缺，而且占着重要的地位。俄国、英国、德国都是此中斫轮老手。美国长袖善舞，更急起直追，不肯后人。做情报工作的人，应该是爱国志士中的高等人才。与中国古代的情形相较，早已大异其趣。尤其是苏联，他的情报工作人员，一定是从共产党中就意志坚强、认识深刻、才干适合、优异的同志，来加以选拔。因为他们不单是一个普通的爱国工作者，而且是保卫党，保卫革命的中坚分子。也就是革命党的核心与骨干。这比英美各国，还多了一层更深刻的意义。但在中国，由于历史相沿的误解，对情报工作人员，还不曾有新式开明的认识。依然在下意识中，总不免多少存有敬而远之的成分。这是一种不正常不够现代化的错觉，但绝不是一朝一夕所能勉强改得过来的。

慎重的选择

我听人说，中国情报的开始，其主要人员，是经过国际友人专家慎重选择的。真正当选的，只有戴笠（雨农）和郑介民两位同志。当然，像我这一类热情奔放、胸无城府、理论太多、不够缄默的人，绝对是没有机会参加选拔的。即使参加，一定还是百分之百的名落孙山。但戴、郑二位，究以何项特殊条件，而被认定了为情报工作的适当人选，我们还是不可以猜想而知。

从民国二十年左右，一直到抗战开始，我和戴、郑二位，常有接触。我表面和所闻的印象是：

(1)戴气魄很大，有远见，有担当。据说他常常亏累挪借三五百万，满不在乎，一直到工作有了收获和成绩，再行报核请求归垫。

(2)勇气与毅力，均属超人。由他敢于去西安赴难，可以见到他的沉毅和决心。

(3)观察周到，行动确实而敏捷。

(4)御下极严，当罚必罚。但对部下处境，设想周到，体贴入微。替他工作出力的人，有时你家里要用多少钱，他会比你更明白。不待你要求，会替你送来，所以能得到工作同志的心服。

信仰是根本加之以智慧

介民同志，也许在豁达和气魄上，不能尽如雨农。他似乎有一点偏于拘拘自守。但介民有一最大的长处，就是他对人热情和谦虚，他的精明能干不挂在面孔上。人们乐于和他接近，从不因为他是情报工作人员，而存着敬畏远之的心理。

我留心他和人接触，虽然不像我的放言高论，但有时他似乎还是无所顾忌的健谈。可是你细听他所谈的范围，不是出于泛论天下大事，就是为了他的工作在解释误会。你若是要想向他探询一点消息，他却是在对你做工作上的宣传。固然他不曾板起面孔，正面拒绝了你的要求，但他却很巧妙地回避了你所欲知道的问题，而依然令你对他不会过于不满意。我听过他和人多少次的谈话，我体会出这其中的巧妙。我想这正是介民同志成为高级情报人员的智慧和技巧。我很欣赏，有时会发出会心的微笑，但就是学不会做不到。

再说雨农也好，介民也好，他们都是对主义有深刻研究，有至诚信仰的人。比平常一般高谈理论的同志，也许更深入而充实。如果你以为他们只是职业性的技术工作者，那真是天大的错误。由于为了实行主义以建新国，用最大的牺牲来从事最坚苦而容易被人曲解误解的工作。这种对党对国的基本热忱，才是一个革命党情报人员的先决条件。你可以是好同志，不一定是好情报人员；但真正一个好情报人员，应该先具备好同志的资格。不能办到这一点，就会是大错而特错，失却了情报工作的意义。

华北之行了解深

我和介民有两度等于是共同在工作：

一度是当长城各口对日作战的时候，我奉命率华北宣传总队去北平。当时在北方的中央军队，只有关麟征和黄杰所率的两个师，其余有东北军全部，有西北军宋哲元、庞炳勋等部，有山西军商震、傅作义、李服膺等部，有孙殿英、沈克、冯占海等部。北方的军队，和中央的关系，不算很亲切。为了协同御侮，必须使地方军队和中央打成一片。我们去北方工作的意义，即在于此。雨农和介民也去了北方。他们两个人有时同在，有时你去我来。政治工作和情报工作不同，各不相辖。但协和地方武力，一致御侮图存，则系同一的使命。雨农和介民，随时都向我联系，他们确实做了几件结结实实弭患于未发的工作，但从不曾自我宣扬，绝对不出风头。后来有许多在地方上工作的情报人员，惟恐人之不已知。处处申明自己在某一部工作的重要，遇宴会争着坐首席，表示威风。比诸当年雨农、介民等同志，一切为工作，忽然而来，悄然而去，诚令人不胜其感慨！

本来情报人员，除特殊指定接洽公务必须暴露其身分外，其余应尽量避免与情报工作有关。或为学者，或为诗人，或为专家，丝毫不动人之疑，才能尽情尽量取得宝贵的情报。未经指定，无论有意或无意，微露其身份，已是违反工作的纪律。若大摇大摆，招摇过市，简直应受最严厉的处罚。否则便不是觅取情报，反而变为了情报的资料，岂不可笑！

了解问题靠情报，解决问题是政治

日本人当时在北方，对地方军队，是武力压迫，甘言诱惑，挑拨离间，无所不用其极。尤其是对东北军。东北军在关外，受张少帅的直接统率，饷糈械弹，真可以说是要啥有啥。一旦撤退入关，张少帅又离军出国考察去了。他们当然感觉到处处都是不方便不对劲，一肚子的牢骚，无从发泄。当时在军中，常常发现莫名其妙的传单。说中枢如何采纳杨永泰的几大政策，要消灭东北军。俨然令人相信若有其事。明眼人当然知道这是日本人在幕后作祟。但政工人员看见此类传单，明知军中心情烦郁，不单是不敢查，只好装糊涂，连问都不敢问。有一天，根据情报和政工人员的报告，都说当天晚上，东北军有重要集会。主要是对于居仁堂削减军中经费，大为不满，可能会要出事。明知有此情势，但除了设法注视以外，更别无其他善策。

居仁堂是军事委员会北平分会的总部，委员长系何应钦将军。何到北平以后，感觉经费困难，决定各军经费公平比例削减。但在东北军中，特别感觉有重大的刺激。幸好当晚开会时，正剑拔弩张的时候，有某一重要的师长，起来说了几句公道话。他说：第一，此次削减经费，以居仁堂的特别费自己减得最多。其他各军比较，还是东北军较为优异。第二，东北军有人在居仁堂办事，何某人来了以后，完全照常随身使用，并未调换。此事有人为证，有数目字为证。大家牢骚发泄之后，也就无话可说，气平而散。我和介民兄捏着一把汗，等候消息。托天之福，雨过天霁。我和介民兄说："情报可以了解问题，但情报并不能解决问题，解决问题，需要高度的德行和智慧。"从今天这一幕，可以得到一项明证了。

埋头工作毫无虚荣心

第二度是民国二十五年陈伯南反抗中央失败后，中央在广州设置行营，调派我到广州去工作。我的名义是行营的第二厅（党政）厅长兼燕塘军官分校政训主任。介民兄也派回广州去工作。他大概常在广州、香港之间往还。一切公开的应酬，他几乎都没有参加。我知道他的工作，是切实而深入的。有甚么人？从甚么地方来？负了甚么任务？他都一概弄得清清楚楚。广西王公度几时来到广州？改了甚么名字？住在爱群酒家第多少号房间？目的是甚么？都是他来告诉我，我才去拜会王君，作了很深切的谈话。以后我去了广西一次，便是由此种下的因缘。介民兄是广东人，广东人回广东，他并没有一丝一毫衣锦荣归稍成眩耀的心理。谦虚、诚恳、和气、笃实，兼而有之。确实难得！

应该也是组织的长才

经过长久的相处，我发现介民同志，不单是情报工作的专才，也是一位革命党中办组织难得的长才。办组织比电影幕后的大导演，还要困难若干倍。所以非特等人才，不足以当此大任。简单说来，他起码要具备几大良好的条件：

第一，最好根据主义政策有一套足以启发同志热情的理论。

第二，对工作有远见，有定见。

第三，对同志的贤愚是非，要了解，要公正，尤其是爱才。

第四，要有热情。自专家学者以至农工同志，从理论到工作，均能使有信托而无些微扞格不入的感觉。

要办好一个组织，等于学打拳。据说打拳学到最好的时候，要一个人站在中央，向四面打飞起一十二个草磴。打得十二个草磴团团转，依然都能应付裕如，才可以办到点水不入，才算打到最高的境界。办组织亦复如是。农、工、商、学、兵、国内、国外、都市、乡下，处处发动起来，注意周到。越办越复杂，越办越麻烦。等于打十二个草磴，才可以使组织成为一切工作动力的泉源。若果站在中央，一个草磴都不去发动，自然是清闲得多。可是组织便成了衙门，工作便等于僵化。陈立夫先生在南京的时候，有时相过从，他常感慨说，为了组织工作，常常两三个月和太太是同床不见面。因为回来得太晚，起身又太早，所以没有和太太说话的机会。的确办组织是人间最繁苦的工作。办组织的人，若果能有享受，那便是警察在办公室里打瞌睡，人民的治安，还有保障吗？尤其是虚衷爱才，不逞才，纯粹为组织服务的精神，更不易得。有一部小说叫《后西游记》，孙猴子悟空，遇着一位使圈圈的魔王，酒色财气名利各种圈圈祭将起来，都套不住孙猴子，只有一个圈，叫做好胜圈，此圈一祭起来，便将孙猴子缚得死紧紧地，一点都动不得。办组织的人，最怕犯了孙猴子好胜的毛病，有此一念，便不能虚衷纳善，诚意敬贤，便是组织的大病。记得有一次，梁漱溟来到了南京，某一位办组织的人，去和梁谈话。回来和我说："我化一整天的工夫，已经将自己的理论，把梁漱溟克服了。"敬人者人恒敬之，意见交流，相当融洽，容或有之，克服二字，谈何容易。一个真正能办好组织的人，真需要发挥满怀的热情，使尽周身的解数，才能有几分相应，庶几可以勉可告无罪于组织。有一分惰性，有半点官气，都会误大事。

我从这些条件上来衡量介民同志，他具备的条件，似乎比别人为多。可惜他的工作任务，已经很重，只能终身为情报工作而努力了。

只知工作，太不注意自己的生活

回台湾之后，我们在工作上毫无关连。但在交谊上，则过从不算太疏。介民对自己的生活似乎不太留意。他住在中正路一所分配的住宅（现在已经因拓路而拆掉了），大小好坏在其次，一进门满屋都是煤烟气。可能是邻居的厨房，紧接了他的客厅和卧室。我说：亏了你的呼吸器官坚强，可以一年两年的抵抗。我肺部弱，在南京三元巷总司令部服务的时候，因不留心，对着火炉煤烟筒大操八段锦，行深呼吸，弄得几个月大咳黄痰不止，幸好我家乡遵义专出野生白木耳，带了几斤来，每天一碗，吃了半年以上，才算是恢复了正常。照你府上的煤烟，我一天半天，也过不下去。后来我对他说，和平东路有一所房子，要出售，出售者也是你的好朋友，你可以向他以原价购进，比你住宅好得多。他听了我的话。后来因为住宅涨了价，记不清楚是他身前或身后还卖了一笔钱。事虽小，足见他对自己的生活卫生，太过马虎。也许过于自刻。他的死和他生活的自刻，多少有点关连。他的心脏病，和艾森豪总统一模一样。中国医生的手术，也不算太差。但艾森豪活七十多岁的高龄，至今还健在。介民兄却六十一二岁便过去了。据说患此种病的人，无论何时何地，一有发病的征候，便立刻服药，百试百效，万无一失。介民兄在半夜发病，自己起来摸药，不能及时服下，遂至不治。以他的地位，专雇一位照料服药的人，应该无问题。大约还是误会介民兄只知有工作而过分自刻，过分不注意自己生活的缘故。这是多么大的损失，多么深的遗憾啊！

常来乡下

我自从迁居来乡之后，很少出去看朋友。因为赶车转车，实在麻烦。非不得已，以在家看书写字为最好。但介民同志，几乎每周必下乡来我处闲聊。就是在大病就痊之后，至少也是两周必来一次。病前有时吃杯咖啡，偶然谈过了时也吃一两次家常便饭。病后他只能吃一杯可可或牛奶，但聊天的精神，还是不差。每次总要坐两三个钟头。我们谈天的范围，最多是讨论国际形势；他凭他的资料，我凭我的观察。其次是谈共产党，以及国家的前途。他的国际知识，比任何人都深切而丰富。

……

组织的生命是甚么?

以后谈到组织，我说："介民兄，你看组织的生命与重心在甚么地方？主义第一吗？领袖第一呢？还是纪律第一？"他说："主义、领袖、纪律当然都很重要。但是很主要的，还是组织分子的热情。细胞乏力，身体不会健康。组织分子缺乏热情，组织便不能产生光和热，溶成不可估计的力量。虽然有了主义，组织分子把主义当作口号，不去实行。虽然有了领袖，但组织分子可以向领袖立正敬礼，高呼万岁，却不把领袖于国于民的指示，当作金科玉律去身体力行。虽然订有纪律，但组织分子对奖惩视为不足轻重。有此情形，组织便流于形式化。必须竭组织上下之力，不顾情面，彻底检讨，寻出症结所在。用真理的火，把组织分子的热情，从内心里燃烧起来，组织的生命，才有起死回生的希望。”这样的真知灼见，非深知组织者，不能置一词。他对于政治纪念周，和小组会议，都有很宝贵言他人所不能言的好意见。可惜我记不清楚了。以上所说只是谈话中的一小部分而已。

他有许多关于国际情势和情报工作的专门巨著，当然是很精采的。他虽然在大病之后，依然每天不忘他的写作。

只谈大计不问消息

我们每见必谈，每谈都是这一些自以为差有一得的见解。我从不曾向他打听任何消息，因为消息对我没有用处。他有一次要出国，他说：“健群兄，我可能要去国外走走，两三个月再回来。”我说：“那很好。”我也不问他去哪里？为了甚么？我知道他，他更了解我。一直到他回来，他只向我说出许多国家对远东形势的观感，有正确的，有不正确的。正确的固佳，不正确的，更可以发人深省。但究竟他是去了哪里？我还是不问，他也不曾说。有一个时期，我想写一些过去的事件，心平气和说明一些成败得失，留待将来等我化为异物之后，还可以供后人参考借鉴，少走错路。他很赞成。他说：他还有许多可以供我参证的材料。我想他的材料，一定是很可宝贵的。可惜我还没有下笔，他已经先我而逝。这可能也是一桩不大不小的损失。

介民夜半逝世，第二天我才得到消息，尸体已经移置极乐殡仪馆。我去看他，因为他常常来我家的缘故，我内人也要跟着去。有人引我们进入化装室。介民兄生命之元，不知何往，遗留躺在木凳上的，只是一具没有灵魂的躯壳了。他脸色倒很正常。我默默地在他面前闭目从内心念了几声佛，为他祈祷。回过头来，后面和左右，还躺着几具尸体，我内人倒是吓了一大跳。逝矣介民！别矣介民！

从稀有的哀荣看得出工作的成绩

他的灵榇移葬观音山。这些时日我在乡下，无论婚丧嫁娶，凡是热闹不必一定需我去的地方，我多半是礼到而人不到。因为这种场合，正是蚂蚁子在石洞内向天叩头，无人得见，能免即免，但桂率真与郑介民的丧，我都是借车送到安息地。介民的坟地，面山带水，似乎风水不错。到了要将棺木入穴安葬的时候，忽然蒋公亲自莅临了。由马路到墓地，尚有一小段距离，未曾完工。在烂泥路中，搭上木板桥，蒋公走过此段木桥，一直到坟前，主持下葬。这真是特殊稀有的哀荣。人的情感，不是可以勉强的。这种哀荣更绝不是可以侥幸而致。我说情报工作同志，对于党国，究竟有多大贡献？只有负责当局，可以了解。我们不但是写不出，而且也是想象不到的。介民兄，你身后获此殊荣，死亦可以安心瞑目而无憾矣！

当众人行礼下葬，我一个人竟木立在左侧山头上面，对着潺潺的淡水河忘却了行礼。我在想：像介民这样的好同志，为甚么不可以多活些岁月？！等到众人都走了，我一个人去坟前行了三鞠躬礼，才丧魂失志怀着无可言说的惆怅和哀感返回台北。一直到如今，我还在回想，一生当中，真难得有如此所见相同情真意挚的好同志。为私人的情感，固然是应当纪念介民同志；为国家光明的前途，我更不能忘却了可敬可佩的介民同志。

（原载《传记文学》第六卷第一、三期）

我所了解的陈辞修先生

最初的认识

陈辞修先生逝世了，由于蒋公在挽联中提及天和数，不仅看出了蒋公对他的哀悼，是如何的沉痛，也看出了他的死，对于“党国”当前的损失是如何的重大！更由于一般民众自动热诚地趋吊，也看出了他在人民心目中是如何的感动和深入！

死是人所不免的。将近七十的高龄，过去在大陆是人生七十古来稀，就他个人而言，不能说是有如何过分的遗憾。应该提起后死同志注意的，是他足以为人示范的成就，究竟从何而来。思想是行为的泉源，他的行为，根源于他的思想。吃饭、睡觉、拉矢，普天下人人皆同，可宝贵的就是一个同志正确而至诚的理想和信仰。

民国十六年，国民革命军北伐奠定了南京，东路总指挥部驻扎在南京的侯府，总指挥系何应钦将军，我是一名机要秘书，辞修先生系二十一师的副师长。有一天他也搬到侯府来住，是因为病了吗？还是在部队上有些不如意？我也忘记了。从他来之后，我们成了相识。他很少出门，我们晚饭之后，有一两个礼拜，几乎每晚都在一起谈话，一直谈到十一二时才分别，各自就寝。

我了解他，不单纯是一个军人。而且是一个对三民主义有信仰的忠实信徒，尤其是对民生主义有研究。当时大家都年轻，对大局是一帆风顺，充满了信心。我们一致认为：只要按照总理的民生主义——平均地权节制资本的原则去努力实行，必能使共产党销声敛迹，成功新中国光辉的建设。

他在侯府小住不过二三十日，又回到部队上去。他在我脑筋里留下深刻的印象。但分别以后，我们并没有通信和来往，一直到大约是民国十九年。

蒋公系当时的军事委员会的委员长，委员长亲到武汉主持三省"剿匪"事宜，有一个短时期回到牯岭小住。我当时系军委会的政训处长，兼军官学校政治部主任，又兼军委会新成立的政治训练班主任。委员长召我去牯岭，有要我去武汉"剿匪"总司令部办理党政事务的意思。第一天接了通知去官邸，一进客厅遇见了辞修先生，另外还有一位是俞大维先生，辞修先生和我彼此很久不见面，作了一个亲切的招呼。委员长曾经问“你们很熟吗？”我们说“是的”。在庐山有两三天的谈话，我们又分手了。我因为南京的事务太重，并没有承命去武汉。和辞修先生再分别后，还是没有继续的来往，各人忙各人的工作。在当时的革命同志，根本不发觉有私人联络交往的意思和必要。

庐山一段缘

一直到民国二十四年，庐山有训练团的设立，这一训练团的意义很重。委员长亲自主持，而以辞修同志为副团长。这是加强抗日准备实行“安内攘外”政策的主力所在。调山受训的军师长只于当连长。这是黄埔以后一度最成功的训练。当时被聘请的教官有黄膺白、马寅初、王世杰、周鲠生等知名之士，都担任两个钟头的讲话。但辞修先生并没有安排我的功课。

第一期快结业了。我在南京忽然接了关麟征兄的来电，简单几个字：“请兄即来山大发宏论。”大约关雨东兄在华北的时候，我曾经到他廿五师的部队去讲过几次话。所以他对于我特别感兴趣。他在山上任连长。我此时也正有事要去牯岭向委员长报告和请示。所以我就在接电之后，趁训练团将近结束的前几天赶上了庐山。正式的课程早已完结了。辞修先生请我去参加降旗典礼讲了一次话。据说还不错。雨东兄说大家对你讲话之后，有一个批评叫着“机关枪扫射”，我说：“是不是代表我的浅薄和粗气？”他说：“当然不是，是大家认为很痛快。”他说：“升降旗典礼的地方，地势前高后低，人向后仰，站着异常吃力。对不乐意听的讲话，等于受处罚，只希望早了早好。若是你硬讲两个钟头，大家恨在心头，不记得你一辈子才怪呢。我保证他们不会是恨你。”

第一期结业了。第二期辞修先生不得我的同意，替我正式排了六个钟头的课程。大约当时能在庐山任课，是一种光荣有意义的工作，很少有人不乐意去的。前者两个钟头都不排，后者硬排六点钟。即此一端，已经看得出辞修先生为人的一部分。

我记不清楚了。第二期好像只讲了一次或两次，我便患了严重的伤寒病。在庐山一病几个月，从死亡边缘再回来。第三期的课，根本不能参加了。在重病极危的时候，委员长特别关切，派萧赞育（化之）兄去问范石生，山上无好医生，我完全信托范石生先生的医治。化之兄说：“范先生，健群兄的病，你包不包医得好？否则，委员长立刻派人送他去上海，以免延误。”范石生想了一想，拍起胸膊说：“我包好。”事后几濒危殆，终能存活。友人问范先生，当时你究竟有何把握？他说：并没有甚么把握，只是若送上海，恐怕人到九江，已经完结了。我不肯如此对待朋友，所以硬说“包好”。不动到底还有几分存活的机会。我以后对范石生，不单是感激他的治疗有方，尤其是他这种为朋友不惜名誉的精神，真令人衷心敬服。世间能有几人，有如此真挚的友情，和崇高的医德呢？

在病中听说庐山训练之后有成立十个整理师准备抗日的计划，发表了陆军整理处，辞修先生任处长。他并没有和我相商，径直报请委员长派我为政治组长，副组长由袁守谦兄担任，实际负责。我一直在病中，根本无从考虑到任和辞退。后来一直保留到整理处撤销，才告结束。虽然没有去共事，相知之感，在心中是当然不会完全忘记的。最妙的是这件事，事前事后我们都没有谈起过。事如春梦了无痕，过去了也就算了。

不当外人看待

抗战开始，军委会充实内部，曾拟设立第四部专司宣传。委员长下手令以陈公博为部长我为副部长。但不久即改设第六部司民众组训，宣传工作包括在内，第四部未成立即胎死腹中。陈立夫任第六部部长，我与张厉生为副部长。厉生兄对内部的业务，经常负责处理。我则代表第六部去前线上海松江嘉兴一带视察。返南京不久即撤退。到武汉以后，第六部撤销，改设政治部，以陈辞修先生为部长。委员长曾征询我意见，要我任第三厅长，司宣传。我知道这纯粹是委员长的意思，并不是出于辞修先生的请求。我因病将离去，没有承诺。以后改由郭沫若担任。共产党颇有意掌握政治部的宣传工作，但后来并没有发生很大的作用。即如当初“拥护蒋委员长抗战到底”

本来是一句含有副作用的口号和标语。但事实上蒋委员长必然抗战到底，而且一直抗战到胜利，这种隐含有作用的口号，也就等于根本不发生副作用了。

汉口开党的临时全国代表大会后，中央扩大训练委员会的组织。在武昌官邸会报时，对训练会的主任，辞修先生原定是推荐严立三先生担任的。但当总裁提出我的名字时，辞修先生立刻表示赞成，足证他对我有好感。我因为内心已决定离开武汉，所以一再推辞，不肯担任。这是在会报中我说不出来的苦衷。后来总裁仍命辞修先生暂时兼任，我也是训练委员之一。该会第一次集会时，我还到了会。辞修先生在开会时宣读了总裁一项要训练乡村干部的手谕。辞修先生说："关于乡村工作，以刘健群、黄季陆、郑彦棻三位同志较有研究和兴趣，由你们三位组成一小组，由健群同志召集，加以研究。"总裁这一项手谕的来龙去脉，我心中是很了解的。但不出两三日，我便离开了汉口，以后训练会对此作何交待呈覆，也就不得而知了。

我去云南乡下养病两三年，对任何人都没有通信、往还，当然对辞修先生更不是例外。一直到日寇打到了滇西，为了安定云南的局面，我才回到了重庆。这个时候，三民主义青年团已经成立。总裁兼任团长。辞修先生任书记长。团长先派我去青年团任视导室主任。旋派我为副书记长。不久辞修先生又出示团长的手谕，原文我记不清楚，大意是陈书记长在其工作繁忙的时候，由我代行其职务。这一个时期很短暂，因为胜利到来，大家回到南京。庐山再开团代表大会，我即离开干事会转入监察会工作。上不足以副中央的瞩望，下不足以了解青年的要求，我对青年组训工作，至此告一段落。

我返回重庆的时候，辞修先生常常对我说：“健群同志你和许多同志在一起工作，前后不过五六年。现在不管你是得意或失意，他们不把你当外人看待，单就此一项而论，你就够愉快而满足了。”说的时候，他似乎有许多感慨。他又说：“我对组训工作很外行，你来了我才更有勇气做下去。”实在说：辞修先生一点都不外行，我才真是外行，对他的奖励我只有惭愧。

李宗仁眼中的悍将

胜利以后行宪开始，由于党的决策和鼓励，党员应该参加竞选，加入民意机构。但这一措施，使得各省市党部的主任委员和书记长以及团的干事长，都大部参加竞选，回到中央的立监两院。在各地和共党斗争的前线，减去了若干有经验有能力的主干，单就对敌斗争的策略来说，可能是有若干损失的。我本人对于选举，自始并无热情。但在中央工作多年的同志，若不能在家乡获得人民的撑持，可能也是有点说不过去。在此种情况之下，我回乡参加立法委员的竞选。当选后，因为我是在法政学校政经科毕业的，对经济有一点常识，也比较有兴趣。所以我加入经济委员会，想把所有的能力用在经济工作的研究方面，期对于国家有一些涓埃的贡献。结果因时事的推移，未能如愿。当选了副院长以后，反不能注重一项专门的工作了。辞修先生这一个时期在国防部，在东北行营工作，过分的辛苦，我们反而很少私人的谈叙。大陆逐渐不安，辞修先生奉命来台湾任主席兼东南军政长官。对于这大陆最后的“复兴根据地”，他的勤劳负责，确有贡献，是有目共睹的。

立法院迁到了广州开会。在开会期中，行政院长何应钦先生辞职。代总统李宗仁提居觉生先生接任。居先生是党国元老，品格清高，人所共知。在立法院的通过，似乎应该无问题。但后来竟因一票之差，而未能成功。有人说：有两位立法委员，由香港赶来投票，迟了一班车，未能参加，否则便可以多出一票了。这也许是事实，但这只是皮相之论。问题出在哪里？据我所知，问题就出在李宗仁。李在早晨八时以前，请全体立委在绥靖公署大礼堂茶会。他对于提名居先生的意义，说了一段话。他说：“居先生主持行政院，对于骄兵悍将，必能有断然的处置。”这一段话，起码断送居先生三五十票。很简单的，当时大局杌陧，政府偏安，一般无偏无私的立法委员，只希望有一个和衷共济的局面，来撑持艰难，转移危局。对于分崩破裂的图谋，心所谓危，绝不忍苟同。假如当时李只介绍居先生的公正廉洁负责，恐怕投票的结果，绝不至于只多三票五票而已。

当时院会，因为童院长不能到院，都是由我任主席。那一天投票的结果，已经由检票人员报告，居正多一票，可以当选。我已经报告院会并宣布散会。不知是何人（到现在我还不完全明白），大喊了一声："票数有问题！"当时有一些委员，已经出场。但大多数都还只是起立未退。我总算感觉灵敏，立刻大声向大会宣布："既然票数有问题，请大家继续开会！"当时已过十二点钟了。有委员提议，既然票数有问题，下午再继续开会研讨。我以此动议征询院会同意，再宣布散会。假如当时耳边没有这句神来之声，我既已在院会宣布居正当选而后散会，这一项错误，我真不知有如何挽救的良好方法！和我今后应该负怎样过失的责任！

散会后，李宗仁立刻请我和郑彦棻兄去他那里。他说："一定要清查废票，使居先生当选，如果居不当选，他当天下午即去桂林。"我笑了一笑！我说："我在院会中，只是一名主席。如果正反票数恰好相等，我的一票颇有作用。如我已投票之后，还是差了一票，我就是毫无办法。至于党的运用，请代总统与党的郑秘书长商量，我无意见。"我说了这几句话之后，即起立告辞。以后李和彦棻同志如何谈，我不知道。当然立法院的事，除了听命于票外，谁也无能为力。李宗仁的骄兵悍将四字，谁都一听而知。第一个便是指的陈辞修。这骄兵悍将四字，对陈辞修毫无影响，对居觉生先生的行政院长，确是断送了。我想我的估计是不会出入得太远的。从北伐以来，大事小事，许多成败利钝，都非人力所能为。中国一句老话，尽人事听天命。不尽人事，不可妄推天意。尽人事了未必便是事事如意。有若干结果真不是人所能掌握和预料得到的。

从个性谈到信仰

共军攻粤，“政府”决迁西南，“立法院”暂时休会，我来台北小住。辞修先生请我吃饭，约了七八位老同志朋友相聚。餐叙之后，在他的园中草地上吃茶聊天。记得我当时说话的大意，我说：第一，“政府”迁西南，能撑持多久，恐怕是问题。将来可能来台湾，有由辞修先生任“行政院长”的时候。第二，在大陆，在香港，有愿来台居住的民意代表，最低限度，对“政府”还有感情和信心，应该尽量予以方便入境。第三，我赞成拨一点款，建筑一点公共宿舍。单人一大间。带眷属的两大间。厨房厕所公共使用。对有资力能自行治产的委员，可以不问。对生活不充裕的可以此项住宅加以照料。当时我虽然说话的动机，是为了“立法院”。但所见仍系从远大处着眼。辞修先生对于我的用心，是很了解的。但他却畅谈了他的一些革命重新作起的大见解。到了十点钟过，我们才分手。这几个钟头的谈话，他占了七成。我占了三成。其他的人，很少介入。所以出门之后，有一位朋友打趣说，你今晚和辞修先生，好似一场拉锯战。

辞修先生有定见，不随便应酬敷衍，这是他的个性，这就是陈辞修。辞修先生在“立法院”，对于报告的答复，甚至在私人谈话的时候，有时常不免有过火之处。但事后他常常说，请别人对他多多原谅，他是有肝病的人，所以容易动火，有时自己控制不住。的确肝病容易动怒，动怒又最容易伤肝，等于相煎相迫。辞修先生，终于在肝病上成为了不治之症。过去在大陆上，是人生七十古来稀，但如今医药昌明，卫生环境改善，一般人多活一二十岁，是没有问题的。辞修先生活到将近七十，也算高寿，但若能以特别的修养，对治自己肝上的弱点，可能再为“国家”多负一二十年的重任，岂不更好！

来台湾后，尤其是我辞去“立法院长”之后，我若有机会单独和辞修先生谈话时，多半谈起谭组庵先生，谈到组庵先生休休有容的大量。在他的安详和易中，替“国家”减少过多少的纠纷。他自己也说能学到畏公十分之二三，也就了不起。但了解是了解，尤其是心理的休养，于文字言语无关。真能做到坦荡荡，像阳明先生所说的：“廓然而大公，物来而顺应，一过而不留。”的确不是容易事。辞修先生每逢因病休养，我照例不是登门慰访，而是一封信。一封谈到休养的信。希望对于他有一点心理精神上的帮助。偏安宝岛后，一班人对于唯唯否否不肯认真做事的老油条，都怀着普遍的厌恶。所以对于辞修先生一种认真负责做事的精神，都寄予同情。言词态度，偶有出入，大都能够谅解。但真正能使辞修先生勇于任事而困难不多的原因，还是由于蒋公深切的爱护和坚定的支持。才使致许多可以发生的风浪，都化于无形了。否则至少也不会是那样的简单容易。

三七五减租和土地改革，是“政府”来台湾以后的杰作。这当然是党的集体写作。但若果没有辞修先生那样的人，身当其位，肯聚精会神，不顾一切的推动，至少是不会实行得那么快。我们从江西“剿共”以前，一直在大陆就天天谈土地改革，议论复议论，提案复提案。到我们离开大陆时，对于土地问题，还是只交了白卷。能说不是人谋之不臧吗？！

我和辞修先生，虽然相识了数十年，他了解我，我也了解他，但论私人交谊，只算平平。和他交谊深厚的同志，不知有多少。但我最喜欢他的一点，便是他对三民主义，不是喊口号玩魔术的人。而是对民生主义有了解有信仰有实行的诚意。我想未来的世纪，的确应该是三民主义的世纪。但分析起来民族精神的发扬，民权自由的保障，固然都很重要。而最足以使共党头痛的，莫过于实行民生主义。这比俾斯麦克用社会政策消弭德国的共产活动，更彻底！更有效。

从餐叙到吊念

辞修先生病倒之后，我们一直不曾见过面，记得在未病之前几个月，我本想随“立法院”外交委员会去南部走走。已经登记了，忽然接到他的一份请柬。我问几位熟朋友，他们都说是不曾请他们。我只好撤销登记，等候吃他一顿饭。陈先生的饭，多半是几菜一汤，加上一点面。吃得饱是无问题，但老饕之徒，从不曾引为满足，自然我不是为好吃而等吃，因为好久不见面了，能见面谈谈，总有一点意义。我去到了他的公馆，才知道来宾共有九位，连主人是十位。有于右老、莫柳老、张岳军先生、何敬之先生、谢冠生、张道藩、严家淦、黄国书诸位，我想不出这聚会，是甚么意义。这都是一些过去做过院长和现在正在做院长的人，是不是带有点历史情感性的团聚呢？菜虽不多，但有一碗鱼翅，做得很好，论材料似乎还比不上当年洪兰友府上的丰盛。但味道在台湾，应列为第一，是可以说得上的。据说不能用碱，要化上两三天的工夫。在陈先生府上，真算是盛设。我和辞修先生，先后来往多少年，吃到这碗菜，还只是第一次。当然这是沾了几位老前辈的光。饭后在客厅，按年龄摄照了一次影，我才知道张道藩比辞修先生还稍长。而我也不算是考背榜。有位老前辈，在酒席上算一算，这十人的平均年龄，是超过了七十。像照得很清晰，我摆在客厅玻璃台下，可能受了潮气。一撕便毁，我只好不动地天天看着他，算我对辞修先生唯一保留的照片和纪念。

辞修先生离开这个世界了。

总裁的哀悼，爱之切而痛之深。有千千百百的至亲好友同志的怀念。也更有灵前痛哭跪拜的民众。生能为国尽责，死有如此荣哀，人生如此，更何所求？我不想说辞修先生修养到德比孔颜，更不想说他功高泰岱党国无多，无论对生者，对死者，凡所写作的文章，只要有一分超过至性至情，带一丝一毫的马屁气息，都可以令人周身发麻。除非是先天有此遗传，或者是后天习与性成，久而不自知其可耻，那又另当别论矣。

我所认识和了解的辞修先生，是总裁的忠实干部，是对三民主义有真诚信仰的党员，尤其是一位能真心真意实行民生主义，不油腔滑调，不自欺欺人的好同志。人孰不有死，百年千年，一场春梦终当醒。辞修先生的躯壳，不会永存永在，但愿你这一份对主义的忠诚，和力行的干劲，长留在革命党的阵营里，在一般真正为革命主义而奋斗的同志心目中，永作一个良好的示范，辞修先生，你的精神，并没有死啊！

（原载《艺文志》第一期）

窥测西安事变的前因后果

关系中国和世界

西安事变，在中华民国历史上，真算得是惊天动地的空前巨变！“安内攘外”的国策，到此碰壁。中共“绝处逢生”，更利用对日八年抗战的机会，颠覆国民政府，于今十又七年。国共盈虚胜负之数，由此划分。了解中国政治的人，诚不能不对于此西安事变，感觉到万分的遗憾和沉痛。真要全般了解西安事变的前因后果，不是容易的事。身经其事的当事人，未必便是无所不知。从旁观察，更当然免不了见其偏而不见其全。谁也知道张学良不是一个无知无识的粗人，其决心劫持国家领袖，也不是凭空忽然的冲动。其后翻然改图，护送领袖回京，束身自败，甘愿受罚认罪而无悔，更绝对不是轻率而未经深思的行动。单从表面上看，实在是有点滑稽而且近乎戏剧化。稍加思考，此中前因后果来龙去脉，当然不很单纯。可以想象得到一定是辛酸苦辣，兼而有之。事关国运，兹事体大，纵然是隔靴搔痒，也不能不尽心竭力加以一番推测和研究。本文之作，义即在此。刘子曰：窥者，管窥也。测者，蠡测也。若云真知灼见，则吾岂敢？！

安内攘外的国策

要了解西安事变的前因，先得说明当时中华民国所处的境地。日本军阀，狂妄骄纵。占领我东北三省之后，更想用高压手段表面上逼我共同防赤，骨子里只是一心一意要达成其根据《田中奏折》灭亡中国的企图。

苏俄方面史大林老谋深算，为了解救这一着险棋，唯有用尽一切手段和阴谋，设法促成中国对日抗战的早日爆发。苏俄和中共可以运用得出的一句响当当的口号便是“抗日救国”，实际是只有如此才可以“解救中共的危亡”，也因此苏俄才可以坐收渔人之利。国民政府，尤其是作为中国领导重心的蒋委员长，他早年留学日本，深知日本的国力军力，若果冒然发动抗战，必然难免遭致亡国的大祸。同时在多年的斗争经验中，他更了解苏俄和中共的“阴谋诡诈”。他为国为民，深思熟虑，既不愿吃日本军阀的明亏，也不愿遭受苏俄和中共的“暗算”。他用尽心机，通过中央，决定了安内攘外的国策。

甚么是“安内攘外”？简单说：表面上对日本的压迫，尽可能作最高度的忍耐，暗中却实事求是，从事抗日的准备。希望多有一分的准备，将来在对日抗战中，可以减少一分亡国的危机。同时就政府现有的力量先行“剿匪”，除去心腹的隐患，然后以举国一致的力量，对付虎狼外来的侵袭。为了抗日，安内是不得不做的先决工作。对于攘外的力量，只是加强而不是削弱。同时也还希望利用“剿匪”工作，对于日本军阀发生一些延缓的烟幕作用，以争取加强准备的时间和机会。这一国策，真算得是苦心孤诣。在千难万难中寻出一条救亡图存的正确途径。

万般苦闷自家知

由于日本军阀的骄横与愚昧，制造事端，强力高压，不容许中国政府有拖延喘息的余地。苏俄又“指挥”中共，以全力发动中国各方面的社会力量，提出“枪口向外”、“中国人不打中国人”、“一致抗日救国”等漂亮而有力的口号。本来在中国文化传统中，就有“宁为玉碎！毋为瓦全！”“战亦亡！不战亦亡！与其坐而待亡！不如一战！”等基本精神。在东北三省沦陷以后，加以华北停战协定，人们心目中早已含愤苦闷，达于极点。对政府这种过度忍辱负重的精神，深知内情者，固然可以谅解。但一片白纸只知爱国家为民族不惜牺牲的人们，其情绪早已如一座火山，随时可以爆发。至于有作用的人们，更绝对不肯放松机会。点火放火，推波助澜，自是当然应有的举措。……国民政府的处境，真可以说是苦不堪言。而且是哑子吃黄连有苦说不出。

谁知漏洞在西安

由于庐山军官团的集训，全国各部队的重要军官，对中央安内攘外的决策，均心领神会，毫无怀疑。所以军队方面，担当一切任务，均能了解胜任。至于各大都市的学潮，虽有一时期波动得很厉害，但主要都是大专学生，他们是爱国的，也是很理智的，一经说明内情，当下便恍然而悟，风平浪静的渡过。万万料不到这一个漏洞竟出在西安前线张学良所统率的东北军！天意乎！人事乎！茫茫浩劫！由此种因！此真令人痛哭流涕而长叹息者也！！！

张学良何如人也?

西安事变的主角，系张学良。张字汉卿，在中央官居三省“剿匪”副总司令之职。中央的朋友，多半都称他为张副司令，而不名。东北圈子内的人，多称他为少帅，这是根据张作霖大元帅遗留下来的传统称呼。要窥测西安事变，先得了解这位张汉卿先生之为人。据我们常识上所能得下来的判断：

（一）张本人还是爱国的，从他在东北决心易帜，用中华民国国旗，接受中央命令，不受日本人的挟持压迫，可以得到证明。

（二）他拥护中央，赞助统一，对于领袖——蒋委员长存有敬意。颇思以侍奉长辈的心情，追随委员长，努力工作，获得成就。

（三）他当然不是共产党，也不是左倾分子，但喜欢戴上前进的高帽子，以顽固落伍为辱。

（四）他是公子出身，一帆风顺。对人间失意受困，辛酸苦辣，当然了解不深。可能把世间许多事看得比较容易。

（五）他有才气，也有事业上的野心。据说东北在张作霖时代，有若干改革，多半都是他出的主意，可能百分之八十是爸爸听受儿子的意见。当然他也不平凡，否则便不会处治杨宇霆，能够继续掌握东北军全部的力量了。

世故人情说东北

我率领华北宣传总队到北平的时候，恰逢张汉卿先生去国外考察。东北军内，牢骚甚多。日本人又多方造谣挑拨，有许多对中央的言语文字，超出了常情想象之外。我们宣传队派到各军去服务，对东北军要特别慎重考虑。有两个军，根本不派原来受过军事政治训练的同志。我们透过东北党的关系，征求和带兵主官有交谊不致碰壁的同志，前往配合工作。我还记得当时选定的一位是王德溥同志（字润生），一位是马愚忱。马好像专为派去万福麟部而选择的。他岁数不小了。这样的大队长不是派用，而是敦聘。总算办得很顺遂，没有出岔子。在北平这一段时期，在社会上，在部队中，我小心翼翼地和东北的朋友往还接触。我听过东北不少有趣的故事。东北朋友中，对于张大元帅作霖颇多好感。他们说：

（一）张在东北时，日本人想加以包围挟持。但张作霖装痴装呆，装猪吃象。当时日本军官本庄繁之类，都是张的顾问，还教张读日文。日语“阿里阿托”——是向人恭敬道谢的意义。“巴格丫鲁”是骂人为蠢猪猡的意义。听说有一次张作霖请酒送客的时候，握着日本籍顾问的手，连称“巴格丫鲁！”弄得日本顾问，啼笑皆非。张系将“阿里阿托”误记为“巴格丫鲁”呢？还是有心寻日籍顾问开心呢？只有张本人自己才明白。

（二）有一次日本人打死了一个中国老百姓。外交方面一再派人交涉，日本人只肯出六百元了事。张气愤之下，叫人去向日方表示：“不用再谈了，六百元就算是六百元罢。从今以后，中日双方完全照例价计算，不增不减。我张某人是胡子出身，别的不会，杀人还用学吗？”日本方面一听这话不对，赶紧派人来交涉，愿从优赔偿了结。

总而言之：张为人并不简单。日本人也逐渐了解他表面粗疏，实际难缠。所以才有在皇姑屯将他炸死的一幕。

他们又说到吴俊陞做督军时，一个人不带，上街去蹓跶，碰见一个兵和人打架，他过去干涉，兵不服。他骂那个兵，兵也骂他。他动手打那个兵，兵也居然敢还手。因为那个兵，根本不认识他这个老头儿是甚么人物。所以完全平等待遇，点滴不让。吴督军气极了！回到署内，立刻升堂，派人去把那个兵抓来。兵跪在地下，不敢抬头。他要他抬起头来。一看之下原来他刚才所打的乃是吴督军，乖乖！那还了得！只是叩头如捣蒜！吴俊陞想了一下，忽然下了决定。他说："妈的巴子！我骂你，你也骂我。我打你，你也打我。咱们谁也不欠谁。起来！给我滚！"那个兵知道他不单不死，而且不挨打，真是意外之意外。东北朋友对吴俊陞的爽快大方，传为美谈。一点不含有轻鄙的意思。

又记得万福麟是五十三军的军长。名为军长，他是东北军中的老前辈。他当然很有钱。在北平西单商场一带买了一条街。我们当时满脑子的革命精神，除薪水外，以得了任何一点外水为奇耻大辱。所以在不知不觉中，对万福麟多所批评。有一位东北朋友很慎重而且出于爱护我的态度，他对我说："刘先生，你千万不要随便批评万福麟，他在我们军中有圣人之称。"我说："为甚么？！"他说："万为人正派，一辈子没有睡过部下的老婆！"我恍然！我木然，我感慨得不知道应该如何说！！

因为我对东北朋友接触多，对东北风俗个性都有相当的了解。我对于当年张副司令汉卿先生的批判，虽然是隔靴搔痒，到底也应该是猜了一个八九不离十。

考察归来倾心德意

张到欧洲考察回来之后，似乎他认为最得意而有心得的，不是工业，不是经济，也不是军事，而是政治思潮和制度。他对于希特勒与国社党领导德国的复兴，以及墨索里尼与蓝衣社领导意大利振衰起弊的成就，不仅是欣羡，而且说起来，头头是道。他认为中国的富强复兴，应该以德意为借鉴。言谈之下，常以此自负。他认为要以他在德意考察所得，再凭他充沛的精力，以此翊赞蒋公，为他分劳。使中国突飞猛进。他口头上常表示，不仅是以委员长为长官，为领袖，而是亲切的长辈。

就中国而论，当时政治的趋势：

（一）对德意的成就，是欣羡的。

（二）中国自民国以来，军阀割据，分崩离析，久苦吾民。有志之士，渴望中国统一，有一坚强巩固的领导中心，使中国早日由安定而建设，以迅速达到富强康乐的目的。

（三）北伐以后，党政跟不上军事的成就，确系事实。当时所谓“党军北伐，官僚南伐”的议论，久闷在一般同志的心头，一旦领导中枢为众人信仰所寄托的人，提出复兴改革的主张，自是得人心之所共同，愿披胆沥胆效命，追随全力以赴！

即如当时有名的学人——钱端升即公开发表一篇《民主政治欤？集权国家欤？》，显明地主张中国要以集权制度图谋建设。此文颇脍炙人口。抗战末期，钱在西南联大又以民主教授反政府的姿态出现。……当年的中国，应该偏重集权，巩固统一，改革建设，在政治主张上言，这是前进有力的主张。张汉卿之所云，倒不是肤浅的见解。

领导了四维学会

张是否以他的想法，向最高当局表示过，不得而知。但在他的领导下，确实组织过一个“四维学会”。自然事实上以他为中心，以他的文人干部为骨干。他自兼副理事长。理事会中就我记忆所及，有王卓然、王化一、高崇民、阎宝航、吴翰涛、黎天才、韩立如等人。承他相许，也邀了我参加，并以我为干事长。以他的秘书长王卓然为副干事长。当然王秉承他的指导，负实际中心推动的任务。他的全般文人干部，也曾经去庐山晋谒过最高当局——蒋委员长。

领袖条件小争议

由南京乘轮去九江，除他们之外，作陪的好像有我和贺衷寒、萧赞育、邓文仪等同志，恕我记不完全了。上船之后，大家闲谈到领袖问题。

贺衷寒（字君山）同志说，服从领袖，是无条件的，要至诚不变，生死以之。

高崇民立刻表示反对，他说："只有自己的父母，是生来不变也无法改变，至于信仰政治领袖，应该有条件。譬如领袖抗日，我们自应服从。如不抗日，我们当然可以另行考虑，不只是盲目的服从。"君山一向是坚持理论原则的，当然不肯让步。高崇民也是倔强到底，不肯圆通。大家争得面红耳赤。我看大家初见面，便争执不欢，总不是办法。只好出来打圆场。我说："同志与领袖的结合，至少是和婚姻关系的确定相似。未结婚之前，一切人品、学问、事业、资产、地位种种条件，都需经过慎密的考虑。当然不是无条件的。但结合之后，便不能天天再在条件上用心思，生波折，使婚姻关系，永不安定。若就抗日与否来说：我们对于领袖抗日的决心与诚意，早已了解至深。万无今日抗明日不抗，现在抗将来又不抗的道理。这是事实上绝对不会发生的问题，只成为虚空悬想的诡辩，不值得考虑。二兄以为何如？"这一项勉强折冲的调和，我知道他们二位真正的心中都不会满意。但事实上不得不妥协，所以大家也就不再争论，而转移话题，谈其他事件了。即此一点小争执，可以看得出高崇民有特别的个性。

知人之难也

到了庐山，委员长曾经约他们吃晚饭。饭后坐在客厅，要他们各抒所见，随便谈谈。委员长可能在谈话中，看看他们的专长和才干。我知道有两个人是委员长比较看得中意的。

一位是吴翰涛，他态度文静，象征性情温厚。据说他能通几国文字。抗战胜利之后，他还被选派了东北一省的主席，想来也是当初的这一点渊源。十年以前在台北，我们还见过几面。他还是和从前差不多。听说有一个时期，经济情况很窘。好多年没有来往了。

一位是阎宝航，他态度表示得非常端庄恭敬。委员长以后选派他去新生活总会当总干事，这是很器重他的工作。私下他们都说阎是一位基督徒的伪善者。我们平常相处也颇有此感觉。但在委员长面前，一点个性，都不容易看得出来。有许多人晋谒长官，从理发到刮胡子，到穿衣擦皮鞋，尤其是揣摩意旨以为应对，都经过精密的考虑。所以一个领袖人物，知人善任，确是一桩最难得的天才和学问。

有人说：取军事参谋人才，最好让他先吃得醺醺大醉，再命他起草作战计划。若果他头脑还能安静，还有条理，便是好参谋。要交朋友，最好先打几圈麻将，在输赢之际，是贪？是吝？是否自私过分？都可看得出。要选女婿，最好是打沙蟹。是否有胆有识？是否低能愚昧？是否奸险诡诈？一切无所遁形。

但负责领导人选择干部，以上一切都不适合。为时间环境所限，最多是参考材料，座谈片时。一方面是简练揣摩的应付。一方面只能作皮相粗浅的观察。要精辟入微，谈何容易。刘备能知马谡言过其实，终无大用。诸葛亮朝夕相处，尚只能知其贤，而忽其所短，以致有街亭之失。其他更无论矣。

“吊儿郎当”高崇民

这一天晚上，在座谈中，最突出的是高崇民。他好像是穿的长袍，斜靠在长沙发的一边。眼睛似闭非闭，是否跷起二郎腿，我记不清楚。虽不是特别的“吊儿郎当”，却十足地表示他满不在乎。他的发言，大约尚属平平。但在一位自矜自重有威有权的领袖心目中，纵不深恶痛绝，也可以说是十分的印象不佳。我曾经说过，高崇民个性特殊，但在东北军事干部中，人缘颇广，不可不略其细节。但从此以后，不予重视，已经是一定必然的结果了。

在西安事变中，高崇民发生了不十分轻微的作用。……说老实话，他心地爽直，可能比阎宝航还较好。但个性如此蹩扭，又有甚么办法呢？

一次没有完成的谈话

在西安事变的前几个月，南京召开党的中央全体会议。（二十五年七月）我是中央执行委员，从广州赶回南京开会。副司令张汉卿先生，也因为开会由西安回到了南京。他住在下关与南京的中途新开的一家首都饭店。在当时的南京，算是首屈一指，比中央饭店、安乐酒店更华贵的旅馆。相当于现在台湾中上等的观光旅社。我到南京后，有一天去中央饭店访友。出了饭店门，忽然碰见黎天才。他含着笑而且又似乎很庄重的对我说："刘先生，我们副司令有点快发红了。你应该好好地同他谈一谈！"他在张副司令处，是主办情报的人员。也是四维学会的理事。他所谓快发红是说张和一部分左倾分子有往还接触的意思。我知道他说话的含义，但我对当时西安的情形，一点都不了解。我请他向张汉卿先生约定次日下午三时到首都饭店去作长谈。

第二天下午，好像中央的会，已经快结束了。会议中没有重要事，所以张和我都用不着去开会。而且知道张次日上午，已定好包机飞返西安。我按时到了首都饭店他的房间内，他谢绝了其他的访客，关起房门，我们准备痛痛快快地畅谈一下午。话题开始，我先静听他的意见。谈不到四五十分钟，并没有接触到任何问题的核心。忽然委员长官邸来电话，要张即去官邸，委员长原定六时半请他吃饭，现在就请他去，当然是委员长有重要的话要和他谈。他一算时间，去官邸吃饭回来，为时已晚，到明晨动身返西安，已经更没有再和我详细谈话的时间了。他说："健群兄，我们只好再谈了。希望你有机会来西安一次。"我们就是这样的匆匆分别。第二天他回西安，好像我也是那一天飞回了广州。梦想不到西安问题，会有以后那样的严重。假如稍微有一点感觉，我就会乘他的专机，一同去西安住上十天八天，再回广州工作，也是千值万值！可惜之至！我和张谈话，有甚么用处呢？

第一，我知道他对我可以比较不十分隐讳地吐露出他心中的苦闷。

第二，凡是他对委员长有不了解或属于他观察错误的地方，我自信一定能委婉曲折替委员长解说得明明白白，让他心服。

第三，真是他所有的困难，必需中央解决的事件，我会向委员长报告，委员长也一定会替他解决。

第四，他对他的部下有说不出口说不清白的话，也许在得他同意之后，我会替他帮忙解说，比他自己解说，方便得多。总而言之，这一点上下通气的工作，我一定优为之。一点不是吹牛，也不是空想。我应该成为这一剂药方中的甘草。为甚么天不让我们在首都饭店，有这半天痛痛快快的谈话呢？我想只要谈一个大概，我心中有数，一定会注意去解决这一个可以成为问题的问题。我会用尽心力，去为张解除苦闷而使之归于平静。

委员长对张学良一贯是爱护的。张学良对委员长也是敬信的。对国家的目标并无二致。对私人的情感，更是纯真。还有甚么不可能解决的问题呢？西安事变，说穿了只是两个字“误会”。能通气，则误会冰释。我事前事后研究，获得如此的结论。

万般苦闷在心头

当时张学良的苦闷，从直接间接研究，可以想象得到的，不外以下各点：

（一）“剿匪”的战争，不是轻而易举的战争。应付的艰难，牺牲的重大，都在预计之中。东北军中，可能先有战志不旺与畏忌牺牲的缺点。

（二）在陕北“剿匪”的初期作战，东北军一百十师、一〇九师先后失利覆灭，一百十师师长何立中阵亡，一〇九师师长牛元峰拒降而死，这些失利的战况，更使张学良内心懔惧而彷徨。

（三）因为战志不旺，又对安内攘外的政策，没有深切的了解。遂想到离开家乡，远适西北，如此牺牲，是否值得？

（四）内体不固，外邪感冒自然乘虚而入。延安共党在生死存亡关头，自然用尽心机，以“枪口对外”“一致抗日救国”“打回东北”等各种理论和口号，向东北军文武干部多方侵入。当时共党的最高希望，原不过只是使东北军对“剿匪”工作丧失战志而陷于瘫痪，以便勉作“最后垂危的挣扎”。至于搅到西安事变，如此收获，可能也出乎了延安共党们意料之外。

（五）张的下级军事干部，属于年青的一代，多半是东北讲武堂学生。自称对张副司令系亲切爱戴。在普遍情绪不安之下，有人说：“副司令，你带我们回家乡去打日本人，我们死而无怨。你带我们到西北来‘剿匪’死得不明不白，我们永不甘心。”最刻毒的一句话是：“你把别人当父亲，别人未必把你当儿子。”这句话使张的内心，有说不出解不开的苦痛。

（六）也许关于不“剿匪”而先抗日的见解，可能张学良曾经向最高当局略有陈述。这当然是不可能获得同情的。以蒋委员长的个性对张又是一贯的爱护，一定指示他要整顿军队，完成“剿匪”工作，才有抗日回东北的可能。但委员长素重保密，天生个性庄严端重，不轻易多言，绝对不会委婉曲折将全般未来计划一一对张学良分析解释。也许根本想不到应该有此解释的必要。因此可能在张的心中，理论与情绪，均陷于长期深深的苦闷和难堪。

（七）委员长批给东北军的款项，比照中央或其他各军，只有从宽，绝无苛刻。但在东北军来说，在关外时，一切富裕，不需担虑任何开支。入关以后，除正规部队外，还有附带的眷属亲友，若干款项是不能加入任何报销的。四川人唱戏的台词中有两句："越穷越没有，越有越方便。"东北军这些时候，感觉得到的是处处都拮据，处处都不方便。听说委员长批的款项有时主管部门，以格于规定，表示为难，还要多方交涉，七折八扣，才可以领得。这一类事件在张氏心中，真是哑子吃黄连，有苦说不出。

（八）共产党"千变万化"，有的纯以东北老乡的身份，表示爱乡爱国的赤忱，一切为东北军打算，为张副司令打算。有的纵然不隐讳共产党的身份，但在张的面前，一定也表示得赤诚坦白，一切都好商量。使得张对这些人觉得平易近人并不可怕。反而在中枢方面，处处都有些扞格不入。有时情报机关，在西安逮捕左倾分子，不曾事先与张商洽（实际是先商则无效）。张更感到身为方面统帅，一切不能做主。有时连面子上都过不去。十分烦闷，隐在心头。

总而言之：张在关外，是处处有权有势。论出主意，他父亲张作霖八成是要听他的。也许干脆是言听计从，十足照办。论经济，他即是东北王。说啥有啥。只有人求他，绝无他求人的时候。自从来到关内，感觉处处在受苦受罪。他不会觉得他自己的见解和主张，并不深入和允当。而只感觉到不能发挥高见，只有听命受训的份儿。再加前途茫茫的艰难，下级干部议论纷纷的讽刺，他的头脑，不能冷静。他心中的烦闷和苦愤已经是一座一触即发的火山。

听人说委员长去西安时，到军官团训话。军官团是东北军青年将校的集汇。委员长曾义正辞严的指出安内攘外工作的重要。不“剿匪”，便是不抗日，等于汉奸。理论是千真万确。情真语挚，但出诸委员长严正的训斥，可能是使他们更受不了。张学良由于平素的误会，到临时的冲动，于是乎在中国历史上惊天动地可悲可痛的西安事变，遂爆发而不可收拾。

可惜没有随行去西安

委员长去西安之前，曾电广州命我即回南京一同去西安。可能委员长也想到我去西安，总附带有一点用处。任何人奉到委员长的电令，当然遵命照办，立即动身。许多人没有委员长的吩咐，尚且借机会以同行为荣，何况是奉命随行呢？但当时我在广州，恰有一特殊的困难。自从陈济棠下野赴港，中央力量到达广东之后，省政府民、财、建、教各厅以及党务和市政，都招考一批优秀青年，计有千人左右。他们不自己训练，共同成立了一个特别班。上设班务委员会，以省政府主席黄慕松为主任委员，广州特别市长曾养甫和我为副主任委员，其余各厅处长为委员，并推我兼班主任。人是地方的精英，款项由地方全部负责。但把训练的责任，完全交给我。在人才辈出的广东，这是异数，我引以为荣，也深恐陨越。我曾将此情形，电呈委员长，蒙批每月五千元，作为中央参加该班一点象征性的经费。广州各大学有名的教授，和有为之士，多网罗在特别班任教。训练期间，只六个月。在当中我还回南京开会一次。此刻仅有一个礼拜不到的时间便要举行毕业典礼。我若去西安，当然不能赶回主持。对于特别班，真是无法交待，简直是笑话。所以我只好复电呈明，请委员长准我在一周内主持特别班典礼之后，即径行赶赴西安。乃不出数日，西安事变即发，事后回想起来，当时我纵然追随委座同赴西安，恐怕对于西安事变的爆发还是毫无补益。

早去西安当何如

我想假如有机会在事变之前一月甚或半月，由委员长派我赴西安一行，是不是能弭患无形，我不敢说。但我确信能办完下列几件事：

一、对张学良心中的苦闷，无论是因公因私，我必可能在询明之后予以解释，或代为陈述，予以适当的解决。张不是阴险一类的人，有许多话他会对我畅言无隐的。

二、围绕在张学良左右的干部，即如高崇民之类，只要不是真的共产党，我必能设法交换意见，劝其不要因小小烦闷致受共产党有“计划的欺骗”。至于真正的共产党，或甘心情愿的同路人，当然不能解说。但我在张氏有力掩护之下，绝不致遭受侮辱和伤害。我在华北时，曾经通过某种关系，独自一人去赤城会孙殿英。使孙殿英与中央主张一致。当时有名的共产党韩麟符、宣侠父都在孙殿英处，韩且系政治部主任，我还是能够召集孙部政工人员，详述中央的抗日方略。我与孙殿英系初见面，韩、宣二人尚无法对我阻碍或加害。我与张的关系比孙较切，断无不受保护的道理。

三、最重要的，我可以到军官团去讲话。不特对中央安内攘外的政策，以及委员长抗日之苦心孤诣，可以委曲说明。同时也是替张学良氏解除他自己不能解说的困难。等于我在中山大学替校长党国元老邹海滨先生解除困难是一样的道理。我可以将在上海复旦大学和广东中山大学那一套抗日救国的理论，适应军官团环境，加以运用。我可以说出为山九仞，只争一篑，解决延安，便等于回到东北。不“剿共”，不单是回不了东北，甚至于在抗日战争中，将陷于亡国的悲惨境地。以真正为公为私的感情去感动东北青年将校，转移他们对中央的误解，我想这是颇有可能的。因为这一套理论，不可以直说而明，必须庄谐并陈，绕上一个大圈子，使大家心里有数，才可以宣布结论。我在上海复旦大学，最后可以说：“蒋委员长的抗日方略，是比较有效的抗日方略。上海抗日救国会的抗日方略，是自杀的抗日方略。说句笑话，是猪头三抗日方略。”结果大家哄堂大笑。假如我一上台去就说你们上海抗日救国会的抗日方略，是猪头三抗日方略。我不被大家打个半死那才怪呢？

我若果有一个礼拜，在西安做好这一些气通人和的工作，回南京报告委员长，当解决的问题，予以适当的解决。然后委员长去西安前线，鼓励军心士气，可能更有良好的效果，也说不一定。

沈克之言惊我心

记得在西安事变之后，在和中央讨逆军相持之中，有两个东北军内的军长首先表明服从中央。这在当时是有利于委员长安全返京最突出的壮举。所以委员长安返南京之后，曾单独约这两个军长共进晚餐。当中一位是沈克（字公侠）。另一位是东北人，因私交不深，恕我连姓字都忘记了。大约在国防部总还有案可查。可能因为我曾在北方工作的关系，委员长要我去作陪，座中别无他人。

在吃饭当中，沈克忽然起立说："报告委员长，若果刘处长（他心目中指的是我）陪去西安，可能不会发生这件事。"我觉得愕然！连委员长也用惊异的眼光问他："为甚么?！"他说："刘处长若去，我们有甚么不好讲的话，都可以对他说。"委员长点点头。

原来沈克在北方军人中是有名的多宝道人。说不好听一点。是有名的滥王。他头脑很灵活，交游很广。北方各军的事，好的固然少他不了。他吃喝嫖赌件件俱全，任何做坏事的场合，更是离不开有他的介入。他在部队中，如同帮会一样。听说有一次全师大会，官兵知道他输钱输多了薪饷发不出，干脆有人举手发言，“听说本月份师长手气不好，薪饷发一半罢。以后手气转，再加发我们好了。”你能说不可笑吗？我率华北宣传总队去北平的时候，第一个愿意请政工人员去部队工作的军事长官便是他。他是师长，但是独立师，不属于任何集团。当时北方情形复杂，日本人造谣挑拨，说中央工作人员，是这个派，那个社。在日本人的想象，是要北方军队畏忌中央，和中央距离日远。哪知道结果适得其反，偏有人要接近中央，甚至想参加这个社。沈克就是北方军人中脑筋动得最快的一个。他希望拥护中央，与中央发生较密切的关系。当我们初去北方四处碰壁的时候，自然希望有一两个部队替我们政治宣传工作铺路作榜样。我和他来往数次之后，他特别表示亲切。有一天他单独一人来见我，在怀中摸出了一本支票簿，他说：“健群先生，北方局面复杂，你来此工作处处都要用钱，不是可以报销的。你我如同手足兄弟，这一本支票簿，请你收下。在五万元以内，随便用，超过五万元，先通知我一声。”我了解他的用意，我说：“公侠兄，你知道我个人生活不成问题，宣传总队，也规定有特别费。再说真有特殊的需要我会请委员长批发给我的。所以款项不是问题，问题是在北方的工作，需要你多方的赞助。”我当时还很诚恳地补了几句，我说：“公侠兄，你既不把我当作外人看待，我有一句话，不知当讲不当讲。”“你为了国家协助中央这一番好意，我有机会一定向委员长报告的。但军人的生命在军队，我希望你加紧整军，使成劲旅。以你的聪明能力，不是办不到的问题。假如你部队太差，我说将来一定处处能够帮忙你，那不是由衷的真话。既是好朋友，请你了解我。”我拒绝了支票簿，但我开出了更诚恳的情意。可能他对我的真情和品格，更加有好感。以后在北平一个短时期的工作，凡是各军各部有许多政工人员都无法知道的事情，都是他来告诉我。因为在北平无论好事坏事，没有那一桩他不是亲自以自己人的身份去参加的。所以特别知道得透澈而真实。

西安地方很小，联左联右，犯上作乱，我想无一处机密会议会没有沈克仁兄的足迹。在他想象中，我若随同委员长去西安，他一定对我尽情相告。他在东北军中，仍系杂牌。若果通过我能亲见委员长，他一定会拚性命告密，以图首功。只要还有一日半日的时光，委员长自有安全应变的对策。我既没有去，在随行各大员中，他没有深交，别人也许还是真看他不起。他绝不敢向人牵入如此重大的是非。他小小军长当然也不敢直接去见委员长。事实上也无此可能的机会。所以他只好一直等到后来能够安全自作主张的时候，才首先通电拥护中央，以瓦解西安军事集团的团结意志。本来我一直认为纵然我随委员长一同去西安，已经是毫无作用的废料。照他这一说，我真深悔没有去，那对于党国该是多么的好啊！世间事，真有天意吗？！

一刚一柔都是妙策

西安事变发生之后，南京中央的重要人物，在思想上似乎存在着两种不同的见解。一是熟读明史，知土木之变失君得君的利弊得失的人，他们主张立刻正名讨逆，临之以威，才可以达到营救委员长出险的目的。这一主张，以戴季陶先生为最明切。因为他对委员长公谊固深，而私交尤笃。一心一意只为爱护委员长而发挥主张，不必有所顾虑。另一方面，有若干人却认为委员长既已被人劫持，当尽力婉商，以择安全。深恐激怒张氏，使委员长的生命，更陷于危难。实际这两种办法，名虽相异，实则相成。婉商固以营救为目标，讨伐又曷尝不是止于以营救的范围为界限呢？若果不是为了营救委员长，一切手段均将丧失其意义与价值了。话得说回来，事后诸葛亮，人人都比孔明强。在当时生死存亡，千钧一发，恩怨未分，情况难明，宜刚宜柔，过与不及，谁能说哪一种办法，是至当不移有效的办法？谁能说哪一种手段，是万全而无少许危险的最好手段呢？

事变当中，在南京军事委员会，还有一个小小的插曲。因为军事委员会，虽有常务委员，但委员长为了安置冯玉祥，曾设置了一个副委员长。有委员长在，一切无问题。一旦委员长被人劫持，不能行使职权，是否由常务委员会主持？还是应由副委员长代行职权，负担起全部讨伐或谈判的责任呢？以冯氏为人，对于委员长和党国的关系，他若真正代行委员长全部职权，明人不必细说，包你有花脚乌龟好戏可看。因此在组织规程上，寻出了根据，中央还是决定另行以何应钦为讨逆总司令。冯玉祥只是冯玉祥。依然和蒋委员长在京时一样，照常做他的副委员长。他牢骚不牢骚？满意不满意？是另一问题。这是革命历史，是党国大计，千万有不得一分一步的差错！当年朱培德奉委员长命，主持军委会事务。他的办法是大事请示委员长，小事去问林主任（林蔚文系办公厅主任，保有委员长的私章）。他本人是中道而行，百事无涉。当然像冯玉祥这个副委员长，更是等于有名无职，自然应该是空空如也，安安如也。他本人也不是不知道的。时间好在不很长，也总算是没有闹出甚么不妥不当的笑话。

测验出了全国的人心

西安事变一发生，南方最重要的地区，——广东由余汉谋总司令先领衔发出通电营救委员长以安党国。接着北方的阎百川、宋哲元均有情辞恳切的通电发表。当时阎百川先生的文电，情真意切文情并茂，曾经脍炙人口，认为妙文。可惜我记不得了。要查还是可以查出来的。此外就是对中央平素关系欠明朗的将领如广西的李、白，四川的刘湘亦均不曾有相反的呼应，保持冷静与缄默。以后还陆续电南京表明态度。人心所同，举国一致。这当然是张学良当时始料所不能及的。

张氏在西安的举措，有几点可以从表面看得出来的：

1. 他不是长期的预谋。因为委员长去西安，是自己主动去督导，并不是出于张氏有计划的邀约。

2. 他不可能算是与共产党的联合行动。他同共党中人有来往，在精神上受了一些似是而非的宣传是事实。但他绝不是相信共产主义，更不是加入共产党。所以他的行动，仍系他单独自主的行动。

3. 他不是与委员长有深仇大怨，而是他的心中，认为他有一套了不起的卓见，但不能说服委员长。他当然读过《左传》鬻拳以兵谏一章，“鬻拳强谏楚子，楚子不从，临以之兵，惧而从之。”他可能想得很如意，要以兵谏强迫委员长接受他的主张，并不是存心要侮辱和杀害委员长。

他在西安事变当中，我想他总以为（一）委员长可以屈服。（二）全国各方平素不满中央的，总有一部分出而喝采，响应他的主张。殊不知一切适得其反。很明显的几件事实摆在面前：

第一，中央明令讨伐，大兵临境，当然是可能还在他意料之中，但来得太快是意外。

第二，不特无任何一人表示一丝一忽的同情。简直是举国惋惜，人人愤慨。万夫所指，军民交责。张氏对此，当然是出乎意外有点吃不消。否则他必定还以为他的见解，总有几分站得住，这举国一致悲愤申讨的事实，不容怀疑。他的精神，当然是免不了由彷徨而入于近乎崩溃的境域了。

第三，中共原希望瓦解东北军战志，转移目标，使延安得以保安全，徐图死中求活，这是当时最大的希望。但却未必料得到这位张大少爷，脾气发了，会劫持领袖。这使中共，一则以喜，一则以惊。免不了要向史太林请示一番。史太林仔细一想，杀了蒋委员长，全中国军民一定是不顾一切拼命“剿匪”仇俄。放了蒋委员长，必然会引发提前抗日的火线。孰利孰害，清清楚楚，明明白白，他当然对中共有明切坚强的指示。因此在西安活动的共产党人，最初态度模棱，以后不单是不主张杀害委员长，反而偏于同意释放。这更是使得张大少爷，面对丈二和尚，有点摸不着头脑了。

第四，张本希望委员长屈服，能接受他的主张。但委员长被劫持之后，对张氏来见，一言不发。当时张还说，你到了这个时候，还是这样的倔强！殊不知委员长何如人也？！他爱护东北军和张学良，所得的报酬是这样。等于一个无知的孩子，掴了父亲一记大耳光。父亲内心的凄苦，还用说吗？！还有方法可以形容吗？！而且委员长久随国父，熟读古书，精研阳明，到此情此地，早置生死于度外。他可以光明正大的死亡，绝不可委曲求全的偷活。这种一代伟人的修养，蒋先生是充分具备的。他对张学良，还有甚么话可说呢？！

还是委员长自己救自己

话虽如此，尽管张学良遭遇以上各种出乎意外的打击。委员长的倔强，可以说是当然的。全国的文电交驰，但并不就是全国大军的申讨。至于中央大军的进迫，谁也知道除了证明委员长已经发生不测外，无论是谁，都没有从空中或地下再进一步的可能。纵然是委员长有手令，说过了某一时期，可以轰炸，可以进剿，但请问任何一人能够置委员长的生死于不顾吗？张学良只要劫持委员长在其掌握，中央纵有百万大兵，也等于无用。这是百分之百的事实。至于中共的态度，对于张氏更没有拘束，强其奉行的力量。所以说来说去，张学良能够束身司败，护送委员长回京，负担一切错误的责任，甘受重罚严惩而不辞，只有一个道理，那就是他对于委员长发生了内心上无比的悔愧。所以真正救委员长出险的，还是委员长自己。委员长平素没有使张氏感动，去西安也没有感动张氏。被劫持时，不发一言，当然也更不是用言语说服了张氏。事实证明，只有张氏在搜查委员长所持文件中，发见了委员长对待张氏的真正心情和秘密，才使得张氏精神愧苦，他从千百刃的高山一下子坠入了万丈的深潭。他发觉自己错了，错到有不可收拾不可想象的罪过。他只有不顾一切宁愿毁身赎罪。所以才痛下决心，随委员长回京领罪。假如不是这样的心情，张氏要保全自己的办法多得很。劫持委员长多方运用也好，释放委员长自己单独行动也好，条条都是活路。中央在抗日“剿匪”各种力量夹攻当中，哪能有余闲和能力去处理统率大军的张氏？我想以张氏的聪明，绝不会不曾看清这一点。张氏对于委员长的开始劫持以及事后的护送认罪，利害计较的成分太少，而感情的成分实占最主要的地位。

有人说：委员长日记中，曾经记有若干次对东北军整理的考虑，但最后仍止于瞩望张氏自己的整顿和努力。关于抗日部分，根本有精细的计划。到抗日战争时，预定各战区长官，就赫然有张学良的名列在内。论公论私，张氏还有话可说吗？当然这些话也只是一些道听途说的推测。是否如此，或有更甚于此者，那只有等委员长将来日记的公开，以反张氏忏悔录的发表，才能窥其全貌。总而言之，张氏内心不苦闷，不会劫持委员长，内心不悔愧达于极点，不会护送委员长回京，甘心认罪。这是铁一般事实的说明。以上所说，虽然免不了还只是隔靴搔痒皮相之论，但衡情酌理，到底还不至于是齐天大圣翻跟斗，相去十万八千里。

在广州应变的处置

西安事变的当日晚间，我在广州接到情报同志由香港打来的长途电话，嘱我当晚离广州去香港，迟则一切困难，均由我自己负责。我丈二和尚摸不着头脑，我说：“请你简单告诉我几个字。”他说：“西安情况不明！”我已经了解这件事情的严重了。我一面请李煦寰同志来我处商量，拟好通电，半夜里由他去请余总司令汉谋签字，先行发出。并与余总司令约定，次日清晨七时到燕塘军分校召集全体官生讲话，九时半通知党政社会各方开会，均由我陪余总司令出席。记得我在军分校的讲话要点，我说现在我们所能知道的，是西安发生奇变，情况不明。我说：“若是委员长在乱军中已遭不测，一切已无可说。若果委员长落在共产党手中，则虽生犹死。若果被杨虎城所劫持，能活的成分也不多。但假如落在张学良的手中，而张学良又在西安尚保有自作主张的权力，那么委员长很可能重返南京。”这一段讲话，一方面是明知危险万端，但我在未明情况之前不能不想出一线希望以安慰大家。其次因为我对张学良的心情和部队情况有一些了解，确实希望只是一时误会，而最后仍有好转的可能。总算是幸而言中。分校和广东的朋友，以后对我的分析颇以为有卓见。其实说穿了，他们处我这样的境地，也只好与我同一的说法。既不能瞎吹，也不能要大家完全绝望。除非他是一个莫名其妙的大笨蛋。

我自从奉委员长电召之后，在广州天天是赶办结束。特别班一毕业，我即定于西安事变的次日，约请广东的军事首要一同餐叙。请柬先一日发出。当然事前毫不知有西安事变的发生。被请的记得大约是余汉谋、香翰屏、缪培南、李扬敬、李汉魂、邓龙光等位，有曾养甫、罗卓英作陪。大致如此，详细记不清楚了。原系准备辞行的聚会，到夜里得到消息，也无法通知停止。而且次日晨间，两度集会之后，军事首领的这一聚会，更有特殊的意义。不特是辞行，而且今后地方与中央在何种情况之下，应该如何应付，都得要详尽地交换意见。所以这一次餐叙，也就照常举行。再次日清晨，余总司令他们都到天河机场，送我上飞机。我回到南京，戴雨农、康泽两同志第一句话就是："你居然走出来了?！"这一走字乃溜掉之意。我说："你们没有看见余总司令的通电吗?我是堂堂正正被大家送我起飞的。"他们说："算你不错！"过了两天，雨农兄给我一张小条，上面写的是广州情报员的原文小报告，"刘某某在西安事变领袖蒙难的次日，还大请其客。"这是事实，小同志没有错。好在我还有说明的机会，雨农更了解我处境的艰难，否则这也是一件不大不小的误会。

戴雨农之果决

西安方面，有消息要戴雨农同志前往。当时大家商议，有几位同志，认为雨农同志的工作无人代替，而且他去似乎也更危险。不如由我去，若专是替张传达意见，其作用我与雨农都是一样。我当然很愿意代雨农一行。但雨农同志拉我在一旁，单独对我说："西安之行，我已下了决心。纵然是死，也不在乎。健群兄，我的处境，你是知道的。假如委员长真有不测，我在南京，就能活得下去吗？！”雨农同志的果决，有判断，实在令人可爱！他死得太早，对于领袖和国家真是难得补偿的损失！

伟哉责任感

委员长回京，林主席也亲到机场欢迎。委员长一下飞机，对着林主席深深的一鞠躬。一个是国家实质上的领袖；一个是国家名义上的元首。委员长这一鞠躬，不是对林主席个人，而是向国家和人民表明他内心的苦痛和歉疚，这种情绪非言语文字所能尽述。一个伟大领袖人物的责任感，令人可钦可敬！

照说西安事变，并非深仇大恨，出于误会的成分居多。既系误会，就应该可以通气，可以解释。平素办党，尤其是东北军政工的负责人，纵不能曲突徙薪于事前，也应该有自责的表示于事后，古来专制时代，君辱臣死，领袖蒙难，于工作有直接关系的同志，最低限度应要求自贬三级，带罪立功。诸葛亮误用马谡，失守街亭，尚且自贬武乡侯。难道这一点请求降级的勇气都没有吗？报上载前几年，日本东京发生一疯汉滋扰外国使领人员的事件，内政部长因此而负责辞职。民主国家，更应有此风范。若果任何人，任何事，只要不是领袖赫然震怒下令严惩，便一切都无责任。如此政治风格，还有话可说吗？大责归于领袖，小责属于全民，以不变应万变，好官我自为之。怪矣哉！惨矣哉！

重在蒙难归来以后

委员长回京之后，我写了一篇文字：《蒋先生蒙难归来以后》，在京沪各报发表。有一天我去侍从室，陈布雷先生笑眯眯地用双手拉着我的手，细声细气地连连说道："健群兄，谢谢你！谢谢你！"我茫然不知所为何来，我对布雷先生，没有任何小事帮过他的忙，谢谢连连，从何说起？

接着布雷先生对我说："健群兄，你不知道，自从委员长回京，来请见的人，几乎都要问我今后大计如何？我无从说起，没有时间说，也说不明白。自从有你那篇文章之后，我得了一件法宝，他们不问则已，一问我就说，你去看刘健群的文字罢。一句话推得干干净净，圆圆满满。你帮了我不失眠的大忙，我还不应该谢谢你吗？"我才恍然大悟。我说："布雷先生，我更该谢谢你，你太夸奖我了，我这乡下老粗的文字，还值得一读吗？"的确，他是大文豪，我只是《三国演义》中河北袁绍部下的名将——文丑。兹照录全文如下：

蒋先生蒙难归来以后

领袖蒋先生自十二月十二日在西安蒙难，至十二月二十五日安返洛阳。这短短的两星期，全中国人忧虑焦灼与狂欢兴奋都达到极点。中国人素来抱着“不在其位不谋其政”“各人自扫门前雪，休管他人瓦上霜”的存见的。这次全国朝野，超出各人利害感情之外，来为领袖的蒙难而愁，为领袖的归来而喜，实在是空前未有的奇迹。当然他们不是为了对领袖个人的感情，而是为了整个民族的存亡；他们知道在这一紧要关头，领袖若有意外的差池，中华民族的复兴事业，将受打击。中国人在三五年内，即有做亡国奴的危险。领袖归来了，中华民族前途的光明可以有若干成分的把握，所以他们的一忧，一喜，一哭，一笑，不是为私，也正是为私，不是偶然，而是有深刻的意义。几天兴奋应该是渐渐地过去了，摆在当前的问题，依然是怎样救国建国的问题，领袖蒋先生和着四万万的中国同胞，还得肩荷着民族生存的重担，向艰难辛苦的程途继续前进。连一点暂停休息的机会，都不能容许。因此我们不必再多回忆领袖蒙难及归来时各个人悲欢之情调如何，我们要从领袖的蒙难归来，得着更多的教训，以为今后努力的正鹄。

我们第一最感谢的，是领袖伟大人格的表现，他能为全国人树立一个良好的楷模，为中华民族的复兴定下基础，他这次蒙难而能安全归来，固然政府的巩固，舆论的援助，都是力量，但最大的力量，还是他自己。一个带了几十万军队的张学良，已经铸成大错，外力的压迫，可使他另外想方法来应付，而不能使他悔过。只有自己良心的责备，才能使他束身待罪，护送领袖回京，可以说，假如领袖的文电和日记十余万言中，有一言一字不为国家而为自私；有丝毫不诚不实，自欺欺人，或竟可以在其中觅取一言一字足为其革命罪状；我相信，这次西安事变，绝不会这样的急转直下。自民国以来，中国政治上的人物，勾心斗角，尔诈我虞，无非自私自利，所以很多人说“中国人的事，只要朝坏处去想，一想便着”。经过这次事变，蒋先生以至中至正至信至诚的人格，表露于天下。希望中国人从今以后，一变从前的风气，相率去伪趋诚。大家朝好处想，朝好处学，朝好处做。集全国各个至中至正至信至诚的人格，成功整个至中至正至信至诚的国家。蒋先生平素尚力行而不尚宣传；所以他的为人，只有在行动中慢慢去体会，去认识。因此许多人，尤其是与政府无关系的人，每易对蒋先生发生怀疑，甚至做恶意的宣传，就是蒋先生此次蒙难，也未始不是受了这种反宣传的影响。经此事变，我相信大家应该有进一步的认识：我们永远不希望蒋先生成为宣传家。为了国家，当然有许多文电是不能够不应该给大众看的，但我们全国大众，最可以了然的一点，就是张学良看了蒋先生的文电，可以悔过。这比我们自己亲见，没有两样。蒋先生的秘密，就是救中国的秘密，今后除非另具肺腑，对于领袖蒋先生的人格，自再不应该以过去的方式，小人的心情，去揣度；以不尽不实的消息，似是而非的言论，来为国家种下恶因，制造出许多不必要的损害。

其次在变乱中，我们要认清中国的国策，中国以积弱之国介于日俄两大之间。事齐乎？事楚乎？齐说："我有大亚细亚主义王道政治，我们亲善，我有钱，你随我来，可以当汉奸。"楚说："我有世界革命阶级斗争扶助弱小民族，我们打破民族界限，我有卢布，随我来，可以担任我的别动队。"事齐事楚，都有国际背景，都比较便宜，但这是亡国之路，都不是中国人应该走的路，中国人应该走的是三民主义的路，这是中华民族自立自主在夹攻当中自求生存的路，我们"剿匪"也好，御侮也好，必须依据中国民族的利益，自己打算，自作主张；不受任何外力的干涉和玩弄。这条路虽然是加倍的艰难，特别的辛苦，但这是中国死里求生的唯一的正路。蒋先生若干年来无疑地是在遵奉总理遗教，冒万难万死，领导中国走这一条路。自立自主，自力更生，这是中国的国策。我们知道民族的偏见，除非是言语、交通、婚姻、风俗、习惯、经济、制度诸种条件完全谐和之后，谈不到化除。

当前这一个世界，谁都在以民族自身利益为中心，运用一切。所谓法西斯阵线、人民阵线、联合阵线，都只是民族利害暂时的偶合，相互的利用，绝不是主张的一致，更不是感情的协调。一旦利害变迁，法还是法，俄还是俄，法西斯当然可以打法西斯，大家都是为自己。拆穿了西洋镜这些名词，都只是强大民族掩饰自己活动，玩弄弱者的新花样。任何弱小民族，不要希望投在这些阵线之内，可以翻身。离了自立自强，自作主张，只有演成西班牙的惨剧。中国人应该自信，应该争口气，四万万人口的民族，当然可以自成阵线。成功拯救自己领导别人的阵线。不要抛弃自己的利益，迁就别人的利益。此时任何民族，绝不牺牲自己的生存，来援助别人的生存。我们稍不小心会上别人的大当。旁的国家，希望我们先上战场，好掩护他自己的军事准备，好保存他所有别动队的力量。我们是否应该立刻先上战场，是否还有运用外交的余地？我们不要为他人口惠而实不至的口号所诱惑。我们要考虑自身的利害和力量，要研究国际的环境，来决定我们的行动。我们诚然不愿内战，不忍心中国人再打中国人。但我们要唤醒中国人不做汉奸，不做外国人的别动队。我们要叫他们斩断汉奸的路线，投入民族的路线。在中国自求生存的国策当中，听中国政府的命令。假如不能，我们不应该为了停止内战，便不许可民族中心力量去消除汉奸与汉奸同样性质外国别动队的力量，来巩固民族的生存。言论界的朋友们，与其主张容共，不如责备共产党自行觉醒自行解散其组织。与其主张停止内战，不如责令全国军事力量，听中央指挥，一切军队由中央改编整理。大家既然相信领袖有御侮救国的诚意，决不宜制造相反的力量，以为牵制。在御侮救国的策略当中，何时宜战？何时宜守？何时宜全般战？何时宜局部战？决不能自乱步骤，自己不信赖自己。中国人不要亡国，不要做西班牙，必须确守中国的国策。视中华民族的利益，高于一切。

再其次我们要认定民族的复兴，只有自己艰苦奋斗，才可以获得。绝不能存丝毫侥幸心理。我们不相信联了甚么国家，便可以御侮，我们只相信自己，相信自己的力量，可以确保自己的生存。我们自己有了御侮的力量，任何国家的同情都可以接受，都有接受的机会。投在任何人的怀抱中，都只能作他人的玩偶。些小的恩惠，并不是自己的幸福。中国过去曾经在国际均势之下，归还了辽东半岛，中国人得到了甚么？得到的：是刺激不深，成功了“九一八”的国难。所以我们不相信任何外力可以帮助我们去争取生存。纵然争取得来，也是我们之祸，而非我们之福。许多青年，把别人的假意，当作真心，太过于看重了朋友，而忘却自己的苦挣苦扎。这种心理，是亡国的心理。中国人害了半身不遂的大病，不能希望着神仙，立刻可以痛快全愈。德国人可以恢复莱因驻兵，但不能立刻收回波兰的走廊，更不能谈德奥合并。意大利可以占阿比西尼亚，而不能垄断地中海的霸权。英国人在意阿战争之后停止了制裁，还要订立英意在地中海的君子协定。大家以为外国人做事痛快，其实他们更沉着，更是不痛快。更能够了解环境，了解自己。充实国力，苦挣苦扎，这是我国御侮救国的唯一工具。勉强侥幸去求痛快，得到的只是悲哀。中国的青年朋友们，要信自己，信苦干，信民族力量之充实，不要存侥幸尝试的心理。逞一时的痛快，会断送中国之前途。因此我们希望全国国民，无分农工商学军，无论在朝在野，大家同心一德，尽其在己，准备自身的力量，听候最高的命令。只有坚苦的准备，统一的行动，才可以争取民族的生存。

除此三点之外，我们觉得在救国当中，有一极严重的问题，就是现在所望“反动分子”，如何纳于正轨的问题。中国人当共产党的，有几个人真正读过马克斯的资本论？为甚么要反动？一部分是为了个人的出路。没有出路，只好反动。另一部分最大的原因是对各级政府中一部分的贪官污吏，发生抑郁不平之气。常听人说，领袖蒋先生他的待人，他的修养，他的苦干，他的气魄，不但民国以来所未有，即中国历史上，亦所罕见。但贪官污吏，还是不能彻底清除。这种论调，在政府中人，在自命为拥护领袖蒋先生的人，应该多多的了解，多多的反省。我们固然不能一反掌而复兴中国，使中国人人立刻痛快。但我们应该刻苦力行，在自己行动中，表现国家之希望，使全国青年感动，引为式范，不致疾首痛心，趋入歧路，这是当权者应有的责任。与其责备青年，不如多责备自己，记得长城各口抗战的时候，看见一部分的军队，一败便退几百里，当时我曾经有这样感想：我觉得同敌国来往或办交涉的人，并不是汉奸，就是被人收买的汉奸，也不怎么的可怕可恨。惟有带兵官不能整理部队，临阵不堪一击，行政官贪污虐民，剥削民生，丧失中国将来持久抗战的基础，再说就是当学生的青年们，平时不努力准备，只是冲动，盲动，空呼口号，自乱阵线。一旦有事，既无科学的技能，可以加强战斗的力量。持枪向敌，亦所不能。结果一哄而散，逃避惟恐不速。这些才是误国的罪人，才是更可恨，更可怕的汉奸。现在领袖的蒙难，成为过去，已经安全归来了。全国确实有了很大的进步和希望。但从今天起要完成民族自由平等的工作，这一个艰巨辽远的途程，如何才可以到达。在朝的官吏应如何体谅领袖的苦心，建立自己的人格，领导全国青年，不走反动之路，不走官僚之路；在野的，尤其是青年，如何以负责任的态度，考虑国家的前途，减轻个人出路的观念，重视民族出路的方策。不轻躁，不浮动，充实自己，充实国力，这是中华民族生死存亡的大关键。我们应该由领袖蒙难得到更好的教训，特别重视领袖归来以后的努力。

我写这篇文字，从字里行间，可以看得出来，还在希望维持“剿匪”的烟幕。想使抗日战争，多延一日是一日。但骄横而愚昧的日本军阀，迫使中国不得不起而担任“宁为玉碎不为瓦全”保卫民族生命的圣战。八年抗日战争的结果，日本是自食其苦果与恶果。中国则遍体鳞伤。……

有人说共党之有今日，得力于两个张学良。一个是西安事变中冲动而幼稚的中国张学良，帮助了延安“残存待毙”的共党，由垂危而复苏。一个是有偏见成见固执而愚昧的外国张学良——美国的马歇尔。他有意无意地，帮助了共党由弱小而转为壮大。事情当然不是这样的简单，但国民政府“剿匪”工作的遭受挫折，这两个人的影响太大，确是不争之论。

（原载《传记文学》第九卷第三、四期）